黎婉欣

／著

东周人物画像纹青铜器综合研究

上海古籍出版社

本书为"古文字与中华文明传承发展工程"规划项目

"东周青铜器人物画像纹综合研究"（项目号 G3611） 研究成果

序　论

在考古出土的先秦文物中,与绘画(painting)相关的材料少有发现。商周青铜器上所见的纹饰(motifs)计有鸟纹、夔龙纹、蝉纹、涡纹等,它们有着多种形象,以不同的组合方式布局于青铜器上,但这些纹饰多是单元式的图案,各个图案之间却未见强烈的内在关系。人物形像在早期出土的器物中则更为罕见,河南安阳殷墟小屯 M5 妇好墓所出的小玉人(如 M5：371、372)[1]、四川广汉三星堆二号器物坑所出的青铜神人像(K2②：149、150)[2]、山西翼城大河口 M1 出土的漆木人俑[3]等,都仅是一些零星的或区域性的发现。绘画是人类一种自然而然的行为,商周时期也应存在绘画甚至是以图载事的传统,但是目前由于相关考古材料缺失,学界未能对先秦时代所流行的绘画内容、绘画风格等问题进行深入研究。

在春秋晚期至战国早期之间,青铜器上始见有以人物活动为主题的纹饰图案,改变了自商以来突出神兽纹饰的传统。这些纹饰图案有着多个不同的主题,也首次表现出强烈的叙事性,生动地表现出人和动物、人与自然界之间的互动,以极为精练的方式呈现祭祀场景与宗教观念。这些青铜器上的图案布局紧密相扣,图案内容也大抵相若,显然这些图像已经历了一段较长时间的发展。目前,东周青铜器上的人物画像纹饰为年代最早且最为完整的绘画材料,但令人不解的是,这些图像都是以尖器錾刻于青铜器的内壁,图案幼细精巧,不易被观看,也不易于保存。考虑到青铜礼器在古代中国礼祭中的特殊地位,这类饰有人物画像纹饰的青铜器的出现无论对于青铜器艺术还是对于其所代表的人文观念来说都是重大变革。而且,这些饰有人物画像图案的青铜器的分布范

---

[1]　中国社会科学院考古研究所编著:《殷墟妇好墓》,北京：文物出版社,1980 年,第 151—155 页。

[2]　四川省文物考古研究所编:《三星堆祭祀坑》,北京：文物出版社,1999 年,第 162—164 页。三星堆文化出土了较多的青铜人像和头像,二号坑出土的青铜器(如 K2③：48)和玉器(如 K2③：201 - 4)等都保留了一些塑像或图案,应是描绘着当时的祭祀活动,但这些描绘中的人像的表情相近,互动少,部分肢体动作生硬且带有夸张或想象的成分。三星堆文化大量使用人物形象,这种方式却未被商、周两大文明所吸收,是成都平原一个极具区域特色的青铜文化。

[3]　谢尧亭等:《山西翼城大河口西周墓地一号墓发掘》,《考古学报》2020 年第 2 期。

围很广,吴越、三晋、齐鲁、燕地、中山和楚地均有发现,尤其流行于战国早期。因此,研究刻画人物画像纹青铜器不仅能了解新兴起的青铜工艺与艺术风尚,更能对两周之际区域文化的发展和互动情况提出一些新的认识。

在刻画锻造青铜器流行的同时,传统的范铸类青铜器也开始兴起使用题材相近的人物画像纹饰。学者们研究这两类青铜器上的纹饰内容,多认为其图案的含义是相近的,同样是描绘了当时所流行的一些关于战争与祭祀的场景。不过,根据这两类青铜器的考古出土地点,它们的主要流行区域存在明显差异,两类青铜器在器类、形制甚至是纹饰图案上均有着不同的发展轨迹。在这样的背景下,这两类青铜器上的纹饰图案是否有着相近的功能和含义似仍需作深入分析,这也是本书旨在探讨的问题。目前,关于这些青铜纹饰的命名仍需谨慎,本书认为部分图案未必直接与礼书上所记载的内容有关,故建议采用较中立的命名方式。朱凤瀚先生于1995年出版的《古代中国青铜器》中参考马承源先生的分类,建议以"人物画像纹"作为统称,并强调这些纹饰与传统青铜纹饰之间的区别,尤其是这些纹饰具备图画性,有着连续无间断铺开的特性①。更重要的是,东周青铜器上的人物画像纹饰影响了楚地战国中晚期的漆木绘画,对汉代刻纹青铜器甚至是汉画像石的艺术风格也有启发意义。当然,这些议题需另作深入研究,但目前似可以"人物画像纹"统称这些同见于刻画和范铸类青铜器上的图像纹饰。

青铜器人物画像纹研究概况

在20世纪30年代,河南汲县(今卫辉市)山彪镇和河南辉县(今辉县市)琉璃阁两处春秋战国时代墓地发现饰有人物画像纹的青铜器。山彪镇M1大墓出有一对饰有"水陆攻战纹"的青铜鉴;琉璃阁M56等墓出有多件范铸"狩猎纹"青铜器;而琉璃阁M1则出土有一件刻画青铜奁形器②。在1951~1952年,辉县赵固村M1战国墓再出人物画像纹青铜器,为一件刻画青铜鉴③。与此同时,故宫博物院④、上海博物馆⑤以及在日本⑥、

---

① 朱凤瀚:《古代中国青铜器》,天津:南开大学出版社,1995年,第414—415页;马承源:《中国青铜》,上海:上海古籍出版社,1988年,第342—343页。
② 郭宝钧:《山彪镇与琉璃阁》,北京:科学出版社,1959年,第18—23、54—55、62—66页。
③ 中国科学院考古研究所编著:《辉县发掘报告》,北京:科学出版社,1959年,第18—23页。
④ 梓溪:《战国刻绘燕乐画像铜器残片》,《文物》1962年第2期。
⑤ 马承源:《漫谈战国青铜器上的画像》,《义物》1961年第10期。
⑥ 梅原末治编:《日本搜储支那古铜精华》第5册,大阪:山中商会,1962年。

欧美①等地的公私营博物馆的相关收藏也陆续刊布,学界开始关注这类青铜器的使用与流行。

　　林巳奈夫对青铜器上的这种特殊纹饰做了一些梳理和讨论,并称其为"画像纹"②。徐中舒对当时所见饰有镶嵌狩猎纹的铜壶之年代、工艺、纹饰做了系统研究,以极开阔的视野论及狩猎纹与西方工艺及图像之关系,认为出现在青铜器上的狩猎纹图案有可能首先自北方传入燕、赵地区③。马承源分析上海博物馆藏青铜铈上的纹饰,认为这是当时所流行的绘画的微缩影,与楚地帛画流行时间相近,同为古代中国绘画的开端④。美国学者韦伯(Charles Weber)收集海外所收藏的东周青铜器人物画像纹材料,试从美术史的角度进行系统梳理。他指出中国青铜纹饰具有区域性的发展传统,自公元前6至前5世纪之间各地开始大量吸收北方式的动物形图案。韦伯认为这个转变有可能与北方地区甚至更远的草原区域的交流活动有关,不过他强调青铜器上的这些动物纹饰和人物形象却不见于中国以外的其他地区,应是本地吸收了外来纹饰后所发展的特殊风格,反映了当时文化传播与吸收的情况十分复杂⑤。这些早期的著作综合研究刻画类和镶嵌类青铜器上所见的人物形象,分析这种纹饰的出现与春秋战国之际青铜器铸造工艺发展之间的关系,部分则从绘画的角度探讨个别图案中关于祭祀的内容。然而当时的考古出土材料有限,无法根据这两类青铜器的形制与出土年代作进一步的系统分析。

　　在20世纪80年代以后,饰有人物画像纹的青铜器陆续各地出土,相关的研究开始出现了专题化的现象,多数选取某一类青铜工艺、某一处墓地所出的青铜器或某类人物画像纹饰中的图案展开讨论。

　　目前所知青铜镶嵌工艺于春秋中期前后已发展成熟,只是以此工艺表现人物画像纹饰的传统大概是进入战国以后才开始出现的⑥。镶嵌工艺的常用方法有两种。第一

---

①　中国科学院考古研究所编:《美帝国主义劫掠的我国殷周铜器集录》,北京:科学出版社,1962年。

②　林巳奈夫:《战国时代的画像纹(一)》,《考古学杂志》1961年,第47卷第3号,第27—49页;《战国时代的画像纹(二)》,《考古学杂志》1961年,第47卷第4号,第20—48页;《战国时代的画像纹(三)》,《考古学杂志》1962年,第48卷第1号,第1—21页。

③　徐中舒:《古代狩猎图象考》,收入《徐中舒历史论文选辑》(上),北京:中华书局,1998年,第225—293页。

④　马承源:《漫谈战国青铜器上的画像》,《文物》1961年第10期。

⑤　Weber, Charles D. "Chinese pictorial bronze vessels of the Late Chou: Part I", Artibus Asiae, 1966, vol. 28, no. 2/3, pp. 107 - 154; "Chinese pictorial bronze vessels of the Late Chou: Part II", Artibus Asiae, 1966, vol. 28, no. 4, pp. 271 - 311; "Chinese pictorial bronze vessels of the Late Chou: Part III", Artibus Asiae, 1967, vol. 29, no. 2/3, pp. 115 - 192; "Chinese pictorial bronze vessels of the Late Chou: Part IV", Artibus Asiae, 1968, vol. 30, no. 2/3, pp. 145 - 213; 215 - 236.

⑥　本书参考杨宽先生的著作,以公元前481—前221年为战国时期,参杨宽:《战国史》,上海:上海人民出版社,1998年,第696—722页。

种是铸镶法，山东枣庄徐楼墓地所出的铸嵌红铜青铜器便是采用此法①，红铜纹饰片通常是预先锻制或铸造，其厚度约为器壁厚度的一半，以支钉固定于陶模并与青铜容器同铸，经过磨错便得到器表光滑的效果②。枣庄徐楼墓地的年代约在春秋中期末③，类似的铸镶法亦见用于河南淅川徐家岭楚墓 M10 所出青铜敦(M10:73)④，而徐家岭 M10 年代约在战国早期偏晚。目前采用铸镶法的人物画像纹青铜器只见于河南淅川和尚岭 M2楚墓所出铜壶(M2:26)⑤，该墓的年代稍早于距之 3 公里外的淅川徐家岭 M10，目前虽未有关于和尚岭 M2 铜壶的镶嵌工艺分析报告，但可根据对徐家岭 M10 所出青铜敦的研究结果，推测和尚岭 M2 铜壶也应是采用了相似的铸镶工艺。第二种镶嵌青铜工艺则见于著名的汲县山彪镇 M1 所出的一对"水陆攻战纹"铜鉴，工匠首先在青铜器表铸出凹槽，待青铜器铸成后再捶嵌入红铜丝等金属填充物，然后进行打磨和抛光等工序⑥。这种工艺首先见用于春秋中期的三晋地区⑦，适用于铸造线条细致、流畅的纹饰，进入战国时期以后才套用于铸造人物画像纹饰。由近年关于铸嵌工艺的研究可见，人物画像纹饰的出现与镶嵌工艺的发展并非同步，镶嵌工艺流行的时间较早，后来才开始吸收这种特殊的图画形纹饰。这一点对于了解镶嵌类人物画像纹青铜器的起源有着一定的帮助。

针对刻画类人物画像纹青铜器工艺的研究较多，尤其是针对近年出土的相关器物。通过成分分析和 X 射线成像技术等方法，刻画类青铜器上的线条清晰可见，其长短与深浅程度通常不一，都是利用尖头粗细少于 0.5 毫米的工具(多数认为是铁器)进行錾刻。刻纹青铜器的器壁均很薄，通常不超过 0.2 厘米，多数通过热锻冷却的方式焊接成形⑧。山西隰县瓦窑坡 M30 所出的刻纹带柄筒形器为目前年代较早的刻纹青铜器，该器的内壁刻有鱼纹，而外壁则为三角形等几何形纹饰。瓦窑坡 M30 的年代约为春秋中期⑨。近

① 尹秀娇等:《山东枣庄徐楼东周墓发掘简报》,《文物》2014 年第 1 期;石敬东等:《枣庄市峄城徐楼东周墓葬发掘报告》,《海岱考古(第 7 辑)》,北京:科学出版社,2014 年,第 59—127 页。
② 胡钢:《枣庄徐楼青铜器科技研究》,上海:上海古籍出版社,2024 年,第 69—104 页。
③ 朱凤瀚:《枣庄徐楼春秋墓分析》,收入北京大学历史学系、北京大学中国古代史研究中心编《吴荣增先生九十华诞颂寿论文集》,北京:中华书局,2022 年,第 218—238 页。
④ 黄克映、李京华:《附录二:淅川和尚岭、徐家岭楚墓青铜器铸造技术》,收入河南省文物考古研究所、南阳市文物考古研究所、淅川县博物馆编著:《淅川和尚岭与徐家岭楚墓》,郑州:大象出版社,2004 年,第 365—389 页。
⑤ 河南省文物考古研究所、南阳市文物考古研究所、淅川县博物馆编著:《淅川和尚岭与徐家岭楚墓》,第 30—44 页。
⑥ 万家保:《战纹鉴和它的镶嵌及铸造技术》,《考古人类学刊》1980 年第 41 期。
⑦ 贾峨:《关于东周错金镶嵌青铜器的几个问题》,《江汉考古》1986 年第 4 期;游玲伟:《东周时期红铜镶嵌青铜容器研究》,《故宫学术季刊》2017 年,第 35 卷第 1 期。
⑧ 何堂坤:《刻纹铜器科学分析》,《考古》1993 年第 5 期;胡钢:《枣庄徐楼青铜器科技研究》,第 195—203 页。
⑨ 隰县瓦窑坡墓地的发掘报告称此饰有刻画纹的青铜器为斗,该器身和底部分铸,经焊接组装而成,器身略凸出成一短阶,形制似与汉代的平底斗有一定的区别,故此暂称为筒形器,参王晓毅等:《山西隰县瓦窑坡墓地的两座春秋时期墓葬》,《考古》2017 年第 5 期。

年,山东滕州大韩墓地发现有较多的刻纹青铜器,成分分析结果显示这些锻制器物均为锡青铜,青铜含量通常为 83%～89% 不等,余皆为锡以及极少量的铅,其比值与瓦窑坡 M30 刻纹筒形器相若①。江苏淮阴高庄墓葬也发现有较多的刻画纹青铜器,根据其成分分析结果,高庄所出的锻制青铜器铜含量较低,通常为 72%～84% 不等,但铅含量明显偏高,部分数据达到 6%～11% 不等②,其成分比值与滕州大韩墓地和隰县瓦窑坡所见的存在明显区别。这项发现对于了解刻纹青铜器的制作很有帮助,反映了山东南部与江苏北部有着不同的锻制青铜器铸作坊。目前尚未有其他地区所出刻画纹锻制青铜器的成分分析研究,这些数据对于判断刻纹青铜器的铸造地点将会有一定的帮助。

　　錾刻技术于商周时期并不普及,上述的隰县瓦窑坡 M30 所出刻纹筒形器是目前年代较早的考古出土发现,枣庄徐楼 M2 亦发现有一件内壁刻有交错龙纹纹饰的青铜钶③,有着近似形制且刻有龙纹的青铜钶亦见于湖北襄阳余岗 M237④,两件铜钶的年代均在春秋中期末至晚期早段。这些早期的刻纹青铜器出土地点分散,曾有意见认为这种工艺或许与吴越或楚地相关⑤,但目前似乎仍缺乏可靠的材料为錾刻工艺的起源提供可靠的依据。錾刻工艺在战国时代的流行时间不长,也未形成具规模的系统,这种工艺更似是一种外来传入的技术,流行了一段时间以后却未被传统的青铜或其他金属工艺所吸收。而且,刻画人物画像纹青铜器的图案比较复杂,在青铜礼器上加入绘画纹饰,对祭祀仪式和祭祀观念都必然有着一定的深化意义,故这种饰有祭祀图像的刻画青铜器是否直接从早期的几何刻纹青铜器发展而来似仍可作讨论。早期刻画纹青铜器的发现仍有所欠缺,錾刻工艺的起源问题目前仍未有足够的材料可作深入探讨。

　　研究刻画类和范铸类人物画像纹图案的学者,较多从两个方向进行讨论。第一个是将人物画像纹饰按题材进行分类,探讨个别如弋射图、采桑图等图案中所呈现的内容,并试分析画像内容与礼书内容之间的异同⑥。也有学者参考这些青铜器的出土地点,认为三晋与吴越地区所出青铜器上或部分反映了南北两地的不同贵族生活、祭祀活

① 代全龙等:《山东滕州大韩东周墓地第一次发掘出土青铜器的科学分析研究》,《南方文物》2021 年第 3 期;南普恒等:《山西隰县瓦窑坡 M30 出土刻纹铜斗的制作工艺》,《考古》2020 年第 7 期;张吉:《东周青铜器的资源与技术研究——以汉淮地区为中心》,北京大学博士论文,2020 年,第 227—228 页。
② 孙淑云等:《淮阴高庄战国墓出土青铜器的分析研究》,《考古》2009 年第 2 期。
③ 尹秀娇等:《山东枣庄徐楼东周墓发掘简报》,《文物》2014 年第 1 期。
④ 襄阳市文物考古研究所编著:《余岗楚墓》,北京:科学出版社,2011 年,第 349—356 页。
⑤ 陈小三:《东周薄壁刻纹铜器及其相关问题》,《中国国家博物馆馆刊》2023 年第 1 期。
⑥ 李学勤:《试论百花潭嵌错图像铜壶》,《文物》1976 年第 3 期;刘敦愿:《青铜器舟战图像小释》,《文物天地》1988 年第 2 期;贺西林:《东周线刻图像铜器研究》,《美术研究》1995 年第 1 期;王崇顺、王厚宇:《淮阴高庄战国墓铜器图像考释》,《东南文化》1995 年第 4 期。

动与宗教思想,并据此对这些青铜器的传播方向和方式提出了一些看法①。第二个研究方向是观察个别地点出土青铜器上的图案布局方式,考察其中关于祭祀的方式与思想②。关于青铜器上人物画像纹饰的研究较多,多数意见认为它们是同时代的遗物,应是反映了相近的祭祀活动或祭祀思想,较少考虑其中可能出现过仿造与改造的情况。以上诸家论著,对今后东周青铜器人物画像纹的进一步研究起到了奠基作用,有重要的参考价值,但仍有若干重要问题有待再思考与再深入,如前文所述,这些图像研究多集中关注刻画或范铸青铜器上所见的纹饰图案,没有对同时流行、彼此间有联系的各类人物画像纹做全面研究。此外,对这些图案在青铜器上的使用方式以及各个图案曾出现过的变化,仍可作深入探讨。

关于人物画像纹青铜器的两个研究问题

综合上述的研究,人物画像纹青铜器可按铸造方法和纹饰工艺分为三类(表一):A类均为锻制刻画人物画像纹青铜器,以錾刻方式浅刻纹饰,曾有出土器物保留有鎏金的痕迹③;B类为范铸人物画像纹青铜器,采用传统的陶范铸造方法,纹饰为浅凹槽,镶嵌以红铜或其他矿物质,上述的汲县山彪镇 M1 铜鉴属于此类;C类也是范铸人物画像纹青铜器,但其人物画像纹饰均为阳纹,并以镶嵌金属或其他矿物质填地,上述的辉县琉璃阁 M59 等墓出土的"狩猎纹"青铜壶属于此类。

表一 三类人物画像纹青铜器

	铸造方法	纹饰工艺	人物画像纹饰特征
A 类	锻制	錾刻、鎏金	浅刻阴纹
B 类	范铸	铸镶	铸阴纹、镶嵌红铜或其他矿物质填充物
C 类	范铸	铸镶	铸阳纹、镶嵌金属或其他矿物质填地

---

① 许雅惠:《东周的图像纹铜器与刻纹铜器》,《故宫学术季刊》2002 年,第 20 卷第 2 期;宋玲平:《东周青铜器叙事画像纹地域风格浅析》,《中原文物》2002 年第 2 期。
② 王厚宇:《淮阴高庄墓刻纹青铜器上的神人怪兽图像》,《东南文化》1994 年第 4 期;朱军献:《东周青铜器造型与人物画像纹饰》,《中原文物》2017 年第 4 期;孙华:《嵌错社会生活图画壶(一对)》,收入保利艺术博物馆编著:《保利藏金(续)——保利艺术博物馆精品选》,深圳:岭南美术出版社,2001 年,第 189—199 页。
③ 梓溪:《战国刻绘燕乐画像铜器残片》,《文物》1962 年第 2 期。

　　人物画像纹青铜器的兴起与流行仍然是一个关键的问题,尚未形成较为系统的时空认识。在工艺方面,刻画类和范铸类青铜器的工艺均首见于春秋中期,但这两种工艺的兴起年代与人物画像纹青铜器的流行年代(一般认为是战国早期)之间仍存在一个过渡期,尤其是錾刻工艺似乎是从布置几何纹饰"发展"到用于绘画,这样的改变对于工匠的艺术技巧有着很高的要求,其中的发展过程是否如此似仍可作探讨。囿于考古材料的缺失,目前似难以循工艺发展的角度突破人物画像纹青铜器的兴起问题。不过,在过去四十年间,刻画类和范铸类人物画像纹青铜器不断被发现于各地出土的战国时代墓地,已累积了一定数量的相关文物,它们的分布地点与出土情况也是比较清晰的。这些青铜器的年代似仍可作进一步的细化,根据它们的早晚关系,结合墓葬形制、青铜器型、同出器物特征等细节,将能为这三类同样饰有人物画像纹的青铜器的发展及其交错互动的情况提供明确的认识。

　　关于人物画像纹饰青铜器的第二个主要研究问题,自然是这些图像的含义。人物画像纹饰所呈现的题材超过10种,每幅图案都出现了一定的年代变化。在同一件青铜器上各个图案之间是否存相似的内在关系似乎仍可作深入探讨,尤其是A类(刻画纹)人物画像纹青铜器布置纹饰的习惯似乎比B、C两类(范铸类)人物画像纹青铜器更为严谨,这其中的区别反映了两批工匠对于人物画像纹饰有着不同的认识。过往的研究较多关注每个图案的具体内容,尤其是与礼书记载相关的部分。在三类人物画像纹青铜器中,这些图案的整体布局以及描绘风格都存在明显的差异。这三类人物画像纹青铜器的出土地点与使用年代存在明显交集,说明这些流行于南北两地的纹饰曾经通过器物传播或工匠迁徙的方式出现过交流,据此可判断,与这些青铜器物相关的祭祀观念亦应得到了广泛的流布甚至曾出现相互模仿的情况。在这种复杂的交流过程中,这些青铜器上也出现了不少怪异的"混合类"纹饰,这些都需要通过将图像年代进行分类、分析,再探讨各个人物画像纹饰图案可能所属的文化区域以及其演变的路径。

青铜器人物画像纹的艺术考古研究价值

　　东周青铜器人物画像纹的研究经常被划入艺术学或艺术史的范畴,这些图像有时也被视为礼书的辅助史料。不过,作为人物画像载体的青铜器本身带有祭祀的功能,也是东周贵族身份的象征。随葬青铜器组的器物数量有着一定的标准,各个文化区域都有一些常用形制与纹饰图案,而且礼器的区域风格不易被改变,通常可以通过铭文、出土地点和器形分析等方法进行分类、断代。目前观察人物画像纹饰只曾用于某几种青铜器类,发展情况还是相对稳定的,这种特殊纹饰的使用反映出当时的祭祀观念应出现了一些变化,这些新的纹饰应是为了深化某种祭祀活动和祭祀思想。

青铜器物的传播或可通过个体的迁徙、送礼或贸易等交流方式进行,但是具有宗教意义的图案一般不易被传播或吸收,这些图案的普及需要较多的尤其是观念上的配套条件。以当代民间艺术中的关羽(关公)画像为例,各地所出的关羽画像无论属于何种风格,仍然有着一些基本的相同元素,所描绘的都是身材魁梧的男性,留长须、带兵器、神情威武等。由于这些图像的画师对于关羽的形象有着相同的认知,大部分应都是来自正史或章回小说中的描绘,所以他们笔下的画像会呈现出相近的规律。相反,假如该画师未曾熟悉这位三国时代的人物,他笔下的人像便会出现一定的偏差。这种情况属于艺术理论中认知与阐释的范畴,指画师在临摹的过程中不可能完全脱离其自身文化与时代的限制,只有通过长时间反复地吸收和解读才能产生相近的艺术效果[1]。在考古学的研究上,认知理论对于判断群体或区域文化交流能提供一定的帮助,主要用于分辨一些器物或图案是出自相近的文化背景还是通过模仿的方式被引入的。东周青铜器上的人物画像纹饰布局复杂,不同的青铜器类在选材和使用方式上也有着明显的区别,这些纹饰图画的使用是否存在相似的规律是关键,有助于我们了解这类青铜器所出的地区是否有着相似的关于祭祀方面的认知。

因此,东周青铜器人物画像纹饰是典型的艺术考古材料,既是青铜器物研究也是图像史料,二者似需要同步处理才能厘清完整的发展脉络。本书第一至三章将首先分析相关青铜器的年代与出土背景,对相关青铜器的形制、流行区域及其可能的生产区域提出看法,为图像的分析定下可靠的时空框架。第四、五章则采用图像学对人物画像纹饰进行分析,首先梳理这些纹饰中所包括的题材并进行年代对比,纵向分析其年代变化与区域差异;其次是对比在同一青铜器上各个图案之间的关系,横向对比同类型图画中基本特征;再联系相关墓葬所在区域,探讨这三类人物画像纹可能的始出现地域以及其相互交流的情况。

---

[1] 贡布里希对于艺术品和艺术风格中的相似性以及个人对艺术品的吸收与阐释方式有详细的讨论,参见 Gombrich, Ernst. *Art and Illusion: A Study of Psychology of Pictorial Representation*, London: Phaidon Press, 1984, pp. 63-92; Smith, Paul and Carolyn Wilde (eds). *A Companion to Art Theory*, Oxford: Blackwell Publishing, 2002, pp. 426-435; 448-457.

目　　录

第一章

刻画类人物画像纹青铜器年代分析

刻画类人物画像纹青铜器都是用尖刺金属工具在软质红铜上以刺刻、錾刻的方式一笔一画地刻出图案的,据此可知每件刻画类人物画像纹青铜器都是独立制作的。受质材上的限制,这种工艺只适用于如匜、鉴、盘等用红铜锻造的水器。器物锻造成型后,工匠多将纹饰施于内壁。由于这类青铜器上的图像在总体内容布局和个别人物形象上都有些许变化,参与制作的工匠应当都是在参考了不尽相同的绘画模版后才于青铜器上施行刻画,创造出精细且隐秘的版本的。原来的图案,亦即工匠所参考的模版,极有可能利用了丝帛、木材、漆具等有机质材作为载体,但目前考古发掘出土器物中尚未能找到这些"模版"。刻画青铜器的工艺十分精细,工匠对纹饰的布局和含意也需要有较深入的理解,这应曾较大地限制了青铜器刻画工艺的传播和传承。迄今所知出土刻画类人物画像纹青铜器的墓葬有 30 多座,多集中分布于淮河流域至长江下游一带地区。下面将出土刻画人物画像纹青铜器的墓葬按单位与地点按年代之序梳理如下。

第一节　春秋晚期人物画像纹青铜器

江苏南京六合程桥 M1　程桥墓地 M1 出土的一件残匜上发现了现知年代最早的刻画人物画像纹图案(图 1.2)。同墓出土的青铜器铭文有助于对该墓进行较准确的年代判断,为我们了解刻画人物画像纹青铜器的起源提供了十分珍贵的材料。程桥墓地位于今南京市北六合区滁河岸边,目前仅知有 M1、M2 和 M3 三座墓葬,它们分别于 1964、1972 和 1988 年被发现和清理。其中 M1 和 M3 皆位于今程桥中学校园内,M2 则位于 M1以西约 100 米,亦即校园外的陈岗坡地上,报告称校园所在地原来也是一片岗地①。发掘者清理 M3 时曾征集了一把青铜剑,据悉出自 M1 以南 50 米处,未有更多资料②。三座墓葬在清理前都曾受到不同程度的破坏,仅追回部分文物。M1 和 M2 形制皆为土坑竖穴,墓坑呈曲尺形(图 1.1),东西向,M1 墓内发现了疑为属于殉人的人牙两组,墓主骸骨已朽,头向不明,葬具也未有保存。三墓的随葬内容大致相同,计有青铜器、兵器和工具

---

① 汪遵国、郁厚本、尤振尧:《江苏六合程桥东周墓》,《考古》1965 年第 3 期;南京博物院:《江苏六合程桥二号东周墓》,《考古》1974 年第 2 期。
② 陈兆善:《江苏六合程桥东周三号墓》,《东南文化》1991 年第 1 期。

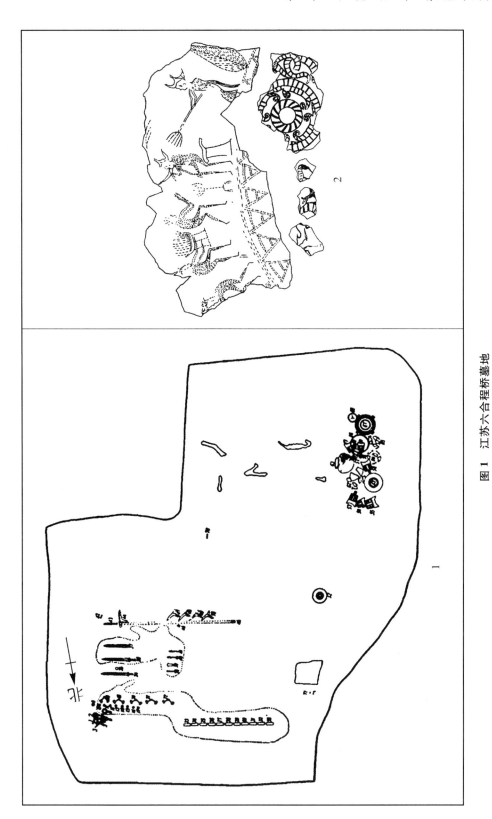

图1　江苏六合程桥墓地

1. M1墓坑平面图；2. M1出土青铜残匜上的刻画纹饰

以及包括硬陶罐在内的陶器;此外,M1 和 M2 皆发现了青铜乐器、车马器和锻制白口铁器(表 1.1)[1]。六合地区古名棠邑,春秋时期是楚、吴两国边界地区,于前 6 世纪中晚期先后成为楚、吴两国的驻军戍守地[2]。

表 1.1 江苏南京六合程桥墓地各墓出土器物

发现器物 \ 墓号	M1	M2	M3
陶器	鬲 1、罐 6、硬陶罐 1	硬陶罐 1、钵 1、豆 1	罐 1
铜容器	鼎 1、缶 1	鼎 3、匜 1	鼎 2、甗 1、簠*1、铜 1、匜*1、盘*1、勺 1
铜兵器	剑 3、戈 4、戟 1、矛 1	剑 3、戈 4、矛 2、镟 2、镦 1	剑 1
铜钟	钮钟*一组 9 件	镈钟一组 5 件、钮钟*一组 7 件	不明
铜工具	削 2、锛 1、凿 1	削 3、锛 1、锄 1、铲 1、凿 1、锯镰 1	不明
车马器	害辖 4 套、马衔 5、饰件和铜环若干	马衔 1、铜环若干	不明
铁器	铁丸 1	长条形铁条 1	不明

*带铭文

　　程桥 M1 出土的一件铜鼎(M1∶66,图 2.1)和 M2 出土的铜鼎(残碎,无图、无编号)皆立耳、敛口、折沿、浅腹,三圆条形足微外撇,其形制同于春秋晚期偏晚江苏丹徒谏壁粮山土墩墓出土的两件越式鼎(图 3.1、3.2)[3]。程桥 M3 出土的两件附耳深腹铜鼎(图 2.7),蹄足细长外撇,同于春秋晚期偏晚 1992 年湖北麻城李家湾 M42 出土鼎(M42∶4,

---

① 张长寿、殷玮璋主编,中国社会科学院考古研究所编著:《中国考古学·两周卷》,北京:中国社会科学出版社,2004年,第 407—409 页。
② 陈兆善:《江苏六合程桥东周三号墓》,《东南文化》1991 年第 1 期,第 210 页。
③ 朱凤瀚:《中国青铜器综论》,上海:上海古籍出版社,2009 年,第 1820 页。本书东周青铜器的年代判断,主要参考了朱凤瀚《中国青铜器综论》下册第十二、第十三章的观点。关于个别青铜器类和区域文化礼器中的形制变化,参考了高明《中原地区东周时代青铜礼器研究(上、中、下)》(《考古与文物》1981 年第 1、3、4 期)、高崇文《试论晋南地区东周铜器墓的分期与年代》(《文博》1992 年第 4 期)、刘彬徽《楚系青铜器研究》(武汉:湖北教育出版社,2019 年)的观点,下文不再赘述。

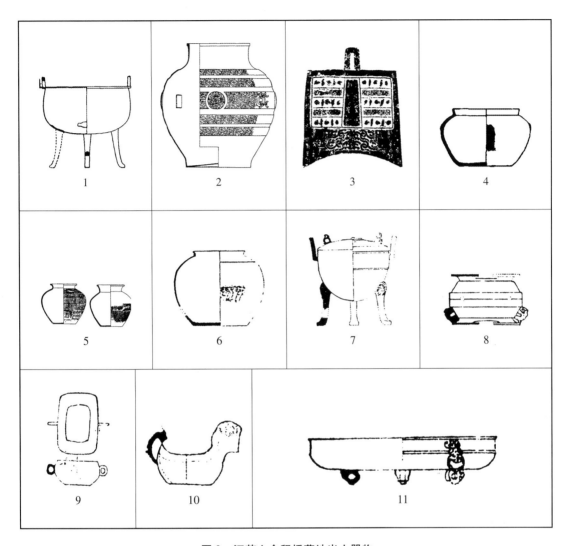

图 2　江苏六合程桥墓地出土器物

1. 铜鼎(M1：66)；2. 铜缶(M1：67)；3. 带铭钮钟(M1 出土，6 号钮钟)；4. 硬陶罐(M1：51)；
5. 硬陶罐(M1：63、69)；6. 几何印纹陶罐(M3：68)；7. 铜鼎(M3：1)；8. 带铭铜簠(M3：5)；
9. 铜铊(M3：7)；10. 带铭铜匜(M3：6)；11. 带铭铜盘(M3：4)

图 3.3)的形制①。此外，M1、M3 的硬陶罐(图 2.4~2.6)已见侈口、短领、折肩、圆肩、圆鼓腹等属于土墩墓文化第六期的特征②，且程桥三座墓葬中只见陶鼎和陶罐，未见前期所流行的陶鬲。综合以上因素，可将程桥 M1 的年代定于春秋晚期偏晚。

---

① 黄凤春、田桂萍：《湖北麻城市李家湾春秋楚墓》，《考古》2000 年第 5 期。
② 刘建国：《论土墩墓分期》，《东南文化》1989 年第 4、5 期，第 104—107 页。

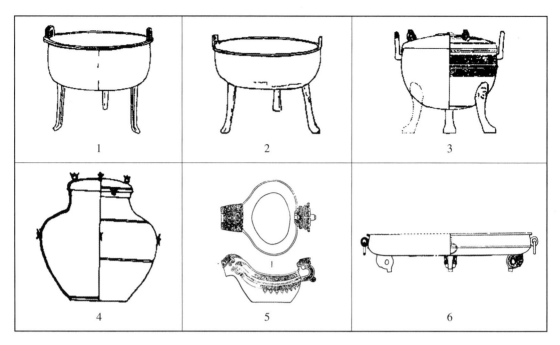

图 3 春秋晚期吴地、楚地墓葬出土器物

1~2. 丹徒谏壁粮山出土越式鼎;3. 麻城李家湾墓地出土铜鼎(M42:4);
4. 邳州九女墩二号墩出土铜缶(DIIM:75);5~6. 淅川下寺 M10 出土铜匜(40)、铜盘(41)

程桥墓地发现带铭青铜器共有 5 件(组),整理如下:

隹王正月初吉丁亥,攻敔(吴)中(仲)冬(终)戉之外孙、坪之子臧孙择厥吉金,自作龢钟,子子孙孙永保是从。(M1:56 铜钟,图 2.3)

旨赏□□□之甬钟。(M2,6 号钟)

曾子义行自作飤匜,子孙其永保用之。(M3:5 铜簠,图 2.8)

罗儿□□(曰余)吴王之姓子、臧公□坪之子择厥吉金,自作盥鉥。(M3:6 铜匜,图 2.10)

工盧(吴)大叔聒甬(用)自乍行盘。(M3:4 铜盘,图 2.11)

M1、M3 器铭中器主人皆言为臧公坪之子,而坪是吴王之甥,则 M1、M3 墓主应为兄弟关系,是吴王的姻亲后裔。另有学者指出 M2 铜钟上的旨字或是平之异体字,即 M2 墓主有可能是 M1 和 M3 墓主之父坪[1]。关于 M3 匜铭提及的吴王,学者多认为其指吴王光

---

[1] 朱凤瀚:《臧孙钟与程桥墓地》,收入南开大学历史系先秦史研究室编:《王玉哲先生八十寿辰纪念文集》,天津:南开大学出版社,1994 年,第 193—201 页。

（前514—前496年在位）或吴王夫差（前495—前473年在位）①。如果参考上述据M1出土青铜器形制所定墓葬年代，即春秋晚期偏晚，此吴王似是吴王光可能性较大。据上述分析，程桥M1的年代定为春秋晚期偏晚，所以人物画像纹铜匜的埋藏年代自亦当在此时。程桥M3铜簠（M3：5，图2.8）铭提及曾子义行，近年随州春秋曾随国墓地出土青铜器中多为"曾子"所作，所以此曾子义行当属随州的姬姓曾国的公族成员②。

吴越地区于春秋晚期始流行竖穴土坑葬式，程桥三座墓葬中的随葬品有吴地常见的铜剑、三长方形穿带胡铜戈、一定数量的铜工具以及几何印纹硬陶罐，程桥M3铜甗（M3：3）的甑鬲连铸式形制与丹徒谏壁粮山墓内所发现的铜甗也相近③，这些发现说明臧氏家族吸收了一定程度的吴文化因素。然而，三座墓葬却未见使用当地常见的原始瓷器，程桥M1铜缶（M1：67，图2.2）与江苏邳州九女墩二号墩出土的铜缶（DIIM：75，图3.4）形制相近④，而程桥M3铜匜（M3：6，图2.10）和铜盘（M3：4，图2.11）的形制则分别与河南淅川下寺M10墓葬出土铜匜（M10：40，图3.5）、铜盘（M10：41，图3.6）接近⑤。程桥M3：7铜鉶（图2.9）呈弧角长方形，未见有同形制器物出土。由是可见，程桥墓地综合了吴地、楚地及其周边地区的文化元素。臧氏与吴国公室联姻，自非吴人，其族属与文化背景比较复杂，同样复杂的文化面貌实际上也见于吴县枫桥乡何山墓葬、丹徒谏壁粮山墓葬等，反映了春秋晚期或曾有包括臧氏家族在内的外来贵族群体迁入吴地。

在这样的社会文化背景之下，M1墓内发现的刻画纹铜匜以及其錾刻工艺是源自吴地的，还是从外地引进的，仍难遽定。该铜匜虽已残碎，但匜底部保存较好，盘蛇纹的布局与后来刻画纹青铜器上所见的基本一致，其工艺和设计已臻成熟，说明这类青铜器于春秋晚期以前应已出现。另外，臧公家族同时拥有当时较为罕见的铁器技术，这片区域的冶炼技术也已经比较发达。

江苏镇江谏壁王家山墓葬 江苏镇江市出土过几处重要的春秋晚期墓葬，其中谏壁王家山墓葬发现于1985年但曾遭破坏，与六合程桥墓地相同的是亦为东西向竖穴土

① 刘兴：《吴臧孙钟铭考》，《东南文化》1990年第4期；徐伯鸿：《程桥三号春秋墓出土盘匜簠铭文释证》，《东南文化》1991年第1期。何琳仪先生则认为M3：4铜盘或略早于前530年，见《程桥三号墓盘匜铭文新考》，《东南文化》2001年第3期。
② 朱凤瀚：《论春秋金文中冠以国名的"子"的身份》，收入《甲骨与青铜的王朝》，上海：上海古籍出版社，2022年，第992—1008页。关于曾子义行铭文信息，可参湖北省文物考古研究所编著：《曾国青铜器》，北京：文物出版社，2018年，第414—415页；曹锦炎：《程桥新出铜器考释及相关问题》，《东南文化》1991年第1期。
③ 刘兴：《江苏丹徒出土东周铜器》，《考古》1981年第5期。
④ 谷建祥：《江苏邳州市九女墩二号墩发掘简报》，《考古》1999年第11期。
⑤ 河南省文物研究所、河南省丹江库区考古发掘队、淅川县博物馆：《淅川下寺春秋楚墓》，北京：文物出版社，1991年，第253—255页。

坑墓,墓室平面呈长方形(图4),西端有方坑,内存16套硬罐瓮和盆形盖,盆内发现各类食物残迹。王家山墓葬部分器物散失后经当地文物部门寻回,全墓所出器物共132件,包括越式鼎形温食器(图5.1)、铜鐎盉(图5.2)、铜虎子形器,以及饰有刻画人物画像纹

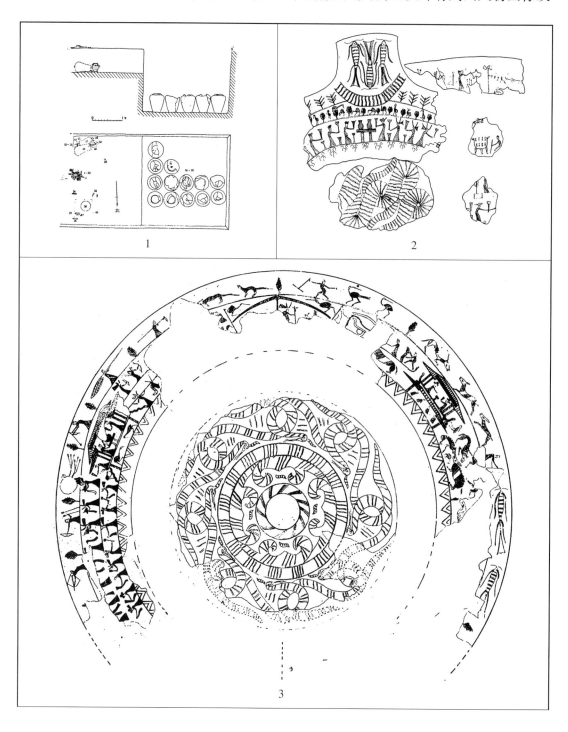

续 图

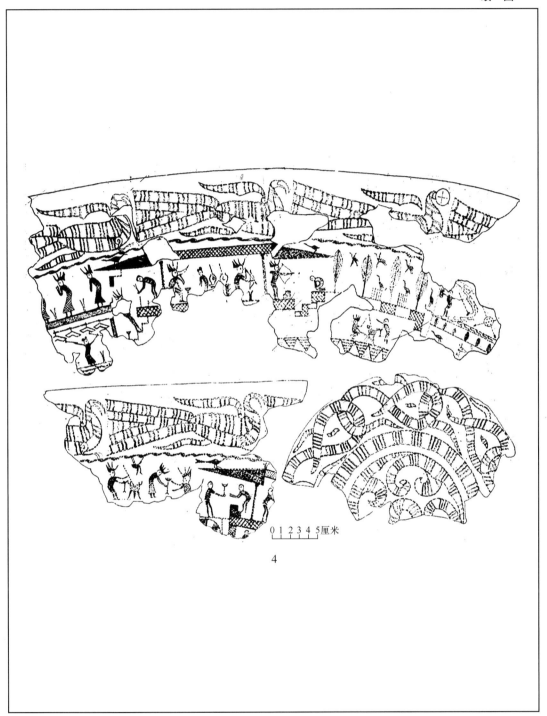

4

图 4 镇江谏壁王家山墓葬

1. 墓葬剖面、平面图;2. 铜匜上的图案;3. 铜盘上的图案;4. 铜鉴上的图案

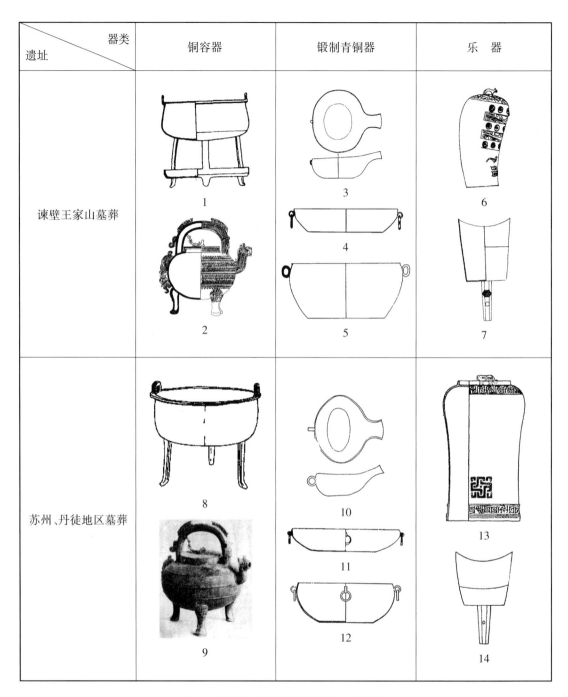

图 5　江苏地区春秋时期墓葬出土青铜器

1. 越式鼎形温食器(王家山 49);2. 鐎盉(王家山 48);3. 刻画人物画像纹匜(王家山采 5);
4. 刻画人物画像纹盘(王家山 36);5. 刻画人物画像纹鉴(王家山采 52);6. 錞于(王家山 46);
7. 句鑃(王家山 50);8. 丹徒谏壁粮山墓葬出土越式鼎;9. 苏州虎丘新塘村墓葬出土鐎盉;
10. 苏州虎丘新塘村墓葬出土匜;11. 吴县枫桥何山墓葬出土盘;12. 苏州虎丘新塘村墓葬出土鉴;
13. 丹徒北山顶墓葬出土錞于(北山顶 23);14. 丹徒北山顶墓葬出土句鑃(北山顶 78)

的三件青铜器即匜、盘和鉴(图 5.3~5.5)。墓中还有一套三件大小相次的镎于(图 5.6)和一件句鑃(图 5.7),另有各类兵器、车马器、青铜工具、4 件陶纺轮,以及 13 件套的黑皮泥质灰陶盆和硬陶罐(内含各类食物残迹)①。刻画人物画像纹青铜器保存完整,形制简约。铜匜素面,平底,瓢形的铜匜腹部较浅,流口平直且略高于腹体,腹横宽呈椭圆形。铜鉴、铜盘均为细环耳,鉴腹最大径在口沿下偏上两耳相接处,自此向下圆缓内收。盘腹部最大径位于口沿至肩部之间,略显折肩,肩以下腹壁往内急收。三器内壁纹饰虽未能完整保存但仍能看出图案内容丰富、布局紧密,刻画技术成熟。这种工艺的兴起起到了对器物的美化作用,相对而言亦由此简化了铜匜、铜盘和铜鉴的造型。该墓出土的越式鼎形的温食器,盘上鼎浅腹,小立耳,腹肩微圜,三扁细足微外撇,形制特征近似属春秋晚期偏晚的丹徒谏壁粮山土墩墓出土的越式鼎(图 5.8)②。墓中所出三蹄足青铜鐎盉的形制近同于属春秋晚期晚叶的苏州虎丘新塘村土坑墓中所出鐎盉(图 5.9),后者也出土了形制特征较为相近的素面薄胎铜匜(图 5.10)和铜鉴(图 5.12)③。另吴县(今苏州吴中区)枫桥何山墓葬也出土了一件铜盘(图 5.11)④,其形制与王家山铜盘也较相近,但这些锻制青铜器未见使用刻画纹饰。春秋晚期的丹徒北山顶吴王室贵族墓也随葬了较罕见的镎于(图 5.13)和句鑃(图 5.14)⑤。值得注意的是,随葬镎于、勾鑃的传统似源于春秋中期的中原和山东地区,较早见于山东沂水刘家店子春秋中期莒国墓葬,其后出现向南、向西的传播趋势⑥。吴地的贵族墓似吸收了一些源自鲁南地区的葬俗文化,或启示了刻画纹青铜器的出现,后文将详细论述。总体而言,王家山墓主有较强的吴文化背景,其年代可定于春秋末期。

第二节　战国早期人物画像纹青铜器

江苏南京六合和仁墓葬　六合和仁位于上述六合程桥墓地东北约 22 公里,1973 年在此地一处称为老虎洼的土岗坡上发现了一座战国墓葬。该墓东西向,墓室面积约 15.1 平方米,为一座圆角竖穴土坑墓(图 6.1)。墓主骸骨已朽,随葬器物计有细足越式鼎 1、

---

① 刘建国、谈三平:《江苏镇江谏壁王家山东周墓》,《文物》1987 年第 12 期。
② 刘兴:《江苏丹徒出土东周铜器》,《考古》1981 年第 5 期。
③ 廖志豪:《苏州虎丘东周墓》,《文物》1981 年第 11 期。
④ 张志新:《江苏吴县何山东周墓》,《文物》1984 年第 5 期。
⑤ 张敏、刘丽文:《江苏丹徒北山顶春秋墓发掘报告》,《东南文化》1988 年第 3、4 期。
⑥ 罗勋章:《山东沂水刘家店子春秋墓发掘简报》1984 年第 9 期;朱凤瀚:《中国青铜器综论》,第 383 页。

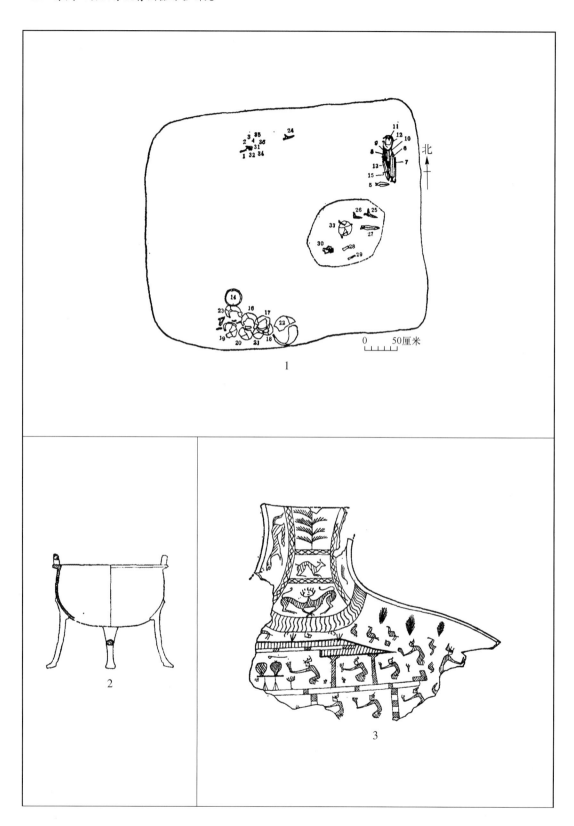

续　图

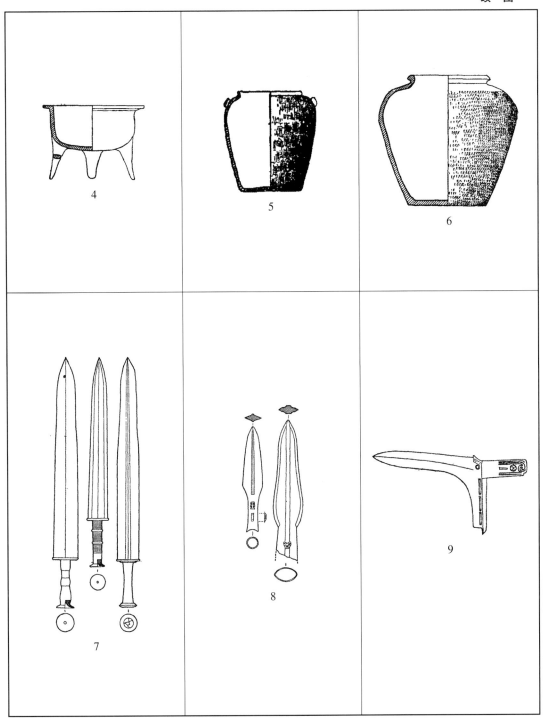

图6　六合和仁墓葬出土器物

1. 墓坑平面图;2. 铜越式鼎;3. 铜匜残片;4. 陶鼎;5. 陶罐;6. 硬陶罐;7. 铜剑;8. 铜矛;9. 四穿铜戈

匜(已残)1、铜剑3,另有铜戈、矛、镞、镞、削等若干;陶器计有鼎2、罐5、硬陶罐3和硬陶小罐1①。铜匜残片上仍清晰可见刻画人物画像纹饰,报告称这件铜匜流口部分里外均有刻文,唯未见刊布相关材料。六合和仁墓出土的越式鼎(图6.2)基本沿用了程桥越式鼎(M1∶66)的形制,小直立耳,侈平口,直壁微鼓,深腹圜底,但细长外撇三足顶部进一步外移且已接在器腹底侧。硬陶罐(图6.6)最大径已提至肩部,但陶器的类型较少,未见越墓中常见的陶钵、原始瓷等。六合和仁墓似仍属于吴墓,年代当略晚于六合程桥墓地,约在战国初年。

河南平顶山滍阳岭 M10 滍阳岭墓地位于今平顶山市新华区,南临白龟山水库,墓地布局基本南早北晚,分南、中、北三区(图7.1),南区是西周时期应国墓地,其北是战国

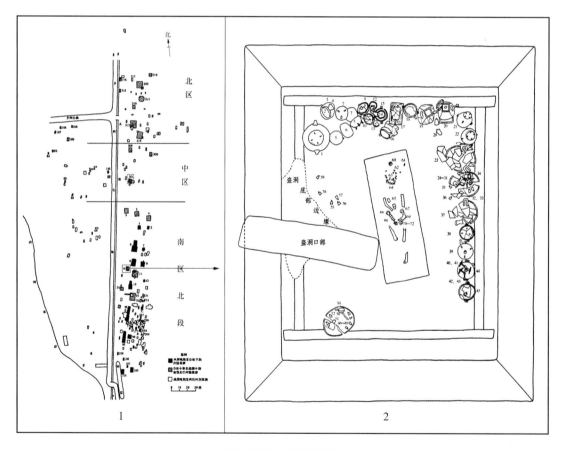

图 7 平顶山滍阳岭墓地

1. 墓地平面图;2. M10 墓坑平面图

---

① 吴山菁:《江苏六合县和仁东周墓》,《考古》1977 年第 5 期。

时期楚墓地,M10 即位于南区北端,其旁是 M11,二墓靠近其南 M8 春秋早期应公墓①。
M10(图 7.2)作南北向,墓室面积 15.8 平方米,葬具为一椁一棺,墓葬曾被盗,墓中所余
铜容器(图 8)有 16 件,计鼎 5、敦 2、尊缶 2、浴缶 1、钖 3(两件已残)、刻纹盘 1(已残)、刻
纹匜 1(已残)、刻纹斗 1(已残);另有 16 件仿铜陶器,器类包括楚式升鼎、鬲、带方座簋、
簠、豆和方壶,陶器形制有较多春秋晚期青铜器的特征。墓内另随葬了车马器和 75 件玉
石饰件,没有发现兵器②。M10 墓内青铜器组合及其形制多具有春秋晚期楚器的特征,
使用了尊缶、浴缶,又比如有所谓"箍口鼎"(图 8.1~8.4),腹深,三足外撇,其中一件
鼎(M10:44)三足已极度外撇,其余器物如敦、浴缶亦近于春秋晚期形制。但此墓
中已出现战国早期楚墓中才可以见到的"子口鼎"(M10:18,图 8.5),器口作子口承

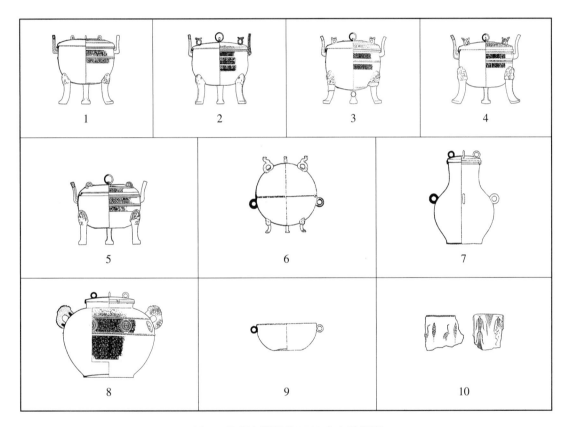

图 8　平顶山滍阳岭 M10 出土青铜器

1~4."箍口鼎"(39、38、45、44);5."子母口"鼎(18);6. 敦(7);
7. 尊缶(21);8. 浴缶(1);9. 钖(6);10. 匜残片(51)

---

① 河南省文物考古研究所、平顶山文物管理局编著:《平顶山应国墓地》,郑州:大象出版社,2012 年,第 1—13 页。
② 河南省文物考古研究所、平顶山文物局:《平顶山应国墓地十号墓发掘简报》,《中原文物》2007 年第 4 期。

盖,腹较浅,侧视近椭圆形,此种形制的鼎的出现,似可标志该墓的年代下限已进入战国,但从多数青铜器的春秋晚期遗制看,可以认为此墓尘封时间约战国早期偏早,即战国初年[①]。

澄阳岭 M10 墓内发现的锻制青铜器较多,铜盘(M10∶54)残片上有錾刻花纹,盘为敞口,窄卷沿,浅腹。腹部设两对扁体环形钮,其中一对环形钮上各衔一圆形环。盘底面用錾子的锐刃刻出不很连贯的纤细花纹,具体纹样不清。据发掘时所测,其口径为 40~45 厘米。铜斗(M10∶50)亦已残碎,斗身有錾刻兽面纹,而墓中出土的三件铜铆中有一件(无编号)残碎严重,无法修复,通体素面,器壁较薄[②]。从墓中没有随葬兵器的情况看,墓主应为女性,有较明显的楚文化背景。此墓的年代属战国初,在这段时间前后,刻纹锻制青铜器已较为流行。

湖南澧县皇山岗 M1 常德市澧县位于湖南省北端,与湖北省西南部松滋市和公安县接壤,属于澧水中下游区域。1996 年澧县博物馆刊布了 M1 墓葬的发掘报告,此后未见该遗址有其他的发现。M1 墓(图 9.1)西向,方向 260 度,墓室面积 5.6 平方米,葬具为一椁一棺,随葬楚式青铜器 4 件,为鼎、敦、尊缶和刻纹铜匜(图 9.2~9.5);墓内还发现有铜马衔 2、剑 2(图 9.6)、矛 1(图 9.7)、戈 5(图 9.8、9.9)、镞 18 和黑衣泥质陶豆 2[③]。皇山岗 M1 出土的附耳铜鼎(M1∶14,图 9.2)器盖顶平,采用柱圈形提手,浅腹,上腹部近直,近下腹部圆转内收,底近平,器底外侧接细矮蹄足,属楚式箍口鼎。皇山岗 M1 这件铜鼎与年代约在春秋晚期偏早[④]的湖北当阳赵家湖金家山 M235 墓葬出土铜鼎(M235∶1,图 10)形制相近,但其腹部稍浅,底部已呈平直状,三蹄足亦已略细,且纹饰已略见简化,总体呈现年代较晚的特征。此墓出土的敦(图 9.3),器底接短小蹄足,而非以环角形钮为足,与前述平顶山澄阳岭 M10 出土铜敦(图 8.6)近同。皇山岗尊缶(M1∶2,图 9.4)器身已变瘦长,四环钮位于器腹最大径上,底部尚未接圈足,而是腹壁近底部略收而形成类似假圈足,底部微内凹,与平顶山澄阳岭 M10 出土尊缶(M10∶21,图 8.7)平底相比,其形制亦呈现较晚的特征。皇山岗铜匜(图 9.5)流口上扬,匜腹圆弧内收成圜底,只有内壁底仍保留了小部分盘蛇纹饰。此墓出土的两件四穿铜戈(M1∶13、14,图 9.8),援根有上扬尖出鼻头,内尾被整齐削去,这类铜戈比较罕见,前述六合和仁墓葬亦随葬了一件

① 朱凤瀚:《中国青铜器综论》,第 2040—2041 页。
② 河南省文物考古研究所、平顶山文物局:《平顶山应国墓地十号墓发掘简报》,《中原文物》2007 年第 4 期,第 10—11 页。
③ 封剑平:《湖南澧县皇山岗楚墓发掘报告》,《湖南考古辑刊(第 7 集)》,长沙:岳麓书社,1999 年,第 137—141 页。
④ 朱凤瀚:《中国青铜器综论》,第 1770 页。

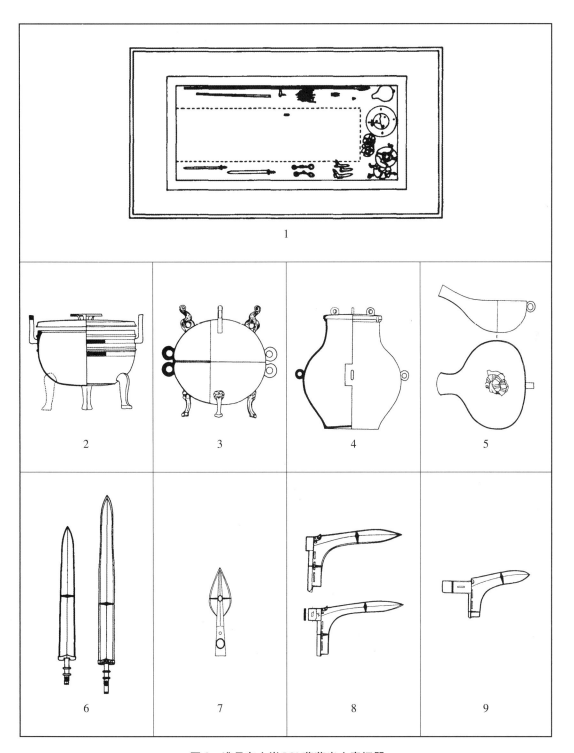

图9 澧县皇山岗 M1 墓葬出土青铜器

1. 墓葬平面图(下为北);2. 鼎(14);3. 敦(15);4. 尊缶(2);5. 匜(1);
6. 铜剑(7、8);7. 铜矛(4);8. 四穿戈(13、11);9. 三穿戈(18)

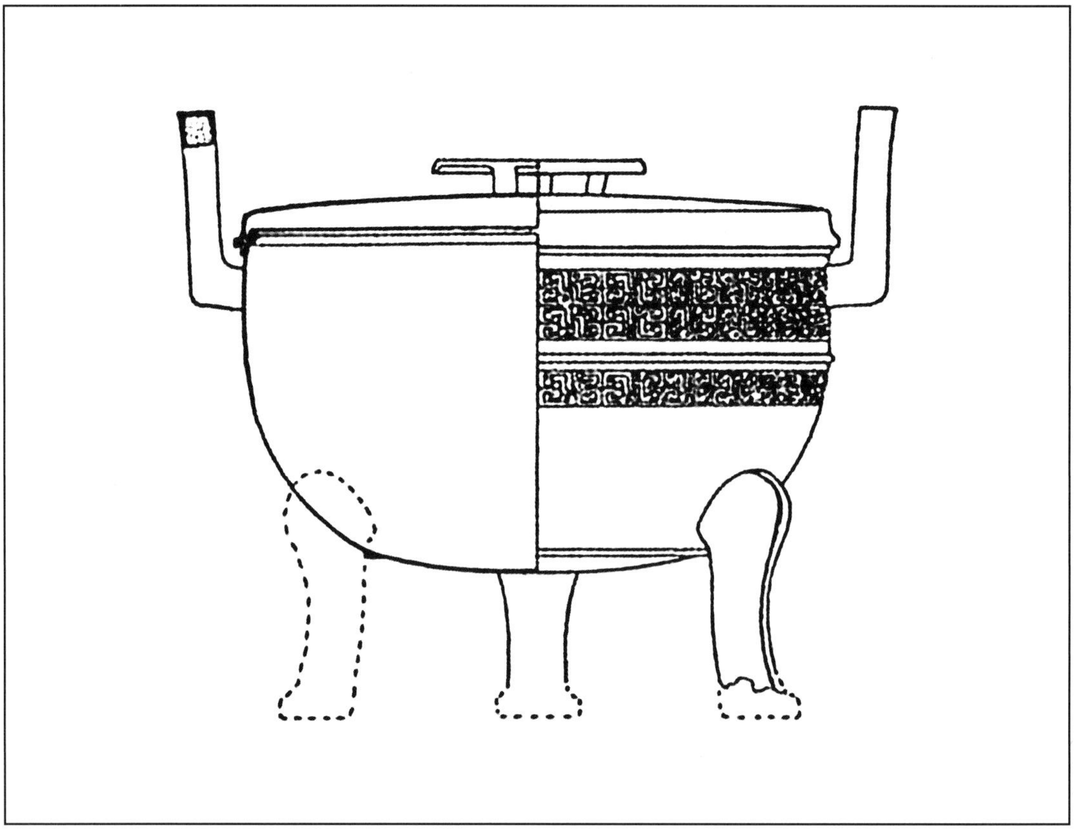

图 10　当阳赵家湖金家山 M235 春秋晚期墓葬出土铜鼎（M235：1）

与之同形的戈（图 6.9），其内部完整，二墓的年代不会相差太远。综上所述，皇山岗 M1 墓葬似比战国早期偏早的滏阳岭 M10 年代略晚，但仍属于战国早期早段。

山西忻州定襄中霍村 M1 和 M2　定襄中霍村墓地发现于 1995 年，所发掘墓葬共有 5 座（M1～M5）。M1 和 M2 均竖穴土坑墓，墓室面积较大，皆东北向，M2 在 M1 东北，前后排列。二墓中 M1 的规格较高，随葬礼器也较多，葬具计有二椁一棺，皆木质，椁室和墓坑之间填满原石，与木椁同高，形成石椁（图 11.1）。墓主骸骨已朽，两椁室之间发现一名殉人的骸骨。M2 形制与 M1 相若，但 M2 墓主只有一副木棺。另外，其头、脚各发现了一副木棺，棺内共发现 3 名殉人（图 11.3）。M1 墓内发现了车马器，无兵器，而 M2 墓主身上则有较多的玉石饰件，发掘者认为二墓有可能是夫妇异穴墓。另外，墓地中其余三座墓葬亦皆呈东北—西南向排列，距 M2 以西约 18 米（图 11.2）。这三座小型墓葬均为竖穴土坑石棺墓，无木质葬具，也无随葬品（图 11.4～11.6）。考虑到中霍村墓地的特殊葬制以及其靠近北方的地理位置，发掘者认为这是一处有戎狄背景的家族墓地，这一论断是有一定道理的。

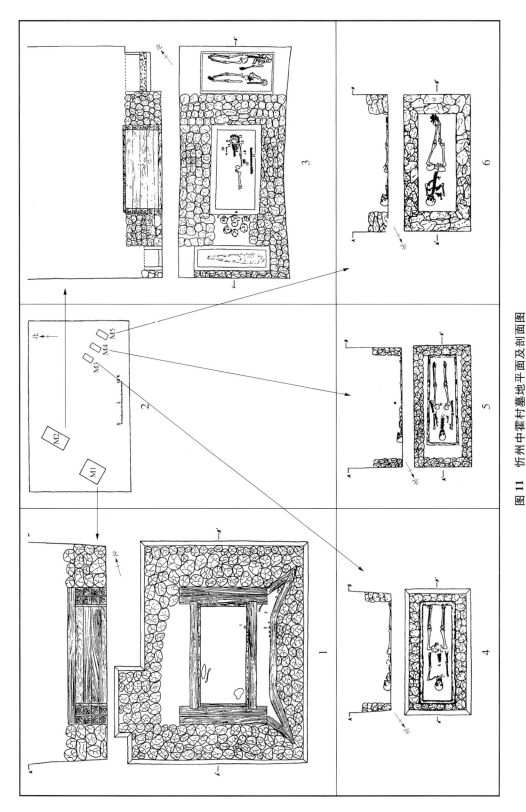

图 11　忻州中霍村墓地平面及剖面图

1. M1；2. 墓地平面图；3. M2；4. M3；5. M4；6. M5

  M1 墓坑约有 20.6 平方米,随葬礼器皆置于靠近墓坑西壁的石龛内,共 11 件,计有平盖鼎 3、鬲鼎 1、甗 1、豆 2(已残)、壶 2、盘 1(已残)、匜 1(部分残碎),另有少量青铜车马器和骨镳①。M1 铜容器的组合(图 12)与晋地春秋晚期至战国早期墓葬所见铜容器组合相近。M1 墓中出土铜鼎(M1:7,图 12.1)器腹已较浅,双附耳上部外侈,形制近同于属战国早期偏早的山西长子羊圈的 M2 出土鼎(M2:2,图 13.3)②。中霍村 M1:8 鼎(图 12.3)腹略深,盖腹侧视近椭圆形,形制近同于芮城岭底坛道村 M2 出土二鼎之一(图 13.4)③,坛道村 M2 亦属战国早期偏早;中霍村铜甗(M1:12,图 12.5)的形制亦近同于芮城坛道村 M2 出土甗(图 13.2),惟腹较浅,鬲部裆略低,这种形制其实在春秋晚期偏晚的墓中已有出土,如侯马上马村 M15 出土甗(M15:13,图 13.1)④。另外,此墓所出铜壶(M1:6,图 12.6),腹最大径与腹底与最大径至壶口的长度比例为 0.52,这一比例数值略

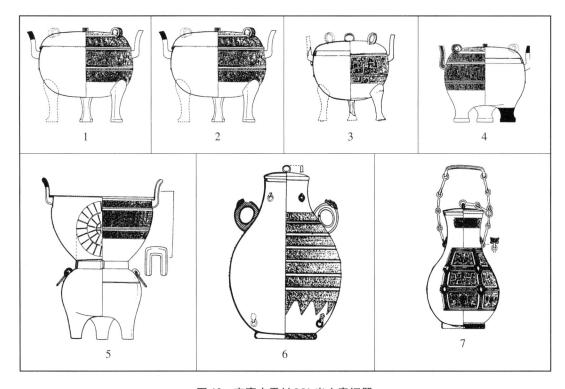

1	2
3	4
5	6
	7

图 12　定襄中霍村 M1 出土青铜器

1. 鼎(7);2. 鼎(10);3. 鼎(8);4. 鬲鼎(9);5. 甗(12);6. 壶(6);7. 提链壶(11)

① 李有成:《定襄县中霍村东周墓发掘报告》,《文物》1997 年第 5 期,第 4—17 页。
② 陶正刚:《山西长子县东周墓》,《考古学报》1984 年第 4 期。
③ 邓林秀:《山西芮城东周墓》,《文物》1987 年第 12 期。
④ 朱凤瀚:《中国青铜器综论》,第 1644 页。

低于约为战国早期偏晚墓的山西长子牛家坡 M7 所出圆腹壶(图 13.19)之同上比例(0.56)[①]。综合以上器物形制比较之情况,可以将中霍村 M1 的年代定在战国偏早阶段。二墓均出土了带刻画纹的锻制铜盘碎片,碎片上发现了錾刻鱼纹,惜无法复原画像,惟有 M1 出土的铜匜残件仍清晰可见其上的刻画人物画像纹饰(图 14)。

山西太原金胜村 M251　著名的太原金胜村 M251 大墓发现于 1987 年,随葬品中包括一件刻画人物画像纹铜匜。金胜村墓地西面靠山,其东南 3 公里即战国初年晋国赵氏所据之晋阳城。M251 大墓(图 15)的规格很高,墓主为男性,年龄介乎 65 至 70 岁之间,墓室面积达 101.2 平方米,采用一椁三重棺,墓内另有四副棺木殉人;该墓坐向 109 度,即东南偏东,墓外东北 7.5 米处有一曲尺形车马殉坑(M252),坑内发现马骸骨 44 副、车 13 辆。金胜村 M251 大墓出土物多达 3 421 件,其中青铜礼器 99 件,计有鼎 27、鬲 5、甗 2、豆 14、簠 2、壶 8、鸟尊 1、鉴 6、罍 2、钘 4、匜 2、素面盘 1、三足盘 1、炭盘 1、镂空箕形器 2、勺 6、钩 14、细长柄扒形器 1。该墓另有编钟两套、石磬一套,又随葬了大量青铜兵器和车马器[②]。M251 的随葬青铜器中虽保留了一定的春秋晚期特征,如莲瓣盖方壶(M251∶579,图 13.13)仍使用方带格纹和垂腹的形制,但同墓出土铜鉴(M251∶630),平口,上腹圆鼓,下腹成斜坡内收,已出现矮圈足。附耳有盖铜鼎(M251∶633,图 13.11)腹部已较浅,足亦较矮,近于扁椭圆形,虽与以上定襄中霍村所见附耳有盖铜鼎(图 13.6、13.7)形制相近,蹄足却比中霍村铜鼎那种较为细长的形制要粗矮,所以总体来看,金胜村附耳有盖鼎年代要略晚于中霍村同形制鼎。此墓所出双铺首衔环鬲鼎(M251∶611,图 13.12),腹部亦较中霍村同形制鬲鼎要宽,裆部低平,其形制亦较中霍村同形制鬲鼎要晚。金胜村大墓出土簠(M251∶537,图 13.14),盖腹直边与腹部通高比例已达 0.63,与长子牛家坡 M7 铜簠(图 13.20)同比例的 0.65 数值相若[③]。铜甗(M251∶620,图 13.10)也始用环扣衔环。因此,金胜村 M251 的年代应略晚于定襄中霍村墓葬,也属于战国早期偏早,但到不了战国初,其年代大致属于战国早期中叶。金胜村墓地的年代属于春秋战国交际,与赵氏都邑晋阳的使用时间相近,亦即在赵鞅(前 476 年卒)、赵无恤(前 425 年卒)父子二人经营晋阳的时段内[④]。

---

① 朱凤瀚:《中国青铜器综论》,第 227 页。
② 侯毅、渠川福:《太原金胜村 251 号春秋大墓及车马坑发掘简报》,《文物》1989 年第 9 期;陶正刚、侯毅、渠川福:《太原晋国赵卿墓》,北京:文物出版社,1996 年,第 16—90 页。
③ 朱凤瀚:《中国青铜器综论》,第 140 页。
④ 路国权:《论太原金胜村 1988M251 铜器群的年代及相关问题》,《考古与文物》2016 年第 1 期。

侯马上马村 M15 出土	芮城、长子地区墓葬出土	中霍村 M1 墓出土	大原金胜村 M251 出土	长子牛家坡 M7 出土
春秋晚期	战国早期偏早	战国早期偏早	战国早期中叶	战国早期偏晚
1	2	5	10	15
	3	6	11	16
	4	7	12	17
		8		18

续　图

侯马上马村 M15 出土	芮城、长子地区墓葬出土	中霍村 M1 墓出土	太原金胜村 M251 出土	长子牛家坡 M7 出土
春秋晚期	战国早期偏早	战国早期偏早	战国早期中叶	战国早期偏晚
		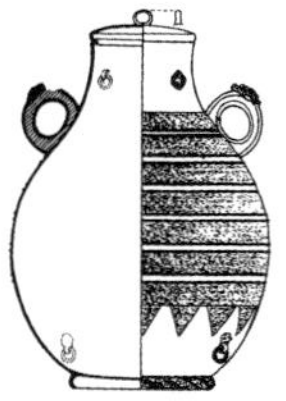 9	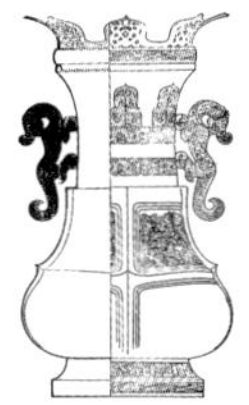 13	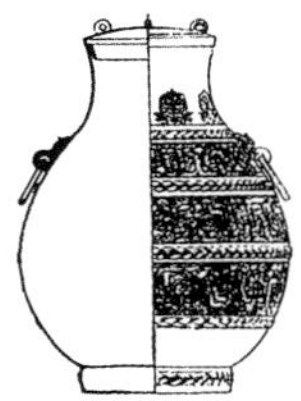 19
			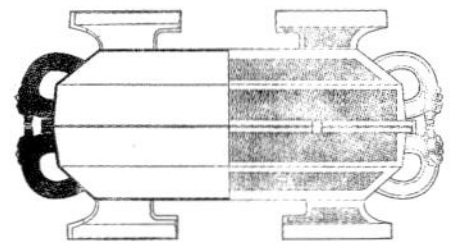 14	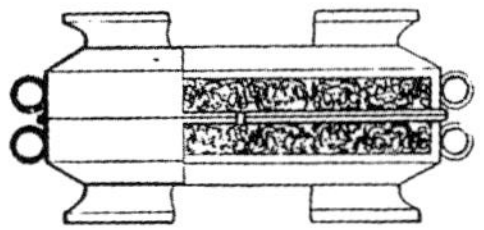 20

图 13　山西出土青铜器

1. 侯马上马村瓿(M15：13)；2. 芮城坛道村 M2 瓿；3. 长子羊圈沟 M2 鼎；4. 芮城坛道村 M2 鼎；
5～9. 中霍村 M1 瓿(12)、鼎(7,8)、鼎(9)、壶(6)；10～14. 太原金胜村 M251 瓿(620)、鼎(633)、高鼎(611)、扁鼎(579)、壶(537)；
15～20. 长子牛家坡 M7 瓿(11,12)、鼎(2,67)、扁鼎(67)、壶(6)、簋(9)

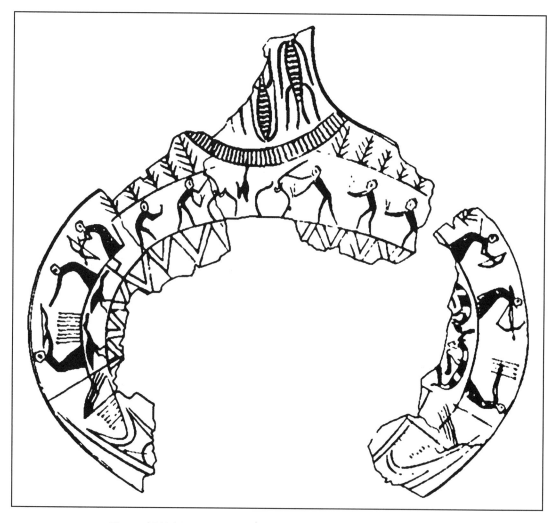

图 14　忻州中霍村 M1 出土残匜(M1∶14)上的刻画人物画像纹饰

　　另外需要注意的是,金胜村 M251 刻画人物画像纹铜匜保存完整,是同形制器中年代较早的。此匜素面,平底,流口较长且高于器身,有铺首含环,内壁纹饰(图16)保存也较好。据金胜村发掘报告描述,墓内有一素面铜盘(M251∶615),"薄胎,过于破碎,无法修复。圆体,敞口,直腹壁,略有弧度。下腹部硬折收缩成平底。上腹两侧有 1 对环形耳,挂有扁圆形环。环直径 4.8 厘米,饰三角卷云纹。其他均为素面。打制而成。通高不详,口径 44.6 厘米。重量不明"[①]。该铜盘的形制异于谏壁王家山铜盘,敞口,腹壁中部明显折收,其形制似近同于三门峡陕县后川 M2040 墓中出土铜盘(M2040∶76)。金胜村 M251 墓中的刻画纹铜匜应是与此素面盘凑成配套随葬的。

---

① 陶正刚、侯毅、渠川福:《太原晋国赵卿墓》,第 75 页。

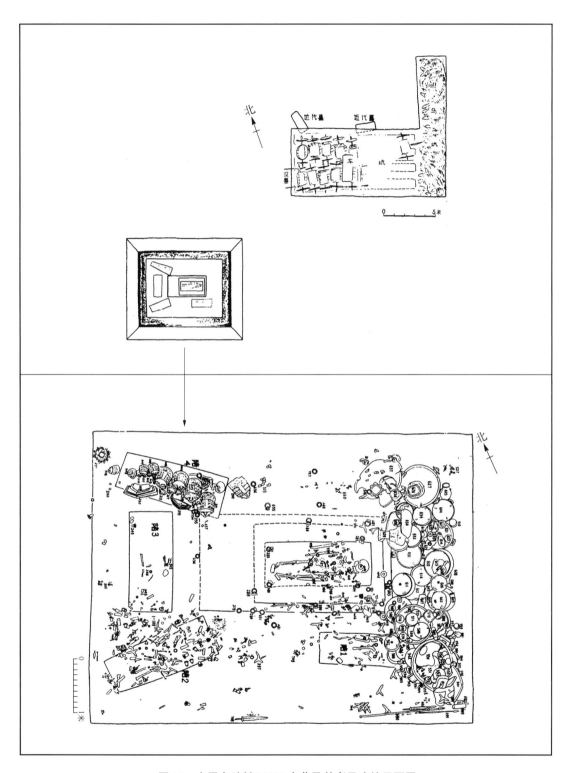

图 15 太原金胜村 M251 大墓及其车马殉坑平面图

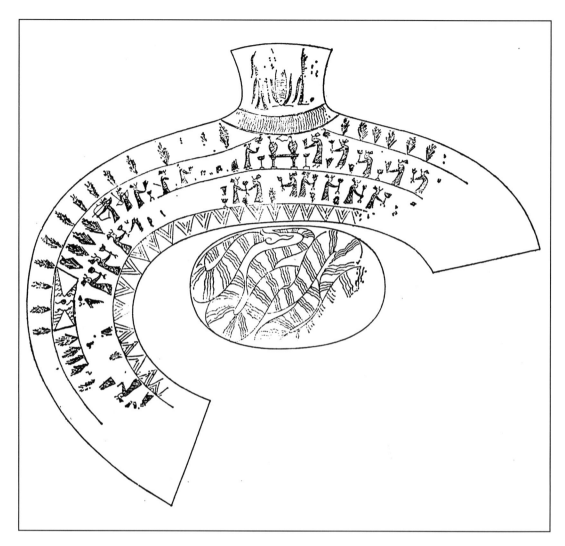

图 16　太原金胜村 M251 大墓出土铜匜（M251：540）上的刻画人像纹饰

山西潞城潞河 M7　潞城潞河墓地发现于 1982 年,为春秋中期至战国秦汉时期遗址,是晋东南地区较重要的发现。潞河墓地邻近浊漳河,位于潞城东周古城西北角外,墓地布局东早西晚,该片墓地已被河道分割成东西二区,目前发掘报告已刊的 M7、M8 位于西区,二墓相距 10 米,保存完整,其周围有多座已被破坏的小型墓葬,未经刊布。M7 坐向 15 度,即南北偏东,墓室面积 33 平方米,属于中大型积石、积炭墓,葬具为一椁二重棺,未见殉人。墓中发现铜礼器 43 件（图 17）,计有鼎 13、甗 1（已残）、豆 8、簋 2、壶 2、罍 2、罐 2、镶盉 1（报告称盉）、铲 1、盘 3、刻画纹铜匜 1（已残）、鉴 4、炭箕 1、勺 2；墓内另有青铜兵器和车马器；乐器中有编钟三种四套以及石磬一套；玉石器 150 多件（多数为方形玉片,用途不明）；包金贝 30 多枚；贝 100 多枚以及少量骨器和漆器残件,随葬品内容十分丰富[①]。M7青铜器组合以及容器形制皆为战国早期三晋地区所流行,如附耳有盖鼎(M7:35,图17.1),宽扁腹、短蹄足;形制近同于太原金胜村大墓同形鼎(图13.11)。簠(M7:158)口沿直边与腹通高比例已达0.66,盖豆的形制也近同于太原金胜村大墓出土豆,故其年代应大致与金胜村大墓相同,也在战国早期中叶。铜壶(M7:149,图17.8)最大径往腹中部提升;铜鉴(M7:104、159,图17.5)也使用了矮圈足,这些都是进入战国以后的特征。

图 17 潞城潞河 M7 出土青铜器

1. 鼎(35);2. 鼎(111);3. 盖豆(108);4. 方座豆(163);5. 鉴(159);
6. 罍(73);7. 罐(92);8. 壶(149)

潞河M7刻画纹铜匜(M7:156)虽已残缺,但仍见图案中有坐饮人像图,又有士兵持弓、执戈埋身击杀的图案(图18),这两类图案亦见于上述六合程桥M1铜匜,坐饮人像图于后期的刻画纹青铜器上较为少见,而士兵搏击图像于后期基本不见。M7铜匜图案中也有幼细的绳纹作为隔断,其手法亦见于谏壁王家山青铜器(图4.4),有别于三晋地区如前述的金胜村刻纹铜匜(M251:540,图16)。潞河M7墓中出土的这件铜匜的年

---

① 陶正刚、李奉山:《山西省潞城县潞河战国墓》,《文物》1986年第6期。

代有可能略早于墓葬年代,属于春秋晚期遗物,流入晋东南亦即晋国韩氏根据地后才被随葬①。

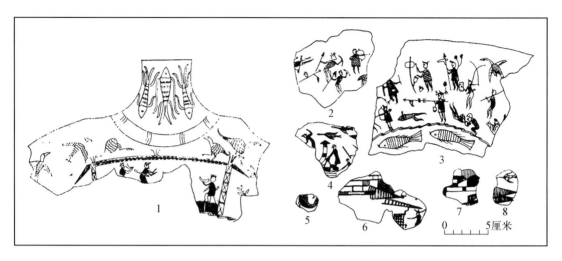

图 18　潞城潞河 M7 出土铜匜(M7∶156)残片上的刻画人物画像图案

山西长治分水岭 M84　山西长治分水岭墓地位于长治古城北城墙和护城河以北,东西长达 2 公里,南北 0.75 公里(图 19)。该墓地的发掘报告是三晋地区春秋战国时期十分重要的考古资料,已发现了多件有助于断代的标准青铜器。近年出版的《长治分水岭东周墓地》刊布了三座随葬了刻画纹青铜器的墓葬,其中以 M84 的年代为最早。长治分水岭墓地布局西早东晚,M84 位于第 III 发掘区亦即墓地中部,其东北 9 米外是发现了错金铜盖豆的 M126 及其旁的 M127 两座战国早期墓葬。M84 墓室约 15.6 平方米,属于中型墓葬,墓葬呈南北向偏东,头向不明。墓内发现有马骨架一具,另有车马器、玉石饰件和一件铁质带钩等。随葬品中的铜容器计有鼎 5、盖豆 2、壶 4,以及饰刻画纹铜匜(图 20.2)、铜鉴(图 20.3)各一②。另有饰刻画纹的长条形铜片 5 件(图 20.4),按其形状和纹饰似是铜鉴上腹残片,后文述及的陕县后川 M2040、建昌东大杖子 M5 和辉县赵固 M1 等墓也有类似发现。分水岭 M84 这套刻画纹青铜器在画像形象、刻画手法及图案布局上与金胜村 M251 所出近同,且采用了倒三角纹作为器壁和器底纹饰之间的隔断。分水岭 M84 墓在发掘报告中仅刊布了铺首衔环鬲鼎(M84∶4,图 20.1),盖圆鼓,最大腹径位于器肩以下,裆部呈倒 U 形,较矮,且其腹底已近平,与太原金胜村出土鬲鼎(M251∶

---

① 陶正刚、李奉山:《山西省潞城县潞河战国墓》,《文物》1986 年第 6 期;朱凤瀚:《中国青铜器综论》,第 1896—1906 页。

② 韩炳华、李勇编著:《长治分水岭东周墓地》,北京:文物出版社,2010 年,第 285—291 页。

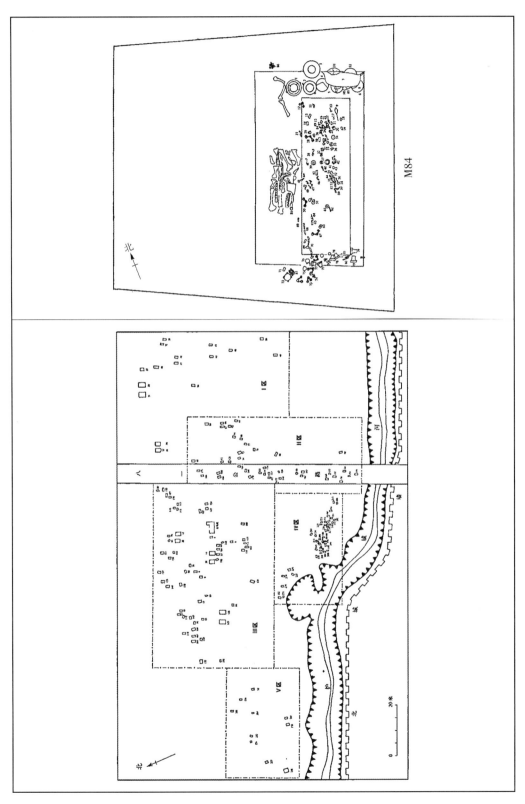

图 19　长治分水岭墓地布局图和 M84 的墓葬平面图

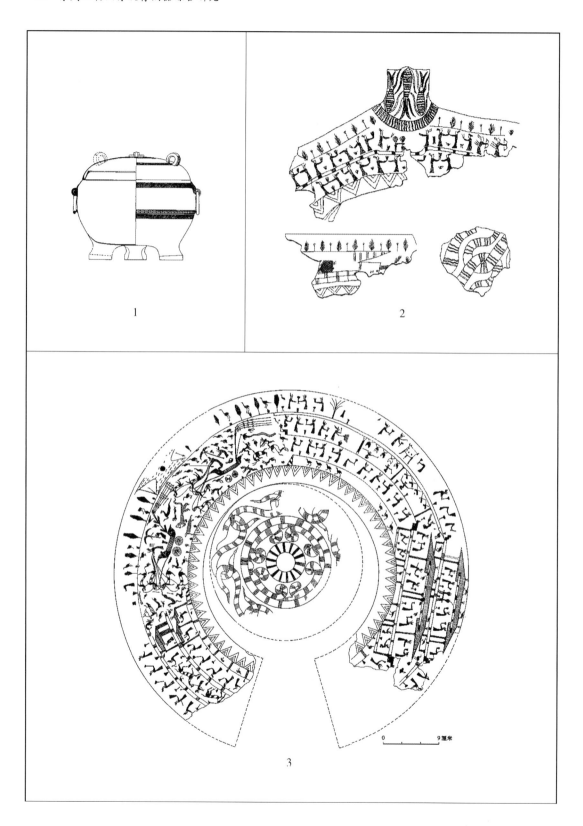

1

2

3

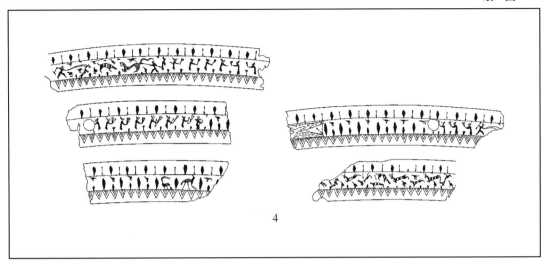

图 20 长治分水岭 M84 出土青铜器

1. 鬲鼎(4);2. 匜残片(93);3. 鉴(7)内壁刻画纹图案;4. 疑为铜鉴口沿残片(无编号)及其内壁刻画纹图案

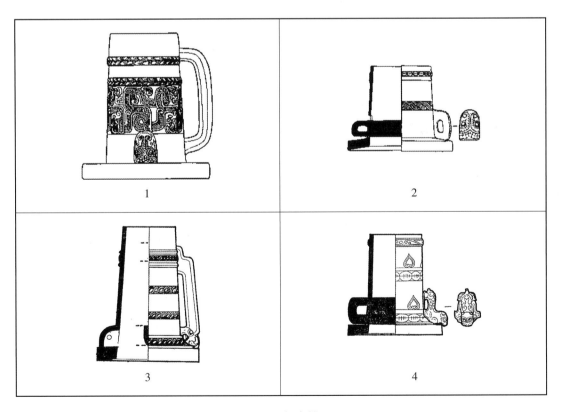

图 21 铜车辖

1~2. 长治分水岭 M84 出土(M84:77、78);3~4. 太原金胜村 M251 出土(M251:258、57)

611,图 13.12)形制比较接近。分水岭 M84 出土车軎(M84:77,图 20.1),平折厚宽缘,軎身略长,多出桥形柄,与軎身平行;另一件(M84:78,图 20.2)亦作平折宽缘,筒身较短粗。金胜村 M251 大墓中亦随葬了两套有着相同形制的车辖(M251:258、57,图 21.3、21.4)配置,应当也是二墓年代相近所致。因此,长治分水岭 M84 的年代亦约在战国早期中叶。

山东烟台长岛王沟 M2　长岛王沟墓地位于南长山岛中北部,当地居民于 1973 年发现了 M1 和 M2 两座墓葬,两次发掘工作分别于同年及 1975 年进行,连同最早发现的 M1 与 M2,该墓地共出竖穴土坑墓 19 座,分布在东西长 170 米、南北宽 60 米的范围内。发掘报告未给出墓位分布图,据描述各墓的墓向不一, M2 已被破坏,器物不全,墓室面积约 9.7 平方米,墓向 130 度,随葬铜容器计有鼎(已失)、高足盖豆 2、敦 1(无图)、壶(已失)、钫(已失)、鎏金铜匜 1(残)、鎏金铜鉴 2(均残);另有 4 件铜带钩和 52 件玛瑙管形饰件。M2 铜盖豆(M2:4,图 22.1、22.2)高足较长,深腹,腹壁直长圆圜内收,盖腹合成近圆形,形制接近战国早期中叶的临淄相家庄 M6 出土盖豆(M6:7)[1]。王沟 M2 这件铜豆虽属齐式形制,但盖把采用燕式圆形抓手,纹饰是几何圈纹,未见于齐地,颇有特色。M2 其余出土器物未见,参考盖豆足部未见明显增长,器盖高度仍小于器腹,其年代应略早于同墓地出土的战国中期偏早的 M10 墓葬[2]。在 M2 墓中发现的刻画纹铜残片共 9 块(其中 2 块未刊),铜鉴的纹饰内容和布局(图 22.4、22.6)与长治分水岭 M84 铜鉴上所见的(图 20.3)尤为接近,可证二墓的年代亦应相若。综合以上,王沟 M2 的年代不早于战国早期中段。M2 铜匜的外壁为素面但有鎏金,内壁经刻纹后亦有鎏金,而铜鉴的内壁也曾鎏金。另外,长岛王沟墓地以 M10 的规模最大,发现有一件饰刻画鱼纹的铜片(图 22.7),其用途不明[3]。

山东滕州大韩 M39　大韩墓地位于滕州市南官桥镇大韩村以东,2017~2018 年的考古发掘清理了中小型墓葬共 52 座(图 23),目前仅刊布了其中三座墓葬即 M43、M39 和 M22 的发掘资料。M39 随葬了一件饰有刻画鱼纹和蛇纹的铜匜,未见人像,该铜匜保存完好,该墓也有较完整的发掘信息,有助于更好地了解刻画纹青铜器的使用年代和形制特征。大韩墓地 M39 呈甲字形,墓道东向,约长 6.9 米,墓室面积 19.8 平方米。M39 墓室打破了 M43 的墓道,M43 男性墓主为小邾国贵族成员,随葬"郳大司马"铜盘。该墓

① 朱凤瀚:《中国青铜器综论》,第 2012 页。
② 朱凤瀚:《中国青铜器综论》,第 2014—2015 页。
③ 李步青、林仙庭、王富强:《山东长岛王沟东周墓葬群》,《考古学报》1993 年第 1 期;朱凤瀚:《中国青铜器综论》,第 2009—2038 页。

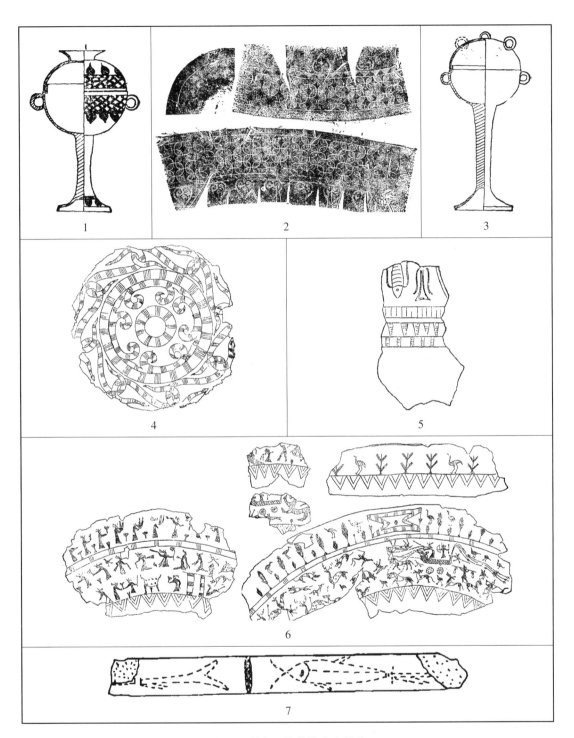

图22　长岛王沟墓地出土器物

1~2. M2出土高足铜盖豆(M2:4)及其器腹纹饰;3. M10铜豆(M10:31-1);
4. 铜鉴(M2:1)底部残片上的刻画纹饰;5. 铜匜(M2:3)流口残片上的刻画纹饰;
6. 铜鉴(M2:2)残片上的刻画纹饰;7. M10出土饰刻画纹残铜片

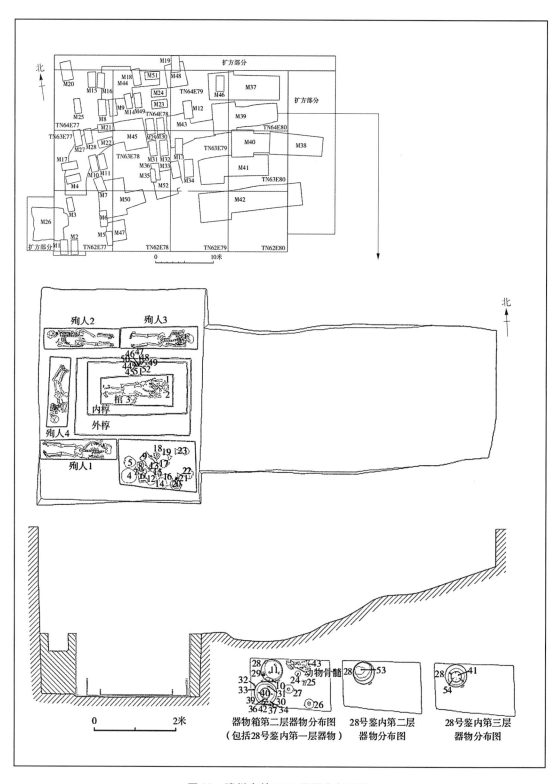

图 23　滕州大韩 M39 平面和剖面图

出土青铜器组合有着一定的春秋晚期特征①,铜鼎(M43:24,图24.1)与济南左家洼 M1 墓葬出土铜鼎(M1:2)形制接近,同墓出土陶豆(M43:50、56)的腹部较浅,豆柄仍较粗矮,与新泰周家庄三期亦即战国早期陶豆形制相近②,M43 的年代当已进入战国初年,亦即 M39 墓葬的年代上限。M39 墓主女性约 25 岁,头向东,葬具为两椁一棺,椁室外有四个单棺殉人坑。该墓的随葬品多置于墓室东南的器物坑内,出土青铜容器共 20 件,计鼎 3、簠 2、盖豆 4、提链壶 1、铟 2、鉴、浴缶 2、三足盘 1、三足匜 1、素面刻纹盘 1、素面平底刻纹匜 1。墓内另发现有车軎、马衔、角质马镳、彩绘仿铜陶器、玉石饰件和一件圆形金箔饰。"箍口"铜鼎(M39:13,图24.3),器盖较平,卷云形钮,器腹直长,斜收成弧底,器腹略浅于 M43 出土的"子母口"鼎(M43:24,图24.1)。M39 的"子母口"铜鼎(M39:12,图24.4),器盖圆鼓,角环钮,深鼓腹,蹄足较长,微弯,与 M43 出土的另一件鼎(M43:22,图24.2)形制接近,但 M39 的这件已换作子母口,这类铜鼎应是本地的器物。铜簠(M39:6)饰细密蟠虺纹,其直边与器腹比例有 0.49,与长治分水岭 M26 战国早期墓葬出土铜簠(M26:17)的 0.48 比值相近③。铜盖豆(M39:17,图24.5)器腹直长收成平底,豆盖仍较浅,与济南左家洼 M1 出土铜豆(M1:6)形制接近。提链壶(M39:8,图24.6)器身长直,短矮足,与临淄东夏庄同形壶(M5:114)形制相近。双环耳铜铟(M39:42,图24.7)的足部已尖出成短矮足,大致与新泰周家庄三、四期流行铜铟(M37:10、M67:16)的形制接近④。综合以上所述,大韩 M39 的年代大致属于战国早期中、晚叶。

滕州大韩 M39 出土青铜器混合着不同地区的风格,属于小邾国亦即东夷文化影响范围,青铜器多是鲁南地区常见器物,但纹饰和器盖钮等加入了部分吴地、楚地的特色。M39 刻纹铜盘(M39:53,图24.8),平侈口,尖唇,直腹壁,折收成斜弧底,这类形制的刻纹盘比较罕见,可惜刻纹已锈蚀不清。刻纹铜匜(M39:54,图24.9),流口长直上扬,匜口平直,腹微鼓,平底。发掘报告未提供刻纹线图,内壁布满首尾相接的鸟纹和交叉相连的蛇纹。这样的纹饰布局是同形器中未见的。

湖北襄阳余岗 M173　余岗墓地位于襄阳邓城遗址以东,墓地中北部区域均为楚墓,共 179 座,排布密集,均竖穴土坑墓。在这批墓葬中仅 16 座随葬青铜礼器,且混搭组合仿铜陶器、漆木器。M173 位于楚墓区域的南区东南角,墓向 202 度,墓主头向南,墓室面积 9.4 平方米,葬具是悬底方棺。该墓出土铜鼎、敦和刻画纹铜匜各 1 件(图25.5~

① 郝导华、刘延常、代全龙等:《山东滕州市大韩东周墓地第一次发掘简报》,《考古》2021 年第 12 期。
② 山东省文物考古研究所、新泰市博物馆编著:《新泰周家庄东周墓地》,北京:文物出版社,2014 年,第 466—477 页。
③ 朱凤瀚:《中国青铜器综论》,第 140 页。
④ 山东省文物考古研究所、新泰市博物馆编著:《新泰周家庄东周墓地》,第 467 页。

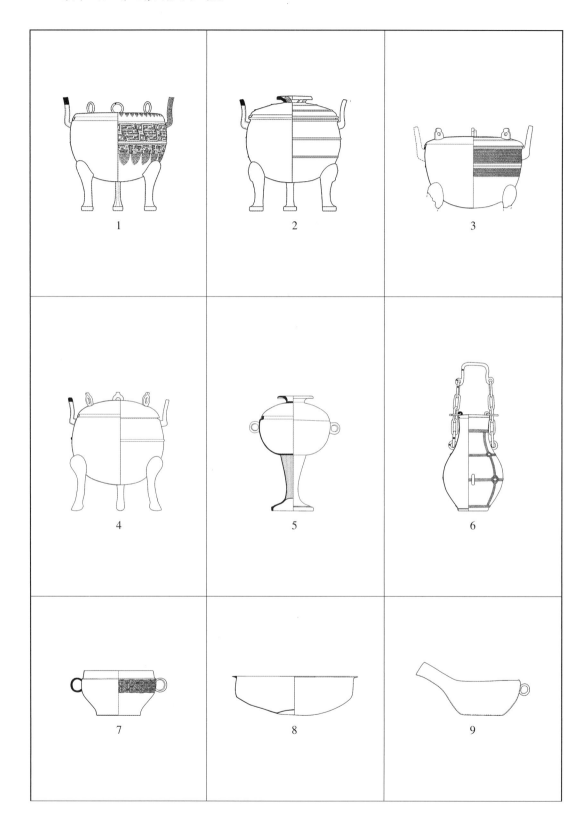

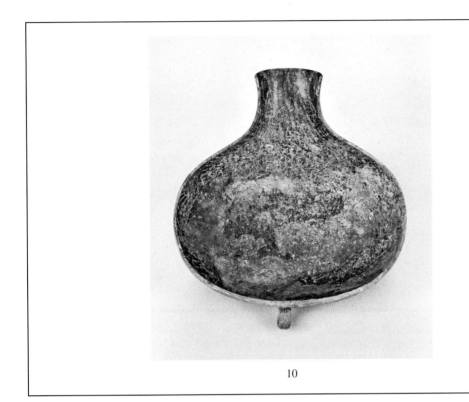

10

图 24　滕州大韩墓地出土青铜器

1. 鼎(M43：24)；2. 鼎(M43：22)；3. 鼎(M39：13)；4. 鼎(M39：12)；5. 豆(M39：17)；
6. 提链壶(M39：8)；7. 铂(M39：42)；8. 刻纹盘(M39：53)；9~10. 刻纹匜(M39：54)

25.7)；另出土有仿铜陶器(图 26.1~26.7)计鼎、敦、豆 2(均残)、缶 2，罐、盘、盆、漆木豆和木俎各 1 件(图 26.8~26.9)①。M173 所出楚式箍口鼎(M173：5，图 25.5)，形制保留了战国早期此类楚式鼎的深腹、圜弧底特征，形制与淅川和尚岭 M2 铜鼎(M2：33)相近，和尚岭 M2 的年代在战国早期偏早②。M173 铜鼎上的变形龙纹饰加入了几何形元素，在侯马上马村 M5218 出土的鼎(M5218：13，图 25.1)上也可以见到，上马村 M5218的年代亦属于战国早期偏早③。M173 出土铜敦(M173：6，图 25.6)三足仍较长直，与襄阳蔡坡 M4 出土敦(M4：4，图 25.2)形制相同，蔡坡 M4 的年代约在战国早期偏晚④。发掘报告将此型敦定为 V 式，置于"综合分期"中第三期五段，即战国早期后段，与报告所

---

① 襄阳市文物考古研究所：《余岗楚墓》，北京：科学出版社，2011 年，第 3—9、253—263 页。

② 朱凤瀚：《中国青铜器综论》，第 2048 页。

③ 山西省考古研究所：《上马墓地》，北京：文物出版社，1994 年，第 45 页。

④ 朱凤瀚：《中国青铜器综论》，第 2041 页。

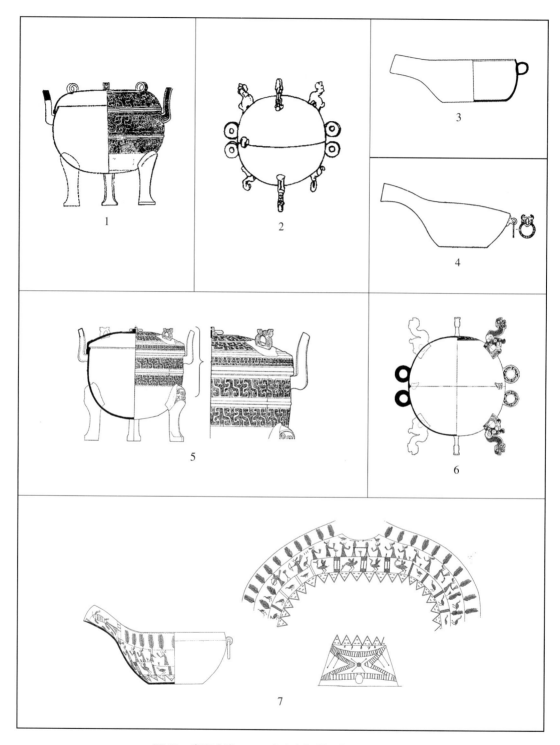

图 25　襄阳余岗 M173 出土青铜器及相关器物对比

1. 上马村 M5218 出土铜鼎(13);2. 襄阳蔡坡 M4 出土铜敦;3. 淅川和尚岭 M2 出土铜匜(67);
4. 太原金胜村 M251 出土铜匜(540);5~7. 襄阳余岗 M173 出土铜鼎(5)、敦(6)、匜(4)

附王先福《襄阳余岗墓地楚式青铜礼器分期研究》一文,将此型敦以及同墓出土楚式箍口鼎定为战国中期的判断有些差距。余岗墓地土仿铜陶器的组合规律,陶鼎、敦、缶、盘、匜始见于"综合分期"中的二期三段且于第三期固定出现,四期即战国中期后加入小口鼎、罍、盉等器类①。M173 的随葬仿铜陶器属于墓地年代第三期的区间,M173 陶鼎(图26.1)腹仍较深,陶敦(图 26.2)器盖合成仍近圆球形,未形成尖椭圆形的形制,但陶高颈罐的口沿侈度却明显增大且与腹径相近。综合该墓出土青铜器和陶器的形制特征,M173 宜仍归入战国早期偏晚。

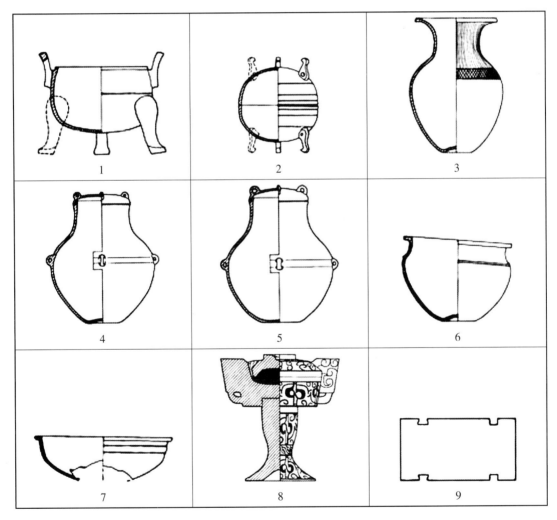

图 26　襄阳余岗 M173 出土仿铜陶器和漆木器

1. 陶鼎(8);2. 陶敦(15);3. 陶罐(11);4~5. 陶尊缶(7、9);6. 陶盆(1);7. 陶盘(1);8. 漆豆(13);9. 木俎(3)

---

① 襄阳市文物考古研究所:《余岗楚墓》,第 80—92、432—448 页。

　　M173 刻纹铜匜(M173：4),流口直长,上扬,平底,匜腹高度大于器底,其形制异于年代稍早的和尚岭 M2 铜匜(M2：67,图 25.3)和澧县皇山岗 M1 弧底铜匜(M1：1,图 9.5),而这类流口斜长呈 45 度角上扬的铜匜则较多见于三晋地区如太原金胜村 M251墓葬(图 25.4),但余岗 M173 出土的这一件是平口,器腹亦较高,其形制与滕州大韩 M39铜匜(M39：54,图 24.9)相近,大韩 M53 的年代在战国早期中、晚叶,亦大致与余岗 M173的年代接近。

　　河南三门峡陕县后川 M2040、M2042　　三门峡陕县(今称陕州区)在 1956 年至 1958年间配合黄河水库工程展开考古发掘工作时,发现了属于东周时期的后川墓地,该墓地的发掘报告于 1994 年才被整理出版,许多关于这片墓地的信息已经散失。M2040 位于该墓地西区偏东位置(图 27),是一座中大型的积石积炭墓,墓室面积 39.9 平方米,坐

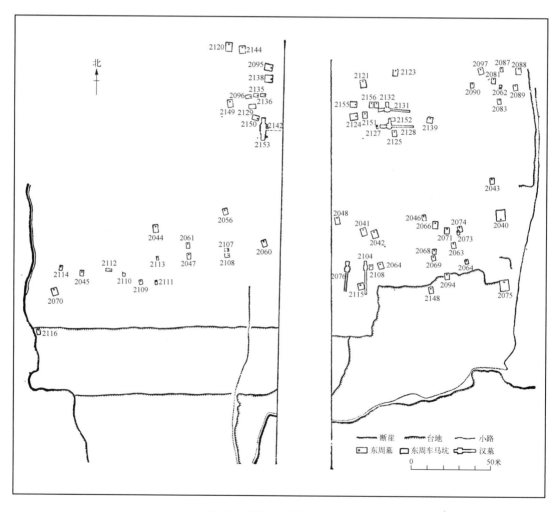

图 27　陕县后川墓地布局图

向 172 度,墓主头南向,葬具为一椁二棺。墓葬内发现器物多达 1 959 件,其中铜礼器 59 件,包括鼎 17、鬲 3、甗 1、豆 10、敦 2、簠 2、壶 5、盘 3、匜 2、铺 2、鉴 4、勺 5、匕 2 和毕 1①。后川 M2040 随葬青铜器的形制和组合与上述太原金胜村 M251 及潞城潞河 M7 所见十分相近。但是,后川 M2040 出土的鬲鼎(M2040:275,图 28.1)比金胜村出土鬲鼎的裆(M251:611,图 13.12)却要明显低平,三足亦更短粗;铜甗(M2040:34,图 28.2)比金胜村 M251 的甗(M251:620,图 13.10)裆部更加低矮,且足根短小,成小锥足状。方座盖豆(M2040:57,图 28.3)的豆柄比起金胜村出土的同形豆亦显矮粗;铜簠(M2040:36,图 28.4)通体更扁矮,口沿与盖沿与腹高比已达 0.5。综合以上所述,后川 M2040 墓葬的年代当略晚于金胜村 M251,约在战国早期偏晚②,与下述汲县山彪镇等墓大致同期。

此墓出土的铜盘(M2040:76,图 28.5、28.6)保存完好,侈口平直,上腹略呈斜直,折腹,下腹斜直内收成平底,墓内未发现可能与此盘相配的素面铜匜③。

位于 M2040 以西约 85 米的 M2042 也发现了饰有刻画人物画像纹的铜匜,但 M2042 的规格较低,墓室面积约 18.5 平方米,葬具为一椁二棺。随葬的铜容器计有鼎 3、豆 2、壶 2、铺 1 和匜 1④,但除了该刻纹铜匜外,其他铜容器的图像未刊,目前只能依靠铜匜的形制对该墓的年代进行大致的判断。该铜匜(M2042:8,图 28.7)平底,流口狭长而上扬,匜流口与腹上口相连,侧视呈凹弧形,匜尾部的铺首衔环已脱失,其形制与金胜村 M251 铜匜(M251:540,图 25.4)较接近,仅后部略上扬,而 M2042 铜匜图案中的倒三角形纹带饰有三个圆圈,其形象亦见于上述 M2040 出土刻纹铜残片(图 28.6)。二器的年代似应较接近,现暂将 M2042 铜匜归入战国早期偏晚。

河北石家庄平山穆家庄村 M8101 穆家庄村位于中山王陵区以南,河北省文物研究所在 1977 年至 1982 年间勘查灵寿故城时,发现了被西城垣门阙夯土基所压着的 M8101 和 M8102 两座墓葬。中山桓公(前 378—前 340 年在位)于前 380 年复国时所建造的灵寿故城,为中山国后期的重要都城,这为 M8101 和 M8102 两座墓葬提供了可靠的绝对年代参考,二墓当早于公元前 380 年,亦即不晚于战国早期⑤。M8101 墓室已被破坏,墓底面积约 7 平方米,随葬了 5 件铜容器,即鼎、盖豆、壶、罍和鉴,另发现了铜戈、铍、

① 中国社会科学院考古研究所编著:《陕县东周秦汉墓》,北京:科学出版社,1994 年,第 10—16、43—64 页。
② 中国社会科学院考古研究所编著:《陕县东周秦汉墓》,第 111—112 页;朱凤瀚:《中国青铜器综论》,第 1902—1906 页。
③ 中国社会科学院考古研究所编著:《陕县东周秦汉墓》,第 61—64 页。
④ 中国社会科学院考古研究所编著:《陕县东周秦汉墓》,第 204—205 页。
⑤ 朱凤瀚:《中国青铜器综论》,第 1968 页。

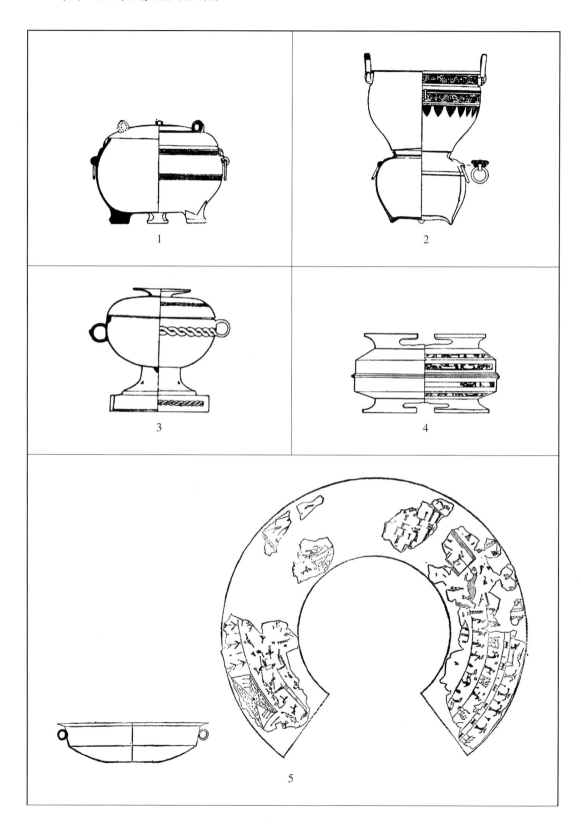

1

2

3

4

5

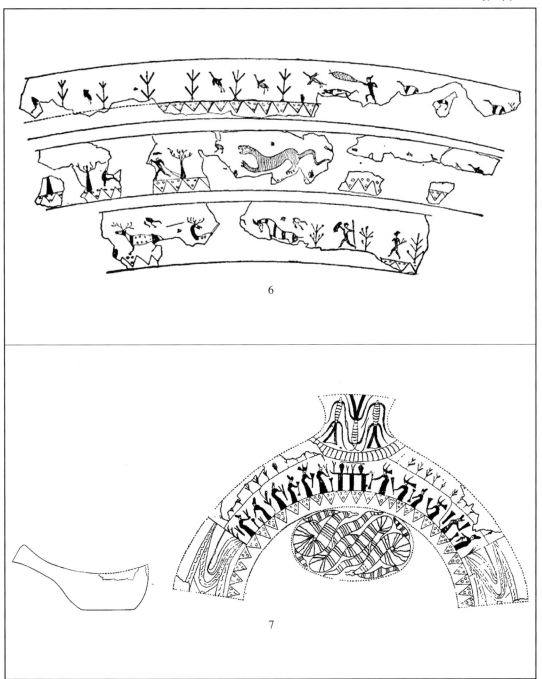

图 28　陕县后川 M2040、M2042 出土青铜器

1. 鬲鼎(275);2. 瓿(34);3. 方座盖豆(57);4. 簠(36);5~6. 刻纹盘(76)及其纹饰;
7. 刻纹匜及其纹饰(M2042∶8)
(以上 1~6 出自 M2040)

镞及铜带钩①。M8101 所出铜附耳有盖鼎(M8101:1,图 29.1)足较高,与属战国偏早②
的侯马上马村 M5218 出土的两件附耳有盖鼎(M5218:13,图 25.1)形近。饰范铸纹铜

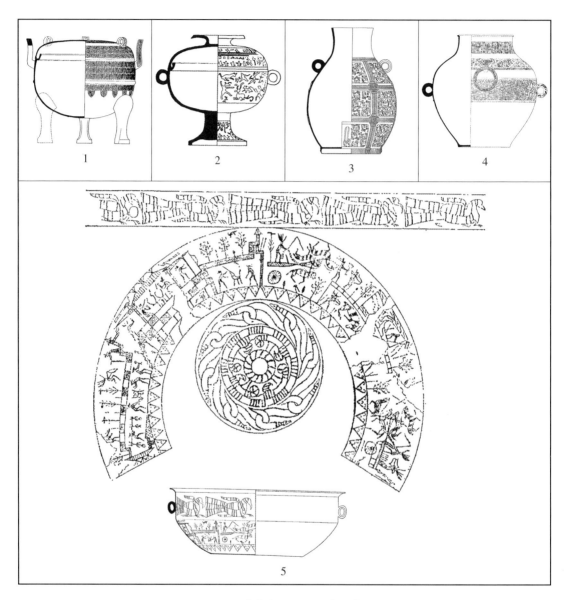

图 29 平山穆家庄村 M8101 出土青铜器

1. 鼎(1);2. 豆(2);3. 壶(3);4. 壶(5);5. 鉴(4)

---

① 陈应祺:《河北平山三汲古城调查与墓葬发掘》,《考古学集刊(第 5 辑)》,北京:中国社会科学出版社,1987 年,第
 157—193 页;河北省文物研究所:《战国中山国灵寿城——1975~1993 年考古发掘报告》,北京:文物出版社,2005
 年,第 264—289 页。
② 朱凤瀚:《中国青铜器综论》,第 1965—1970 页。

豆(图 29.2)的形制与太原金胜村 M251 出土豆(M251∶570)形近,金胜村 M251 年代如上述,约在战国早期中叶。这样看来,M8101 年代约在战国早期中叶或略晚。

穆家庄 M8101 是目前唯一一座同时出土饰有刻画类和范铸类人物画像纹青铜器的墓葬。中山国曾被魏国占据,复国后又常与燕、赵交锋,该地区部分出土器物来源繁杂,这两件饰人物画像纹青铜器应亦都是从外地输入。M8101 铜鉴(图 29.5),平折沿,侈口,上腹壁微鼓,中部折收成平底,刻画图案保存完好。M8101 的发现有助于我们了解这一时代刻纹青铜器的形制特征和地域分布。

第三节 战国早、中期之际人物画像纹青铜器

江苏淮阴高庄墓葬 高庄位于今淮安市清江浦区京杭运河南岸近淮沭河交界处,1978 年在这里发现了一座大型战国墓。2004 年,在高庄墓东北 3 公里的运河村又发现了一座年代略晚且出土了铁器的大型战国墓。二墓使用了相近的葬制、独木棺和车马器,而高庄墓所在的南北向长条形垄岗上亦散见一些年代相若的小型墓葬,可知这片区域有可能原是一处规模较大的战国时代墓地[①]。高庄墓葬是一座竖穴土坑墓(图 30),墓口呈长方形,墓坑西北角有一方形生土台坡,墓室面积约 94.5 平方米。墓底平面呈曲尺形,葬具为一椁一主棺,主棺正下方有一殉狗腰坑,主棺南侧是一副陪葬独木棺,北侧是一悬底方棺,放置殉人,三副棺木并排,陪葬品多置于椁室外。墓内共发现人骨架共 14 副,都已被严重扰乱。

高庄这座大型墓葬的葬制较特殊,在考古发掘之前曾被盗,部分文物后被追回,目前所知的随葬品应已非原来的全貌。不过,高庄随葬了至少 24 件刻画纹青铜器,是迄今考古发掘出土刻画纹青铜器数量最多的墓葬,亦首见施以刻画纹的小器盖和算形器这两种器类,高庄刻画纹饰(图 32)的内涵亦较以往所见的更为丰富。高庄墓葬的发现对于刻画纹青铜器研究十分重要,过去学者多将高庄墓葬归入越文化范围内,但此墓随葬器物文化成分繁杂,分别有吴、楚、东夷、越等文化的因素,不少器形也是首见的,高庄墓葬的年代和文化属性仍需作更细致的考证。

---

① 尹增淮、王剑:《江苏淮安市运河村一号战国墓》,《考古》2009 年第 10 期。高庄至运河村之间原有多座土墩和岗坡,曾发现战国时期小型土坑墓,材料尚未刊布,参见淮安市博物馆编著:《淮阴高庄战国墓》,北京:文物出版社,2009 年,第 11—24 页。

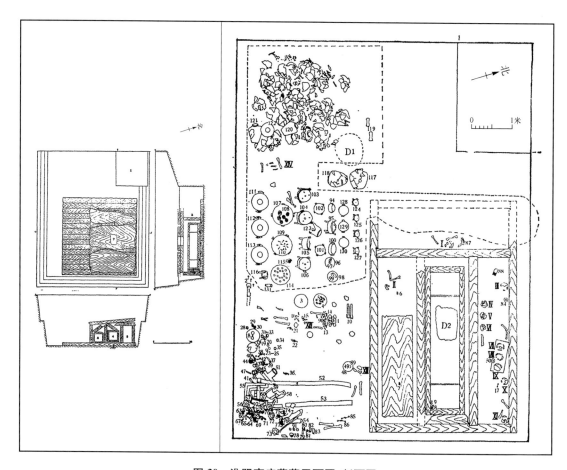

图 30　淮阴高庄墓葬平面图、剖面图

　　高庄墓内出土有青铜容器 51 件,计鼎 11、兽首鼎 1、甗 1、三足罍 2、鐎盉 2、三足鉴 4、三足盘 11、刻纹盘 7、刻纹鉴 1、素面匜 1、刻纹匜 6、刻纹算形器 4。墓内青铜工具和兵器计 29 件、硬陶和原始瓷器 37 件,还有车马器以及各类马车饰件[①]。高庄出土铜礼器组合中,水器占多数,且大部分都饰有刻画人物画像纹。高庄墓葬所出铜鼎中有两组各三件具有越式鼎风格的盖鼎,两组鼎的形制差异主要在于腹部形制,一组(1:104,图 31.1)作深腹,其腹壁微垂,圜底,一组(1:103,图 31.2)作较浅腹,微垂,底微圜,但两组鼎皆有截面为椭圆形的外撇细长足,足底外折,具有越式鼎的特征。这两组鼎与典型越式鼎的区别在于腹部,且皆已有盖,盖的形制,如环状提手、三环角形钮,同于战国中期楚鼎的盖。高庄的鼎也有垂腹的特点,这种腹的形制在战国中期偏早的江陵望山 M1 出土的楚式鼎(M1:735,图 31.17)中已见到。可以认为,这两组鼎的形制是战国中期

---

① 王立仕:《淮阴高庄战国墓》,《考古学报》1988 年第 2 期。

以来楚国东进,其青铜工艺与越人的青铜工艺交融以后产生的①。只是高庄此两组鼎的鼎足笔直外撇,没有湖南资阳旧市出土越式鼎(M165:4,图31.21)②、湖北黄梅刘岳越式鼎(M1:7,图31.22)③足微弯和附耳根部内收、加厚的现象。高庄鼎盖的形制、"8"字形足钮和绚纹,与六合程桥 M3 铜鼎(图2.7)的盖相近,附耳也采用长方形穿式,可证高庄鼎的铸造吸收并改造了不同年代、不同地区的风格。高庄铜兽首鼎(1:99,图31.4)足部肥矮,应是延续了江苏邳州九女墩 M3 所出兽首鼎(M3:41,图31.18)④的形制。此外,高庄三足罍(1:112)、三足鉴(1:100,图31.6)和三足盘(1:96)的形制也分别近似于春秋末期谏壁王家山出土三足罍(王家山48)⑤、丹徒北山顶三足鉴(84DBMJB:10,图31.14)⑥和六合程桥 M3 所出三足盘(M3:4,图2.11)。高庄刻画纹铜盘(1:3,图31.5),平底、弧壁盘的形制近于谏壁王家山所出的同形盘(王家山30,图31.13),亦近于春秋晚期偏早的吴县枫桥何山墓出土盘⑦。高庄墓葬出土的刻画纹平底盘(1:3、1:27)亦沿袭了谏壁王家山锻制青铜器中所采用的敛口、腹壁微鼓的形制。在车马器中,高庄车缸(1:56,图31.7)的多角星形制目前也只见于谏壁王家山墓葬(王家山8,图31.15),而车軎的长方形活动环所采用的鸭嘴形扣则见于山东长岛王沟 M10(M10:74,图31.19)⑧和淄博尧王村 M2(M2G:5-1,图31.20)⑨等战国早期偏晚至战国中期偏早的墓葬中。兵器方面,高庄铜戈有一小圆形和三长方形穿(1:87-3),与丹徒北山顶墓葬出土铜戈(M:8)形制相同⑩;另一件高庄戈(1:87-1,图31.8)的上刃近栏处有尖出鼻饰,类似的铜戈曾见于六合和仁墓葬(图6.9),而二墓也发现了形制相近的双翼外撇的细长形铜镞(图31.16)⑪。

淮安地区于战国时代虽属越国,高庄以及年代较晚的运河村墓葬中的原始瓷器也反映出一定的越文化因素,高庄的素面小流口深腹铜匜(图31.9)与浙江绍兴凤凰山 M3越墓出土原始瓷匜(M3:17,图31.23)形似,高足三足陶盅(1:28,图31.10)、原始瓷熏

① 朱凤瀚:《中国青铜器综论》,第 2343 页。
② 吴铭生:《湖南资兴旧市战国墓》,《考古学报》1983 年第 1 期。
③ 凡国栋等:《湖北黄梅刘岳墓地 M1 发掘简报》,《江汉考古》2021 年第 4 期。
④ 孔令远、陈永清:《江苏邳州市九女墩三号墩的发掘》,《考古》2002 年第 5 期。
⑤ 刘建国、谈三平:《江苏镇江谏壁王家山东周墓》,《文物》1987 年第 12 期。
⑥ 张敏、刘丽文:《江苏丹徒北山顶春秋发掘报告》,《东南文化》1988 年第 3、4 期。
⑦ 张志新:《江苏吴县何山东周墓》,《文物》1984 年第 5 期。
⑧ 李步青、林仙庭、王富强:《山东长岛王沟东周墓葬群》,《考古学报》1993 年第 1 期。
⑨ 王会田、贾健:《山东淄博市临淄区尧王战国墓的发掘》,《考古》2017 年第 4 期。
⑩ 张敏、刘丽文:《江苏丹徒北山顶春秋墓发掘报告》,《东南文化》1988 年第 3、4 期。
⑪ 吴山菁:《江苏六合县和仁东周墓》,《考古》1977 年第 5 期。

淮阴高庄墓葬	1	2	3	4
	5	6	7	8
	9	10	11	12
吴文化圈	13	14	15	16
楚文化圈	17			

续　图

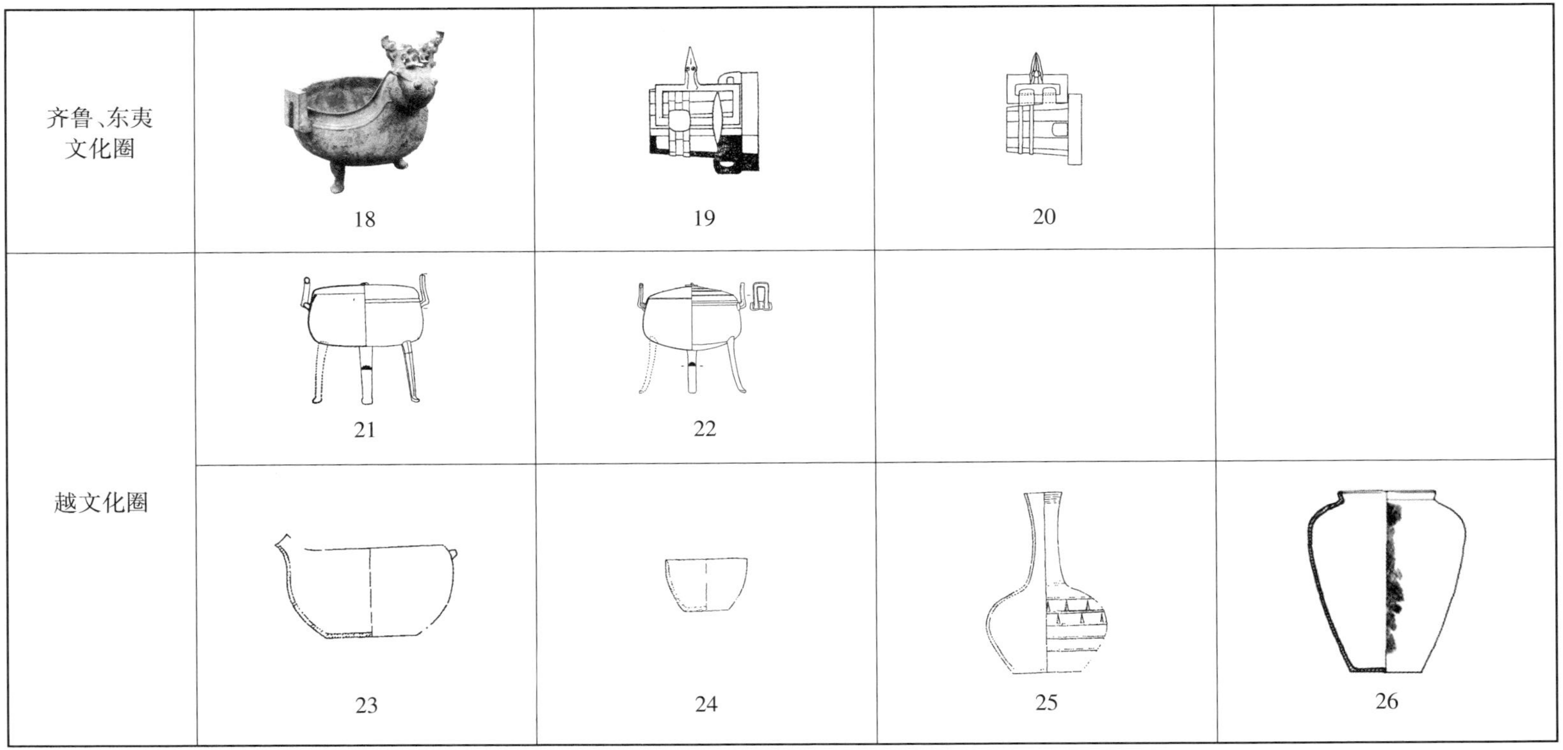

图 31　淮阴高庄墓葬出土器物与周边文化圈出土器物对比

1. 鼎（1：104）；2. 鼎（1：103）；3. 鼎（1：124）；4. 兽首鼎（1：99）；5. 刻纹盘（1：3）；6. 三足鉴（1：100）；7. 车缸、车軎（1：56，1：62）；
8. 四穿戈、镞（1：87-1，1：2-1）；9. 匜（无编号）；10. 三足硬陶盘（84DBMJB：10）；11. 铜盖原始瓷熏炉（1：18）；12. 陶坛（1：117）；
13. 谏壁王家山盘（王家山30）；14. 丹徒北山顶三足鉴（王家山8，18）；15. 谏壁王家山车缸、车軎（王家山8，18）；16. 六合和仁四穿戈、镞；
17. 江陵望山M1鼎（M1：735）；18. 邳州九女墩M3兽首鼎（M3：41）；19. 长岛王沟M10车軎（M10：74）；20. 临淄尧王村M2车軎（M2G：5-1）；
21. 资阳旧市M165越式鼎（M165：4）；22. 黄梅刘岳M1越式鼎（M1：7）；23. 绍兴凤凰山M3原始瓷匜（M3：17）；
24. 绍兴凤凰山M3原始瓷盘（M3：2）；25. 绍兴凤凰山M3原始瓷熏炉（M3：14）；26. 安吉龙山越墓印纹硬陶坛（M1Q：105）
（以上1～12为淮阴高庄墓葬出土；除特别注明质材外，余皆青铜器）

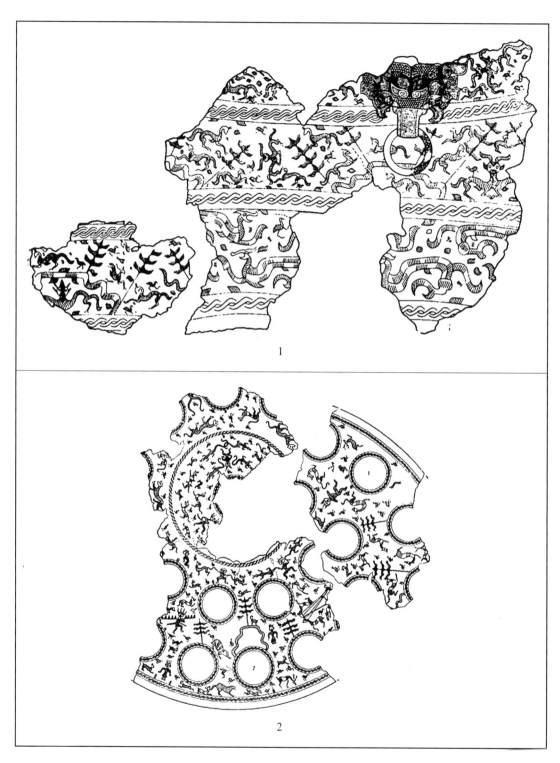

图 32　淮阴高庄墓出土刻画纹青铜器残片上的纹饰
1. 铜匜残片(1∶0137);2. 铜毕残片(1∶114－2)

炉(1∶18,图31.11)和陶坛(1∶117,图31.12)等器物的形制也见于绍兴凤凰山①、安吉龙山②等越墓中(图31.24~31.26)。不过,高庄的文化内涵似与春秋晚期吴墓所见的有较大关联,该墓的葬制、青铜器工艺以及殉人和随葬车马器等葬俗均与苏北、鲁南亦即所谓的东夷文化圈内涵较为接近。结合上述关于各类器物的形制分析和出土墓葬年代,高庄墓葬可归入战国早、中期之际。

河南三门峡陕县后川 M2144 陕县后川墓地位于今三门峡市陕州区,前文已对墓地的情况进行描述。M2144 位于后川墓地西区的北部,坐向 357 度,墓室面积约 21.1 平方米,随葬铜礼器 10 件,计鬲鼎 3、豆 2、壶 2、素面盘 1、刻画纹匜 1 和匕 1;另有仿铜陶礼器 6 件,计壶 3、小壶 1 和盘 2;该墓发现有较多玉石饰件和少量车马器,未见兵器③。青铜器中,发掘报告只刊出 M2144 所出的一件鬲鼎、匜和盘的图片。鬲鼎(M2144∶27,图 33.1)形制与纹饰及其分布,均近同于长子牛家坡 M7 所出的鬲鼎(M7∶10)④;M2144 所出土的一对铜壶(未给编号),属于后川墓地出土铜壶中的 I 型,盖上有莲瓣饰⑤,在中原地区战国早期墓中的多可见到此形壶,进入战国中期以后即已罕见。M2144 的青铜器组中仍有盖豆,与同墓地出土年代属战国早期偏晚的 M2040 铜豆(M2040∶273)同为 I 型。M2144 的随葬陶器中分别有 II 型壶和 III 型壶两种(M2144∶21、23,图 33.4、33.5),亦见高足小壶(M2144∶20,图 33.6)和彩绘圈足盘(M2144∶25,图 33.7),三类陶壶均已带盖,是该墓地年代较晚的形制,高足小壶的使用也较晚,大约出现于战国早期至中期之际⑥。再参考 M2144 铜匜上的刻画纹图案内容(图 33.8),出现了高庄刻纹青铜器上常见的"双身兽"(图 32.1),也使用了梯状山纹和林木以表示该兽居处。由上述器形分析和刻画纹饰内容对比可见,后川 M2144 的年代应与高庄墓葬接近或略晚,大约在战国早、中期之际。

河北行唐故郡遗址 M53 2016~2020 年,河北行唐县故郡村北发现了一片较大规模的战国时代墓地,目前清理了墓葬 71 座,其中 M53 随葬了一件保存完好的饰刻画纹的铜鉴。M53 位于该墓地东部的第 I 发掘区,坐向 83 度,墓坑为不规则方形(图 34),墓室面积约 31.1 平方米,坑底铺满卵石。主椁棺置于坑底中部偏东位置,椁棺外以卵石砌筑出石椁,形成主墓室。墓内发现殉人 4 名,皆为约 20~26 岁的女性,亦皆以木棺、卵石

① 蔡晓黎、沈作霖:《浙江绍兴凤凰山战国木椁墓》,《文物》2002 年第 2 期。
② 陈元甫、黄昊德、邱宏亮等:《浙江安吉龙山越国贵族墓》,《南方文物》2008 年第 3 期。
③ 中国社会科学院考古研究所编著:《陕县东周秦汉墓》,第 6—7、24—25、36—39、65—66、209 页。
④ 陶正刚、李奉山:《山西长子县东周墓》,《考古学报》1984 年第 4 期。
⑤ 中国社会科学院考古研究所编著:《陕县东周秦汉墓》,第 43—45 页。
⑥ 中国社会科学院考古研究所编著:《陕县东周秦汉墓》,第 107—108 页。

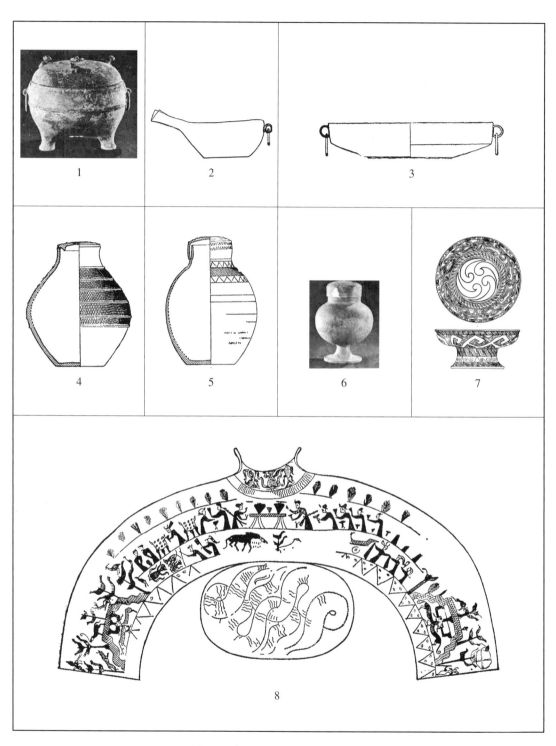

图 33　陕县后川 M2144 出土器物

1. 铜扁足鼎(27)；2. 刻纹铜匜(7)；3. 素面铜盘(6)；4. 陶壶(21)；5. 陶壶(23)；6. 高足陶小壶(20)；
7. 彩绘圈足盘(25)；8. 刻纹铜匜内壁纹饰

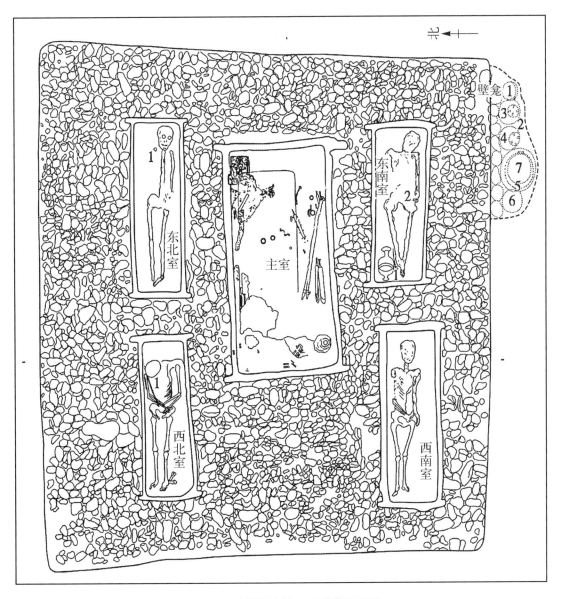

图 34　行唐故郡遗址 M53 墓葬平面图

石椁的方式埋葬,两两首尾并排分置于主墓室南北两侧。随葬的青铜礼器放于墓南壁壁龛内,共 7 件,计鼎 2、敦 1、壶 2、素面匜 1 和刻纹鉴 1。此墓内还随葬有少量兵器、铜带钩、金饰以及绿松石、水晶和玛瑙饰件,但不见车马器①。M53 的这一青铜器组合不见穆家庄 M8101、M8102 等战国早期中山国墓葬中常见的高足豆、罍、提链壶

① 河北省文物研究所、中国社会科学院考古研究所、石家庄市文物研究所、行唐县文物保护管理所编著:《车出中山——行唐故郡考古发现》,北京:文物出版社,2021 年,第 74—127 页。张春长、齐瑞普:《河北行唐县故郡遗址东周墓 M53 发掘简报》,《考古》2022 年第 1 期。

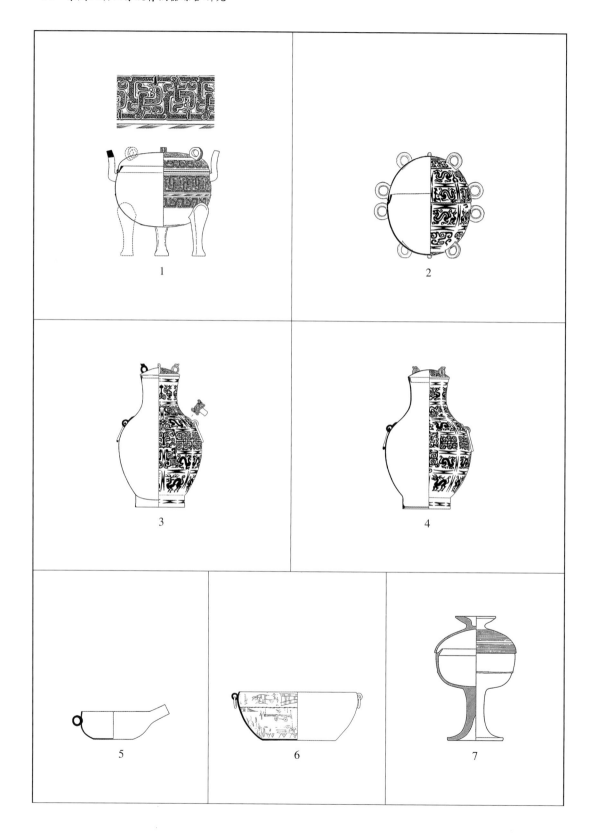

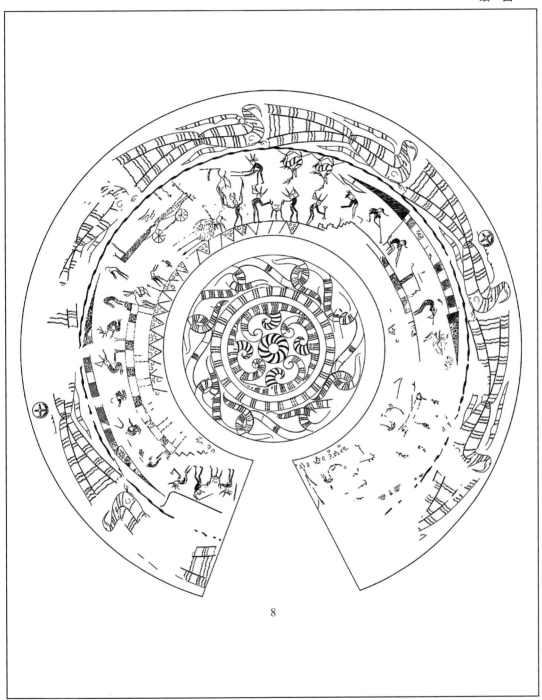

8

图35 行唐故郡遗址 M53 出土器物

1. 铜鼎(M53BK：6)；2. 铜敦(M53BK：2)；3. 错红铜壶(M53BK：3)；4. 错红铜壶(M53BK：4)；
5. 铜匜(M53BK：1)；6. 刻纹铜鉴(M53BK：7)；7. 陶盖豆(M53DNS：4)8. 刻纹铜鉴内壁纹饰

和铒等器物①。M53 的中原式铜鼎（M53BK：6，图 35.1）形制和器盖三环钮饰与平山穆家庄村 M8101 出土的鼎（M8101：1，图 29.1）相近，但 M53 鼎腹上的交错粗体龙纹饰及其布局则与通州中赵甫铜鼎近同（图 38.2），穆家庄村 M8101 的年代约在战国早期偏晚，而通州中赵甫墓则属战国中期早段②。M53 出土的敦（M53BK：2，图 35.2）盖腹合成呈椭圆形，形制亦与中赵甫墓出土的敦（图 38.4）近同，但 M53 这一件的盖腹采用的是齐式三环钮，与山东平度东岳石村 M16 出土铜敦（M16：23，图 36.3）形制相近，东岳石村 M16 的年代也约在战国中期早段。同墓出土的镶红铜龙纹壶（M53BK：4，图 35.4）最大腹径与器高的比例已达到 0.89，与长岛王沟 M10 出土铜壶（M10：29）的 0.82 比值相近，长岛王沟 M10 的年代已进入战国中期偏早③。M53 墓葬中位于主墓室东南的殉棺，其墓主随葬了一件陶盖豆（M53DNS：1，图 35.7），圆形抓手，无耳，腹壁斜直，底部宽平，器柄仍较高，其形制近于易县燕下都 M31 出土的铜环耳盖豆，燕下都 M31 的年代可能略早于中赵甫墓葬，也属于战国中期偏早④。另外，此墓出土青铜器中的敦、壶均采用齐、楚两地常见的错红铜龙纹图案，这类图案流行于战国早期，进入战国中期早段以后已基本不见，可以此作为此墓的年代下限。综合以上分析，行唐故郡遗址中 M53 的年代约在战国早、中期之际，即下限在战国中期偏早。

第四节　战国中期人物画像纹青铜器

山东平度东岳石村 M16　平度东岳石村位于胶东半岛西部，1960 年于此地点发现了战国墓地，已发掘有土坑竖穴墓葬 20 座。该墓地的 M16 作正北向，葬具为一椁一棺，墓室面积约 9.9 平方米，随葬青铜礼器共 6 件，计鼎 1、敦 2、盘 1、提链壶 1 和刻纹匜 1。该墓也随葬了较多仿铜陶器，共 18 件，器类包括鼎、高足盖豆、高足浅腹豆、盒、壶、铒、盘和匜⑤。M16 出土的仿铜盖豆（M16：37，图 36.6）腹部与盖部合成近球形，无环耳是因为是仿铜的陶器，其形制特征与章丘女郎山 M1 出土高足铜盖豆（M1：39）⑥、长岛王沟

① 河北省文物研究所：《战国中山国灵寿城——1975～1993 年考古发掘报告》，第 264—289 页。
② 朱凤瀚：《中国青铜器综论》，第 1968、1983—1984 页。
③ 朱凤瀚：《中国青铜器综论》，第 2014—2015 页。
④ 朱凤瀚：《中国青铜器综论》，第 1983—1984 页。
⑤ 中国科学院考古研究所山东发掘队：《山东平度东岳石村新石器时代遗址与战国墓》，《考古》1962 年第 10 期。
⑥ 李曰训：《章丘绣惠女郎山一号战国大墓发掘报告》，收入山东省文物考古研究所编：《济青高速公路章丘工段考古发掘报告集》，济南：齐鲁书社，1993 年，第 115—149 页。

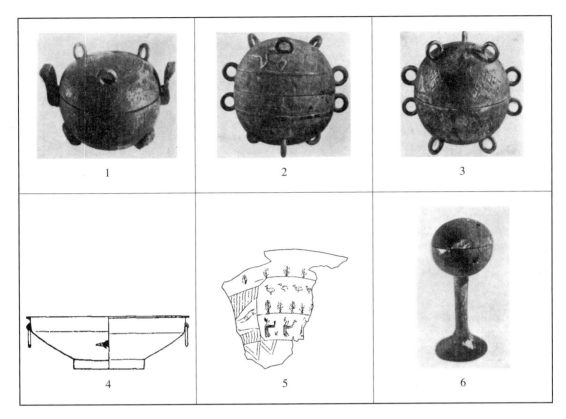

图 36　平度东岳石村 M16 出土器物

1. 鼎(M16：25)；2. 敦(M16：24)；3. 敦(M16：23)；4. 盘(M16：35A)；
5. 铜匜残片；6. 高足陶盖豆(M16：37)

M10 豆(M10：31-1)[①]相似，女郎山的年代在战国早期偏晚，长岛王沟 M10 年代约在战国中期偏早。此墓所出作圆球状腹的敦(M16：23，图 36.3)形制已近于传世的十四年陈侯午敦，陈侯午即田齐公(前 374—前 357 年在位)，十四年即齐桓公十四年，公元前 361 年，在战国中期偏早。以上豆、敦形制都是齐地进入战国以后分别吸收了燕地、楚地特征而形成的，一直沿用至战国中后期[②]。综合以上分析，M16 的年代约属于战国中期偏早。

山西长治分水岭 M79　长治分水岭墓 M79 为竖穴土坑墓，坐向 17 度，葬具有一椁一棺，墓室面积 16.8 平方米。该墓只发现了刻纹铜匜的残件，另有仿铜陶器 7 件，计鼎 3、盖豆 2、莲瓣盖壶 2 和盘 1[③]。此组仿铜陶礼器中，陶鼎(M79：26，图 37.2)形制近同于洛阳中州路 M2717 出土铜鼎(M2717：98)，而体形更为宽扁；豆的形制，器身亦近同于

---

①　李步青、林仙庭、王富强：《山东长岛王沟东周墓葬群》，《考古学报》1993 年第 1 期。

②　朱凤瀚：《中国青铜器综论》，第 2009—2016 页。

③　韩炳华、李勇编著：《长治分水岭东周墓地》，北京：文物出版社，2010 年，第 279—282 页。

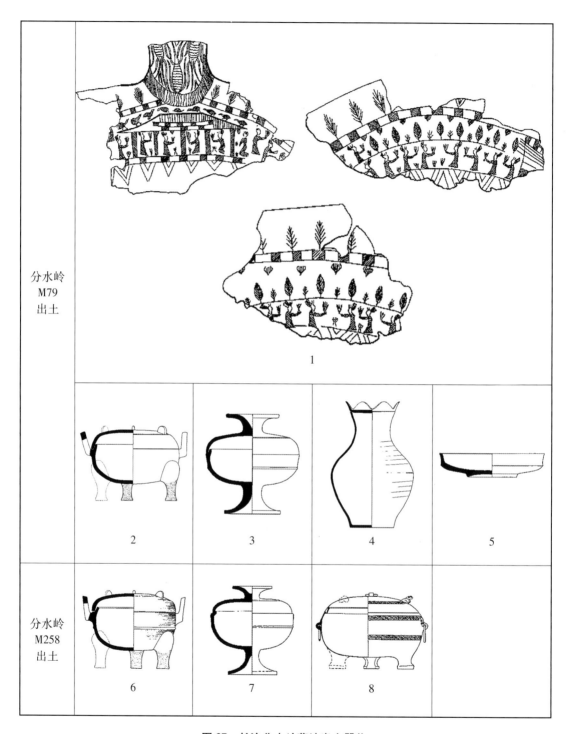

图 37　长治分水岭墓地出土器物

1. 铜匜（M79：8）；2. 陶鼎（26）；3. 陶盖豆（29）；4. 陶壶（30）；5. 陶盘（无编号）；
6. 陶鼎（8）；7. 陶盖豆（14）；8. 铜鬲鼎（10）
（以上 1～5 出自 M79；6～8 出自 M258）

中州路 M2717 出土铜豆(M2717：197)[1]。饰莲瓣盖顶的陶壶,则有可能是仿自汲县山彪镇 M1 出土铜壶[2],但腹最大径更靠上。洛阳中州路 M2717、汲县山彪镇属战国早期偏晚。此墓的陶器组合中,除鼎、豆和壶外,加入了盘,属于该墓地的第二组陶器墓,年代约在战国早、中期之际[3]。M79 所出的陶鼎(M79：26)和陶豆(M79：29,图 37.3)分别与同墓地第 V 发掘区 M258 中所出陶鼎、陶豆(图 37.6、37.7)形近。陶豆是这片墓地中较能反映年代变化的器类,M79 陶豆腹部仍较直,豆柄与豆腹高的比例也较大,其年代早于M258 陶豆所见腹壁斜收、豆柄较短的形制[4]。M258 所出铜鬲鼎(M258：10,图 37.8),弧形盖,鼓腹,器腹宽扁,但足仍较粗矮,其形制与年代属于战国中期晚叶的洛阳针织厂C1M5269 墓所出铜鬲鼎相近[5]。综合上述的分析,分水岭 M79 的年代似可归入属战国中期偏早。

北京通州中赵甫战国墓　1981 年,河北通县(今北京市通州区)工人于中赵甫发现一座战国中型墓葬,墓坑当时已被破坏,随葬的青铜器和漆器也已散失,后经寻回的青铜礼器共有 10 件,计鼎 3、敦 1、高足盖豆 1、匜 1、匕 3 和勺 1,该墓出土铜匜饰有刻画纹,已残碎。墓内另随葬了铜剑、戈、车马器、铜带钩和玛瑙环[6]。此墓所出三鼎中,有两件属于中原式鼎,一件(图 38.1)腹较深,圜底,盖上三环钮,蹄足在燕国中原式鼎中属于较矮者,其形制近同于河北新乐中同村 M2 出土鼎(M2：3)[7],中同村 M2年代约在战国中期偏早。中赵甫墓所出另一件鼎(图 38.2),腹较浅,扁平,蹄足矮,盖上三兽钮,学者亦将此二鼎归入战国中期偏早[8]。中赵甫墓中还出有一件长柄盖豆,此形制在燕国仿铜陶礼器墓中亦有出土,如燕下都东斗城村 M29 出土豆(M29：3),东斗城村年代约在战国中期偏早[9]。据以上分析,通州中赵甫墓葬的年代约在战国中期偏早。

辽宁建昌东大杖子 M11、M45　葫芦岛市建昌东大杖子战国墓地位于大凌河上游的丘陵地带,自 2000 年起辽宁省文物考古研究所在此共进行了 6 次发掘,清理墓葬 47

---

① 中国科学院考古研究所编著:《洛阳中州路(西工段)》,北京:科学出版社,1959 年,第 93—94 页。
② 郭宝钧:《山彪镇与琉璃阁》,北京:科学出版社,1959 年,第 15 页。
③ 韩炳华、李勇编著:《长治分水岭东周墓地》,第 369 页。
④ 韩炳华、李勇编著:《长治分水岭东周墓地》,第 370 页。
⑤ 朱凤瀚:《中国青铜器综论》,第 1935 页。
⑥ 程长新:《北京市通县中赵甫出土一组战国青铜器》,《考古》1985 年第 8 期。
⑦ 文启明:《河北新乐中同村发现战国墓》,《文物》1985 年第 6 期。
⑧ 赵化成:《东周燕代(国)青铜容器的初步分析》,《考古与文物》1993 年第 2 期;朱凤瀚:《中国青铜器综论》,第2221—2230、2278—2282 页。
⑨ 贺勇:《试论燕国墓葬陶器分期》,《考古》1989 年第 7 期。

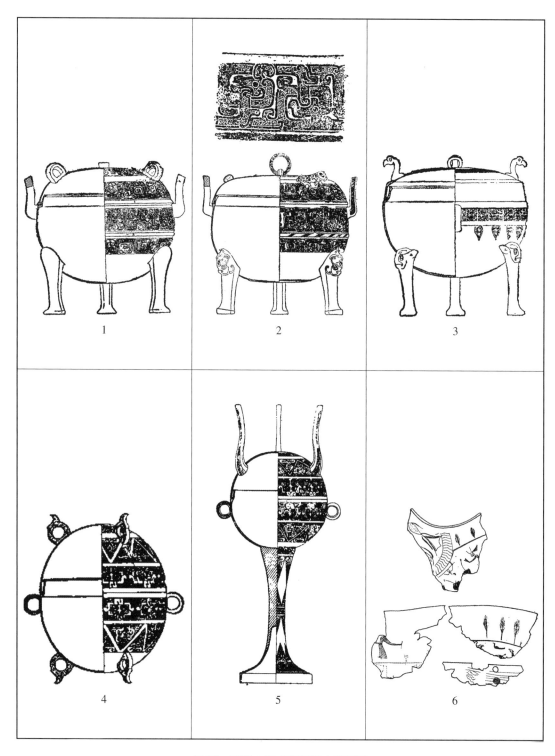

图 38　通州中赵甫墓葬出土青铜器

1～3. 鼎;4. 敦;5. 高足盖豆;6. 残匜铜片纹饰

座,其中 M11 和 M45 两座墓葬随葬有饰刻画人物画像的铜匜。M11 属于该墓地中较常见的竖穴土坑封石墓,木椁上盖有约 1 米厚石块(图39.3)。M11 墓坑坐向 80 度,墓室面积约 12.5 平方米,葬具为一木椁,墓主头上隔出头箱,用以放置随葬品。M11 的封石层上发现有牛和马的牙齿,墓壁有三层窄台阶(报告称为层台),各宽约 0.09 ~ 0.38 米不等,

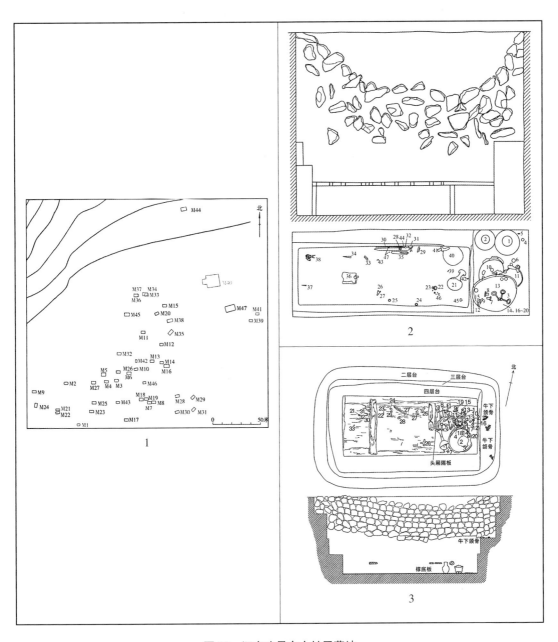

图 39　辽宁建昌东大杖子墓地

1. 墓地平面图;2. M45 墓室平面图、剖面图;3. M11 墓室平面图、剖面图

台阶上亦发现有牛的骸骨。M11 随葬铜礼器共 9 件,计鼎 2、豆 1、壶 1、双连提链壶 1、刻画纹匜 1、素面鉴 1、斗 1 和勺 1。墓内出土铜兵器中有东北地区常见的短茎曲刃短剑和三角形援戈,还出土了车马器、带钩、铜工具、玉环和玛瑙环等,但不见随葬陶器①。

　　M11 墓室面积虽小,但随葬器物不少且十分精美。两件铜鼎(M11:4、8,图 40.1~40.2)中一件缺盖,形制有别,一件圜底,一件平底,此平底形制在中原甚少见。圜底鼎器深较腹,高蹄足,形制、纹饰及其分布均近同于通州中赵甫墓出土的两件铜鼎(图 38.1~38.2),辽西兴城镇大黑河 M1 出土的圜底鼎(M1:1)也属于此类形制②。此外,M11 出土的高柄盖上三鸟形钮豆(图 40.3),类似形制亦均见于以上二墓,所以 M11 的年代当近同于此二墓,而此二墓年代约在战国中期偏中③。M11 出土的嵌错龙纹铜壶(M11:5,图 40.4)最大腹径已提近中腹,接近战国早期偏晚至战国中期偏早的形制。M11 出土的短茎曲刃短剑(M11:27,图 40.10)属于此类短剑中剑身较细长者,其节尖已位于剑身中下方,剑身在节尖前后段的比例是 1.71,属于朱凤瀚所定的 AaⅥ 型,此型处在同类短茎曲刃短剑发展的最晚阶段,始见于战国中期④。M11 墓内发现车軎环扣尖仍使用战国早期偏晚流行于中原地区和齐地的鸭头形,同墓出土车軎筒部加了两道宽箍,这种形制在中原地区见于战国中期的洛阳中州路 M19⑤。综合以上分析,M11 墓葬的年代约属于战国中期偏早。

　　东大杖子 M45 位于 M11 西北约 20 米处,M45 亦为东西向竖穴土坑封石墓,墓壁也有三层窄台阶,墓室面积约 12.3 平方米,墓具为一椁一棺,另有头箱,用于放置随葬品(图 39.2)。M45 棺内人骨已朽,在南、西两边的台阶上发现有殉人,无葬具;墓内也发现有动物头骨和马的牙齿。M45 随葬有 8 件青铜容器,计鼎 2、盖豆 1、壶 2、三足筒形器 1、刻画纹铜匜 1 和刻画纹铜盘 1。墓内另有发现短茎曲刃短剑和三角形援戈等兵器;也有车马器、玉石饰件和"蜻蜓眼"玻璃珠等⑥。M11、M45 的葬制和随葬品内容基本一致,兵器、饰件多出自主棺,而青铜容器和车马器则被置于头箱,唯 M45 所出的刻画纹铜匜(M45:40,图 41.7)是在主棺内墓主右上侧发现的。

---

①　徐韶钢、万欣、王爽、张依依等:《辽宁建昌东大杖子墓地 2000 年发掘简报》,《文物》2015 年第 11 期。

②　顾铁山、郭景斌:《河北省迁西县大黑汀战国墓》,《文物》1996 年第 3 期。

③　朱凤瀚:《中国青铜器综论》,第 1984 页。

④　朱凤瀚:《中国青铜器综论》,第 2222 页。

⑤　朱凤瀚:《中国青铜器综论》,第 454 页。

⑥　徐韶钢、万欣、谷丽芬、仲蕾洁:《辽宁建昌东大杖子墓地 2003 年发掘简报》,《边疆考古研究(第 18 辑)》,北京:科学出版社,2015 年,第 39—56 页。

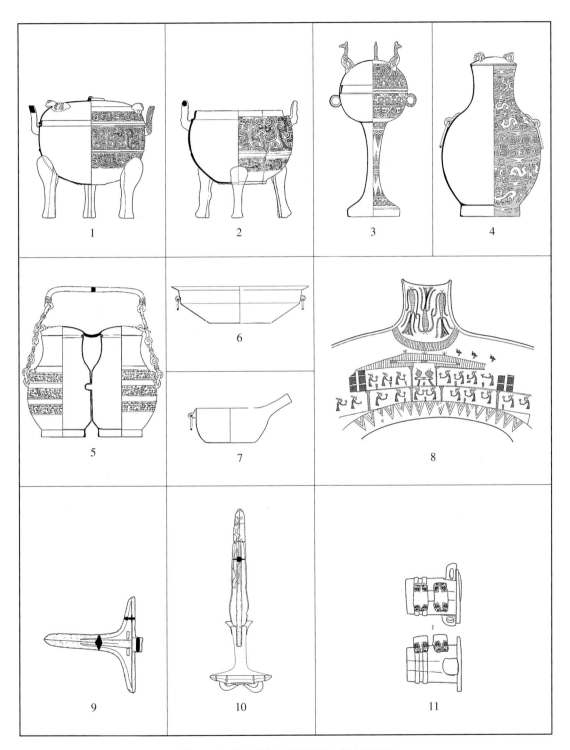

图 40 辽宁建昌东大杖子 M11 出土青铜器

1. 鼎(4);2. 鼎(8);3. 高足盖豆(1);4. 壶(5);5. 双连提链壶(6);6. 素面盘(3);
7~8. 刻画纹匜及其内壁纹饰(2);9. 三角形援戈(7);10. 金格短茎曲刃铜短剑(27);11. 车軎(13-1)

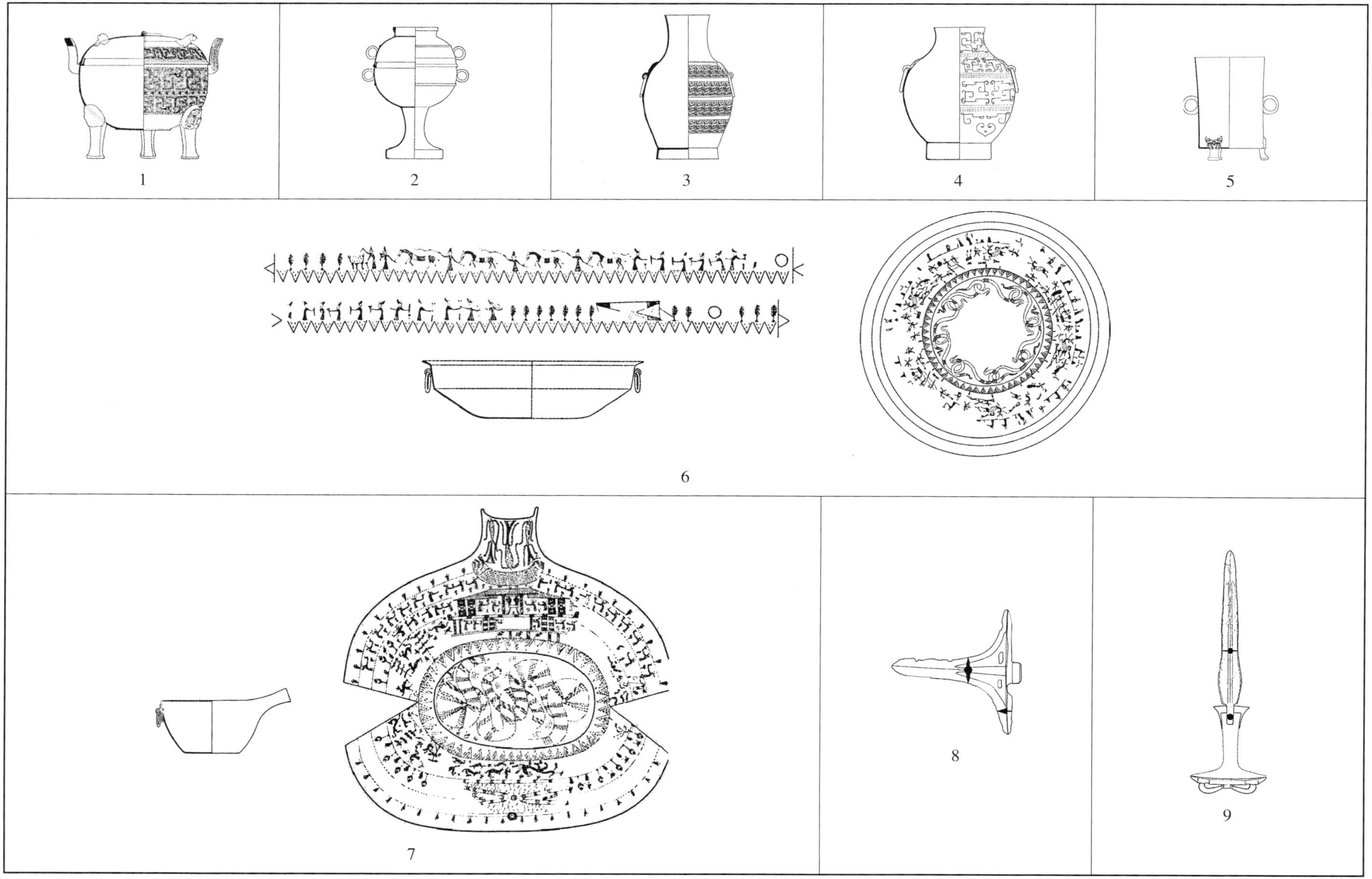

图 41 建昌东大杖子 M45 出土青铜器

东大杖子 M45 墓所出两件有盖铜鼎(M45:11,图 41.1)形制相同,沿袭了 M11 平底铜鼎的形制和纹饰风格,但蹄足明显变短,足根加饰了兽纹。M45 出土的两件铜壶(M45:1、2,图 41.3~41.4)形制不同,壶腹最大径皆已提至中部;铜壶(M45:1)饰有嵌错纹饰,纹样作勾连的云纹,亦应主要流行于战国中期。M45 随葬的短茎曲刃短剑(M45:29,图 41.9)的剑叶亦细长,与 M11 所出同形短剑同有黄金剑格和柄盘,但 M45 这一把短剑的节尖已几乎不见,剑叶更细长。从以上分析看,东大杖子 M45 墓葬的年代晚于 M11,但二墓均发现了形制近同的三角形援铜戈,所以二墓的年代不会相差太远[①],M45 的年代似以归入战国中期偏早为宜。

四川成都青白区双元村 M154 双元村战国墓地位于成都市东北的青白区,成都市文物考古研究院于 2016~2018 年在此处清理了 270 座墓葬。M154 是该墓地中规格最高的一座,位于第 I 发掘区的中西部位置,坐向 180 度,墓主女性,约 30 岁,头向南。该墓采用船棺葬具,墓室面积约 18.6 平方米,该墓曾被盗,墓室内的随葬品多已被扰乱。棺室中下方有一长方形器物坑,该墓所出的 5 件铜容器均出自器物坑内,计甑、鼎、尊缶、盘和匜各一件。此墓的其他随葬品中有较多的陶器,器类均是巴蜀墓葬中常见的喇叭形口罐、尖底盏等;墓内也随葬了三角形援戈、铃首凿、削刀、镜等小件青铜器,另有 6 枚骨质巴蜀符号印章和较多的漆木器具,但未见该地区墓葬中常见的带巴蜀符号的铜削刀、铜锛等工具[②]。

双元村 M154 所出铜鼎(M154 腰:5,图 42.1)属越式鼎,短直立耳,垂腹,腹较深,圜底,三足细长外撇,出土时配有一木质鼎盖。成都金沙巷 M2[③] 和成都石人小区 M9[④] 都曾出土过有着相近形制的铜鼎,但 M154 这一件的鼎腹均较同地区出土的同形鼎深,腹部形制近于六合和仁墓葬所出铜鼎(图 6.2),金沙巷 M2、石人小区 M9 和六合和仁墓的年代都属战国早期。双元村 M154 铜甑(M154 腰:7、4、6,图 42.2)带木质盖,甑部,双扁环形附耳,平沿,侈口;鬲部,微侈口,矮领,带方形微外撇方耳,鬲腹圆鼓,三柱形足裆部较高。此甑的形制近同于四川新都马家木椁墓出土的甑,此墓的年代在战国中期偏早[⑤]。M154 铜尊缶(M154 腰:8,图 42.3)颈部较长,腹最大径在上部肩上,假圈足,双环

① 朱凤瀚:《中国青铜器综论》,第 1993—1996 页。
② 王天佑、陈云洪、原海兵、白铁勇:《四川成都双元村东周墓地一五四号墓发掘》,《考古学报》2020 年第 3 期。
③ 雷玉华:《成都市金沙巷战国墓清理简报》,《文物》1997 年第 3 期。
④ 朱章义:《成都西郊石人小区战国土坑墓发掘简报》,《文物》2002 年第 4 期。
⑤ 李复华、匡远滢、陈德安:《四川新都战国木椁墓》,《文物》1981 年第 6 期。关于此墓的年代分析,参朱凤瀚:《中国青铜器综论》,第 2290 页。

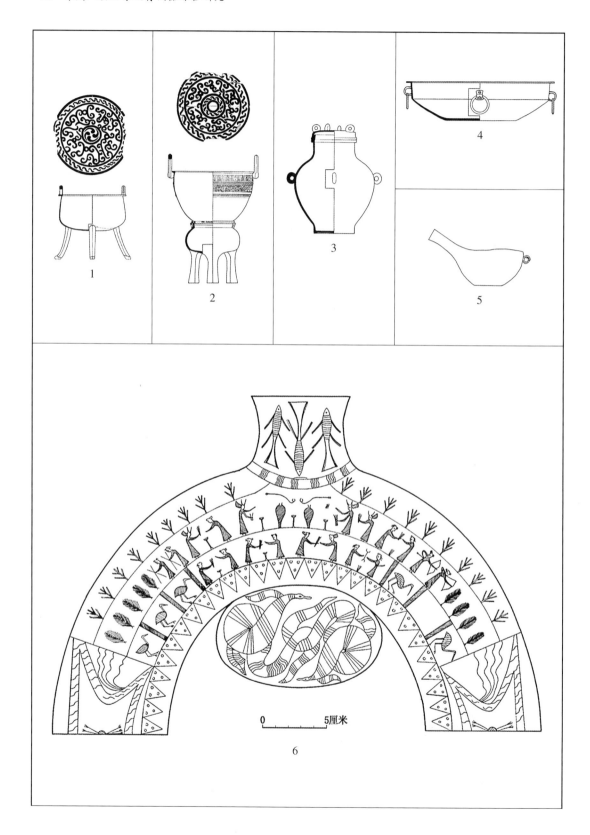

6

0   5厘米

续　图

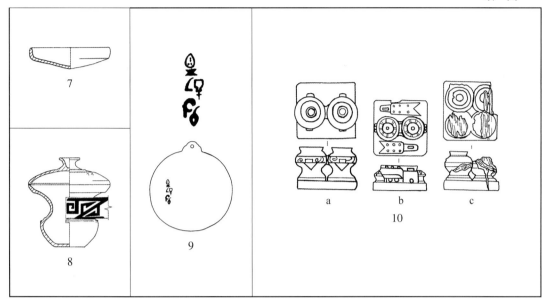

图 42　成都青白区双元村 M154 出土器物

1. 越式铜鼎及其木质盖面纹饰(腰：5)；2. 铜甂及其木质盖面纹饰(腰：7、4、6)；3. 铜尊缶(腰：8)；
4. 素面铜盘(腰：2)；5~6. 刻画纹铜匜及其内壁纹饰(腰：3)；7. 陶尖底盏(119)；8. 喇叭形口盖罐(18)；
9. 铜镜(115)；10a~c. 骨质印章(54、53、47)

耳在器腹最大径上,形制与湖北江陵望山出土的尊缶(M1：T29)相似,年代在战国中期偏早①。M154 铜盘(M154 腰：5,图 42.4),侈口,口沿斜折,折腹,平底,与荆州天星观 M2 出土的铜盘(M2：20)形制近同②。M154 所出尖底盏(M154：119,图 41.7)已见斜直腹壁,尖底部分弧度亦较深,属此类陶器中较晚的形制,见于战国中期③。巴蜀符号亦流行于战国中期以后,双元村 M154 出骨质巴蜀符号印章(图 42.10a~c)及铜镜(M154：115,图 42.9)上也可见少量的巴蜀符号。综合上述对器物的分析,双元村 M154 的年代约属于战国中期偏早。

湖南长沙 M186　湖南长沙楚墓的发掘和刊布年代较早,于 1954 年发掘的 M186(原墓号 54 长沙黄泥坑 M5)是一座竖穴土坑墓,坐向 260 度,墓室面积约 13.2 平方米,葬具中只见有木椁痕迹。据 2000 年重新整理出版的发掘报告,该墓的随葬铜容器共有

---

① 湖北省文物考古研究所：《江陵望山沙冢楚墓》,北京：文物出版社,1996 年,第 44—47、208—210 页。
② 湖北省荆州博物馆编著：《荆州天星观二号楚墓》,北京：文物出版社,2003 年,第 59、208—211 页。
③ 蒋辉、于孟洲：《成都平原商周时期尖底盏研究》,《考古与文物》2023 年第 1 期。

4件,计鼎2、素面盘1和刻画纹匜1;陶容器10件,计鼎6、壶2和罐2①。长沙M186的两件附耳有盖铜鼎皆属于楚化越式鼎的形制,盖顶微隆,饰勾连S形绚纹。其中一件鼎(M186∶3,图43.1),垂腹,腹较深,圜底,三足细长笔直,微外撇,这件鼎的形制近于淮阴高庄铜鼎(1∶103,图31.2),高庄墓的年代约在战国早、中期之际。此墓的另一件鼎(M186∶4,图43.2),腹部微垂,平底,三足细长,但足根外撇弯度加大且超出器宽,这鼎的年代应略晚于同墓所出的另一件铜鼎,这种三足大幅度外撇的越式鼎的出土数量不多,该鼎的器腹与包山M5所出的鼎(M5∶13)②相近,但其足部的形制更近于广东四会鸟旦山M1所出立耳越式鼎(M1∶2)③。百越地区墓葬出土青铜器的年代大致属于战国时代,而包山M5的年代则近于战国中晚叶④。长沙M186铜盘(图43.3),素面,侈平口,腹壁微斜,微圜底,这种形制的铜盘见于天星观M1楚墓,于后来的楚墓中亦较为常见。天星观M1的年代据同墓所出竹简的内容,约在前361至前340年之间,即战国中期偏早⑤。长沙M186铜匜(图43.4),器腹很浅,圜底,流口直长,略高于匜腹,这种形制的匜未见于其他墓葬。该墓所出陶器的信息似已散失,发掘者根据青铜器形制将M186归入长沙楚墓地中的第三期,年代约为战国中期。综合以上分析,长沙M186的年代约属于战国中期偏早。

河南新乡辉县琉璃阁 M1 琉璃阁墓地位于今新乡市辉县市,先后于1935~1937年和1950~1951年进行过调查和发掘,清理了多座随葬品十分丰富的东周时期墓葬。该墓地地势东高西低,东部发掘区所出墓葬的年代最早,下限到春秋晚期晚叶,中部和西部发掘区内墓葬的年代依次相对较晚。M1位于西部发掘区,是该区三座大墓中的其中之一,其北5米外是M56,二墓并列,惜未有更多关于M56的信息。M1是一座东西向的积炭积石墓,墓室面积约45平方米,出土时已几被盗空,墓室内有木椁痕迹,墓主骸骨上留有较多的玉石饰件(图44.1)。随葬青铜器仅留有4件,计鼎1、方壶1、奁形器1和毕1,目前只见这些青铜器的纹饰拓片⑥。M1出土的铜鼎上的变形斜角夔纹带(图44.2),与长治分水岭M25出土的铜鼎(M25∶37)上所见的相近,分水岭M25的年代约为战国中

① 交道义:《长沙楚墓》,《考古学报》1959年第1期;湖南省博物馆等编著:《长沙楚墓》,北京:文物出版社,2000年,第145—152、157—162、609页。

② 湖北省荆沙铁路考古队编:《包山楚墓》,北京:文物出版社,1991年,第318—321页。

③ 何纪生、杨少祥、彭如策:《广东四会鸟旦山战国墓》,《考古》1975年第2期。

④ 朱凤瀚:《中国青铜器综论》,第2080—2081页。

⑤ 湖北省荆州地区博物馆:《江陵天星观1号楚墓》,《考古学报》1982年第1期。

⑥ 郭宝钧:《山彪镇与琉璃阁》,北京:科学出版社,1959年,第53—66页。

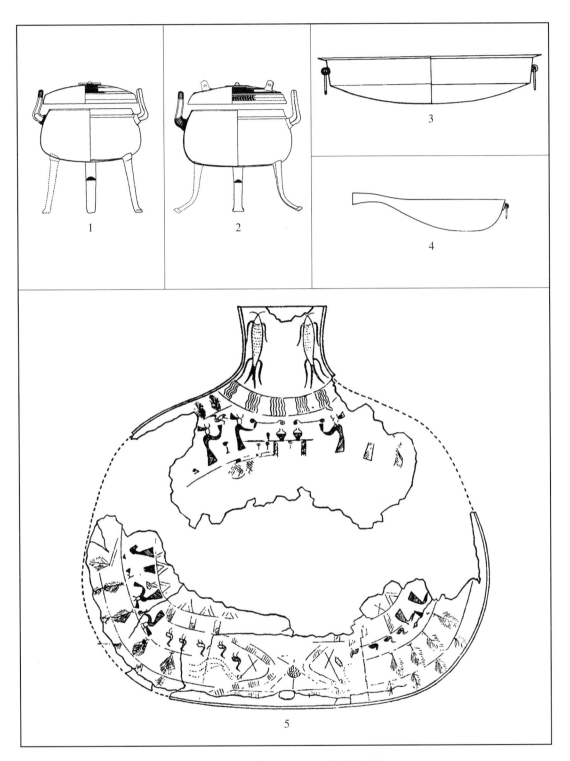

图 43　长沙黄泥坑 M186 出土青铜器

1~2. 越式鼎(3、4);3. 素面盘(1);4~5. 刻画纹匜及其内壁纹饰(2)

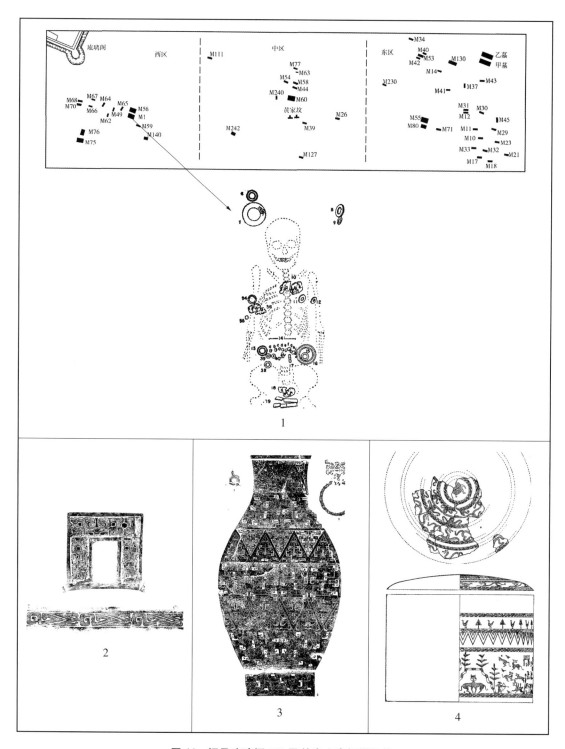

图44　辉县琉璃阁 M1 及其出土青铜器纹饰

1. 琉璃阁墓地分布图(引自《考古》2019 年第 11 期)、M1 出土人骨和随葬玉器位置;
2. 鼎耳和鼎腹纹饰拓片;3. 方壶纹饰拓片;4. 铜奁盖和外壁上的刻画纹图案

期偏早①。琉璃阁 M1 出土的方壶（M1∶25,图 44.3）,高 57.8 厘米,壶腹饰精细的交错三角形纹,纹饰转角处原似有镶嵌物,这种形制的铜壶与纹饰工艺均始见于战国中期②,即此墓的年代似不早于战国早期。琉璃阁 M1 所出的刻画纹青铜器为一圆形带盖平底盒（图 44.4）,未见同型器物出土,出土时置于墓主骸骨旁。该器暂称为奁,器壁甚薄,其上刻画纹饰以绚纹为隔断,类似的手法目前仅见于淮阴高庄墓葬出土的刻画纹青铜器（图 32.1）,高庄墓的年代属于战国早、中期之际。根据以上所见,辉县琉璃阁 M1 的年代属于战国中期早段。

第五节　战国晚期人物画像纹青铜器

山西长治分水岭 M12　分水岭 M12 位于该墓地第 III 发掘区靠北位置,与 M25 相距 4.5 米且东西并列,疑为夫妇异穴墓,故二墓的年代应相近。M12 坐向 20 度,墓室面积约有 71.7 平方米,属于大型的积石积炭墓,葬具有一椁一棺。根据 2010 年重新整理的发掘报告,M12 随葬铜容器 22 件,计有鼎 5（未见器物）、甑 1、敦 2、簠 3、圆壶 2、方壶 2、错金铜钫 2、刻画纹匜 1（残）、鉴 3 和三足炭火盘 1③。此墓随葬青铜器组合中少了豆,而豆是在战国青铜器组合中必有的器类,豆不再成为青铜器组合中的必有成分,则是战国晚期的现象④。M12 铜敦（M12∶6-2,图 45.1）通体成球形,器盖皆接三环角形钮,这种形制在战国晚期以前的中原式器中亦罕见,甚至有可能是受到齐地的影响。M12 所出铜方壶（M12∶37,图 45.3）的形制已有较大的变化,最大径已提到器腹中部。由以上的分析可见,分水岭 M12 的年代应已进入战国晚期。

河南新乡辉县赵固 M1　1950 年代发掘的赵固墓地,位于今河南新乡辉县市西南,该墓地共清理了战国墓葬 7 座,M1 是其中规模最大、保存较好的一座。M1 墓坑南北向,墓室面积约 22.4 平方米,葬具有椁棺痕迹。M1 的随葬铜容器共 11 件,计鼎 2、鬲鼎 1、鬲 1、甑 1、敦 2、壶 2、钫 1 和刻画纹鉴 1。出土的随葬品中有较多的仿铜朱绘陶器,共 27 件,器类包括鼎、甑、豆、簠、簋、壶、高足小壶、鉴、盆、盘、匜、奁形器和鸟柱盘,多成套或成对

① 韩炳华、李勇编著：《长治分水岭东周墓地》,第 264—267;朱凤瀚：《中国青铜器综论》,第 1933 页。
② 朱凤瀚：《中国青铜器综论》,第 598—599 页。
③ 韩炳华、李勇编著：《长治分水岭东周墓地》,第 235—245 页。
④ 朱凤瀚：《中国青铜器综论》,第 1993—1935 页。

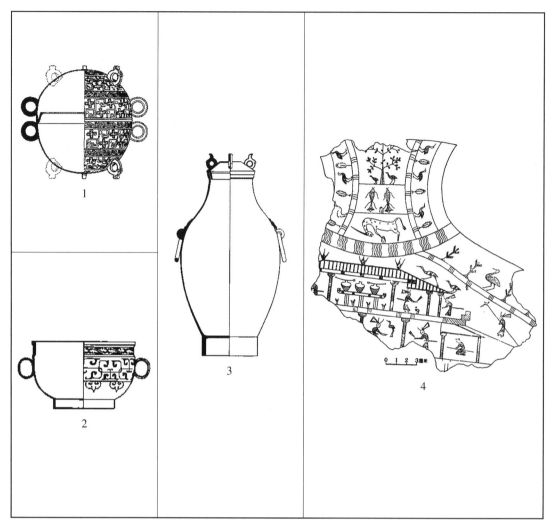

图 45　长治分水岭 M12 出土青铜器

1. 敦(6-2);2. 铜(15);3. 方壶(37);4. 匜残片(无编号)

出土,组合完整。此墓内另发现有青铜兵器、车马器、琉璃管珠、玉石、骨角饰件和金箔饰等,随葬品内容较丰富①。陶器中高足小壶和鸟柱盘都是战国晚期的代表性器物。赵固 M1 铜礼器的组合中已不见铜豆,这是战国晚期中原墓葬青铜器组合中的一个重要变化,组合中也缺铜匜。赵固 M1 出土的甗(M1:10、11,图46.5),下部的鬲已转变为釜,这是秦汉时期甗镬的形制,成为此座墓葬年代已属战国晚期中叶的标志性器物。

① 中国科学院考古研究所编著:《辉县发掘报告》,北京:科学出版社,1956 年,第 110—122 页。

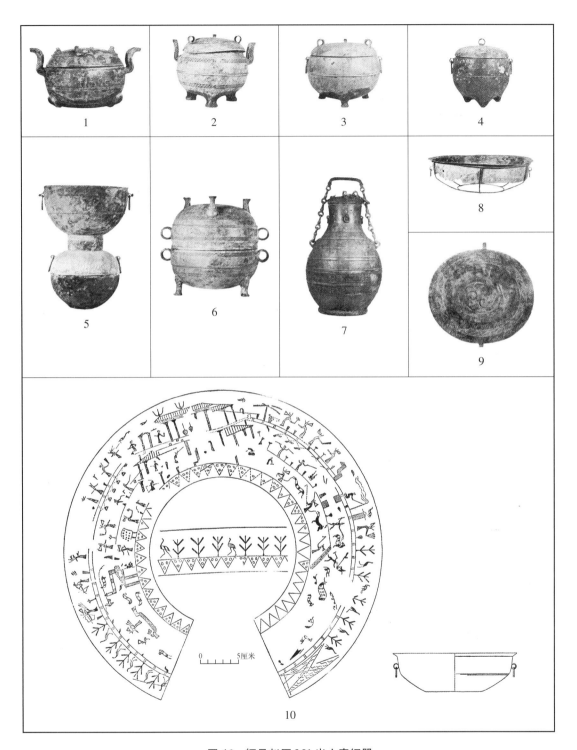

图46　辉县赵固 M1 出土青铜器

1~3. 鼎(8、6、7)；4. 鬲(2)；5. 瓠(10、11)；6. 敦(3)；7. 提链壶(5)；8. 刻画纹铜盘(73)；
9. 铷(25)(内壁)；10. 刻画纹铜鉴(73)线图及其纹饰

第六节　海内外馆藏的刻画类人物画像纹青铜器资料分析

除了上述的考古发掘出土的刻画纹青铜器外，还有为海内外博物馆所收藏的刻画纹青铜器，部分保存完好，其中有些刻画的图案也较为罕见，是十分珍贵的研究材料。根据上述的年代分析，本节将对这些收藏器物进行梳理，按其形制和纹饰内容判断这些青铜器所属的年代。

法国吉美博物馆藏山西浑源李峪村出土青铜盘　1920 年代，浑源李峪村发现了一批春秋至战国时代墓葬，但随葬青铜器多已流散。法国吉美博物馆所藏的一件附耳三足铜盘（图 47.1）即于浑源李峪村出土，该铜盘直径 35 厘米，侈平口，附耳外撇，肥矮蹄足，器底已残，为春秋晚期三晋地区所流行的盘的形制，侯马上马村墓地 M1006 出形制与之相近的铜盘（M1006：2），该墓的年代为春秋晚期偏晚[1]。浑源所出的这件，器腹饰勾连的变体蟠螭纹，纹饰粗大（图 47.2），与太原金胜村 M251 所出铜盘（M251：538）的形制和纹饰均相近[2]，太原金胜村 M251 为战国早期偏早墓葬。浑源的这件刻画纹青铜器，器内壁饰有一人像，似作游泳状，其旁有各种动物、禽鸟、鱼类以及不知名的水生物[3]，其刻画风格和图案内容均异于过去在青铜器上所见的刻画纹饰。根据此盘的形制，其年代应与金胜村 M251 相近，约属于战国早期偏早的器物。

洛阳文物交流中心征集青铜匜　1998 年，洛阳文物交流中心在收集流散文物的过程中，寻回一件完整的刻画人物画像纹铜匜（图 48）。洛阳古墓博物馆于 2007 年刊布了该匜的照片与纹饰线图，但暂未见该器的器形图绘[4]。这件铜匜器腹较深，平底，流口较宽。该匜上的刻画纹饰布局为同形制匜中所常见的，流口饰有鱼纹，两侧各有两名拉弓箭手，流口正下方的腹壁上为"室内"祭祀场景，左右两旁分别是煮肉、猎兽与各类鸟兽场景。相比于余岗 M173 所出铜匜（M173：4，图 25.7）等同形制匜上所见的图像，这件在洛阳征集的铜匜的纹饰布局相对松散，人物形象的线条也较为粗疏，其风格与山西潞城潞河 M7 所出铜匜（M7：156，图 18）残片上所见的描绘手法较接近。祭祀场景中有坐饮者，六合程桥 M1 所出铜匜（图 1.2）和谏壁王家山出土铜盘（王家山 36，图 5.4）上也采用

---

① 山西省考古研究所：《上马墓地》，第 45 页。

② 陶正刚、侯毅、渠川福：《太原晋国赵卿墓》，北京：文物出版社，1996 年，第 64 页。

③ 山西省考古研究所、李夏廷著：《山右吉金：山西商周青铜器纵览》，北京：故宫出版社，2019 年，第 361 页。

④ 徐婵菲、姚智远：《浅释洛阳新获战国铜匜上的刻纹图案》，《中原文物》2007 年第 1 期。

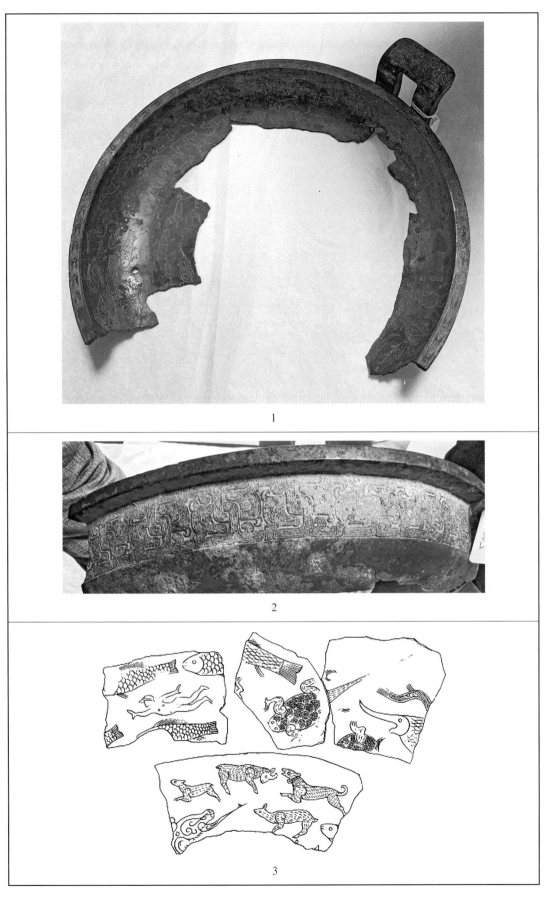

图 47　法国吉美博物馆藏山西浑源李峪村出土三足铜盘

1~2. 铜盘内外纹饰；3. 刻画纹线图

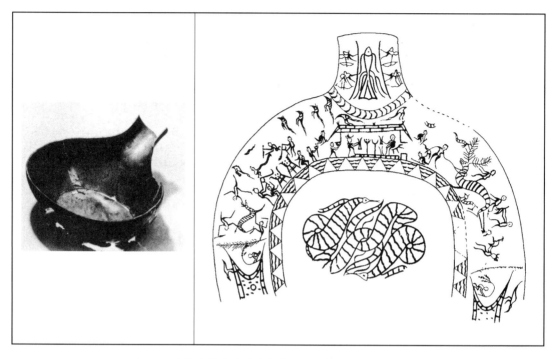

图 48 　洛阳文物交流中山征集刻画纹铜匜及其内壁纹饰

了类似的图案,坐饮者图案在进入战国以后所出刻画纹青铜器上则变得较为罕见。因此,根据此洛阳铜匜的形制及其纹饰内容与风格,其年代当似属于战国早期偏早。

上海博物馆藏刻画纹青铜钵 　上海博物馆收藏有刻画纹铜钵(图 49.1),敛口,腹肩微鼓,斜收成平底,两侧近口沿接含环耳。该铜钵长 18.2 厘米,宽 14.9 厘米,高 5.9 厘米。这种口部作圆角长方形、接双含环耳的铜钵见于当阳赵家湖赵家塝 M8 所出的铜钵(M8:18,图 49.4)①,赵家塝 M8 的年代为春秋晚期。临沂凤凰岭大墓也发现有一件形制与上海博物馆所藏的这件铜钵相近的青铜器(图 49.5)②,六合程桥 M3 亦出有一件敛口、平底且带双环耳的铜钵(图 49.6),凤凰岭大墓和六合程桥 M3 均是春秋晚期至末叶的墓葬。上海博物馆铜钵,最大径在器肩近口沿处,与固始侯古堆 M1 所出的同形制器(M1:39,图 49.7)形近,固始侯古堆 M1 的年代在战国早期偏早,而铜钵于战国早期偏晚及以后已罕见于楚墓③。综合以上分析,这件铜钵的形制似流行于鲁南、江苏且西至河南南部一带,该器的年代应不晚于战国早期偏晚。

① 　湖北省宜昌地区博物馆、北京大学考古系编著:《当阳赵家湖楚墓》,北京:文物出版社,1992 年,第 123 页。
② 　山东省兖石铁路文物考古工作队编著:《临沂凤凰岭东周墓》,济南:齐鲁书社,1987 年,图版拾壹·2。
③ 　朱凤瀚:《中国青铜器综论》,第 2043 页。

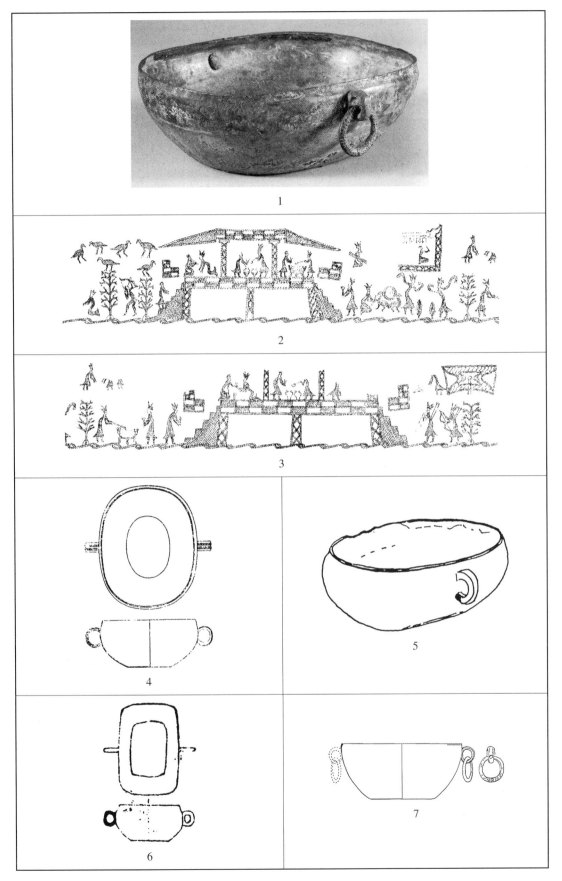

图 49　铜钘

1~3.上海博物馆藏铜钘及其刻画纹饰;4.当阳赵家塝 M8 出土(M8:18);5.临沂凤凰岭大墓 4 号殉人足下出土;
6.六合程桥 M3 出土(M3:7);7.固始侯古堆 M1 出土(M1:39)

江苏徐州圣旨博物馆藏刻画纹青铜箕　徐州圣旨博物馆于 2005 年入藏了一件饰有刻画纹的铜箕(图 50.1),该器长 30 厘米,宽 25 厘米,高 8 厘米,敞口,箕身较深且宽扁,两侧翼微上扬成圜弧底,暂未有该器的器物线图刊布。铜箕作为礼器较早见于齐地,于 2010 年发掘的淄博辛店甲字形大墓 M2 的器物坑出有一件铜箕(M2Q:19,图 50.3),其形制似与徐州圣旨博物馆所藏的相近,该器口宽 24.9 厘米,通长 24.7 厘米,高 10.2 厘米,素面,未发现有刻画纹饰。发掘报告将辛店 M2 的年代定为战国早期[1]。同墓出土有错红铜 S 形龙纹铜壶、鐎盉等形制似为战国早期偏早器物,但铜鼎(M2Q:11)的器腹已较扁,三环足铜敦(M2Q:32、31)器盖合成近圆球形,已是年代较晚的特征,故辛店 M2 的年代当为战国早期偏晚。临淄相家庄 M6 亦曾出有一件铜箕(M6:30,图 50.4),未发现刻画纹饰,相家庄 M6 的年代亦为战国早期偏晚[2]。进入战国早期末叶以后,铜箕已罕见于齐地,但同时似被楚地所吸收,先后发现于随州雷鼓墩 M2[3]、江陵望山 M1[4](M1:T56,图 50.5)、荆门包山 M2[5](M2:126,图 50.6)、信阳长台关 M1[6] 等战国中期墓葬。铜箕形制的年代变化不大,徐州位于江苏北部,邻近山东,参考其所在位置,圣旨博物馆所藏铜箕较有可能属于战国早期偏晚的遗物。

河南博物院藏辉县采集刻画纹青铜器　河南博物院收藏有一件刻画纹铜匜(图 51.1)和一件刻画纹铜鉴(图 51.2)的残片,其上纹饰仍清晰可见,两件青铜器的出土情况不明,仅都是于辉县出土。铜匜仅留有流口和小部分器身,纹饰中可见有双层楼阁,"下层"有两名穿有水袖的舞者与跪坐吹笙的乐师,这两类人物形象并不多见。前述的上海博物馆藏铜钘上发现有类似形象的舞者和乐师(图 49.2),该铜钘的年代为战国早期偏晚。铜匜上所见的双层楼阁亦见于长治分水岭 M84 铜鉴(图 20.3),后者的年代亦为战国早期偏晚。辉县采集铜鉴,敛口,器腹微鼓,圆弧内收,底残,双含环耳,其形制异于三晋地区常出的侈平口、折腹的铜鉴或铜盘。器壁上有"狩猎图案",其布局和图案风格近同于长岛王沟 M2 所出铜鉴(图 22.6),长岛王沟 M2 的年代为战国早期偏晚。根据以上两件刻画纹青铜器上所见的纹饰,大致可将两件器物定于战国早期偏晚。

香港首阳斋藏青铜匜　香港首阳斋收藏了一件完整的刻画纹青铜匜(图 52),纹饰也保存完好。这件铜匜口沿平直,器腹较深,腹肩微鼓,斜直内收成平底,流口直长,与器

① 王会田、李民:《山东淄博市临淄区辛店二号战国墓》,《考古》2013 年第 1 期。
② 朱凤瀚:《中国青铜器综论》,第 2012—2013 页。
③ 刘彬徽、王世振、黄敬刚:《湖北随州擂鼓墩二号墓发掘简报》,《文物》1985 年第 1 期。
④ 湖北省文物考古研究所:《江陵望山沙冢楚墓》,北京:文物出版社,1996 年,第 47—48 页。
⑤ 湖北省荆沙铁路考古队:《包山楚墓》,北京:文物出版社,1991 年,第 111—113 页。
⑥ 河南省文物考古研究所编著:《信阳楚墓》,北京:文物出版社,1986 年,第 49—50 页。

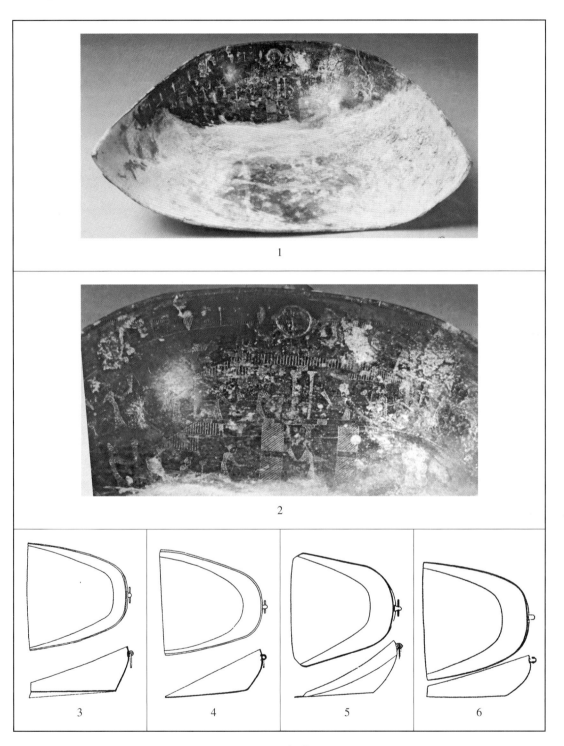

图 50　铜箕

1~2. 徐州圣旨博物馆藏刻画纹铜箕;3. 淄博辛店 M2 出土(M2Q:9);4. 淄博相家庄 M6 出土(M6:30);
5. 江陵望山 M1 出土(M1:T56);6. 荆门包山 M2 出土(M2:126)

1

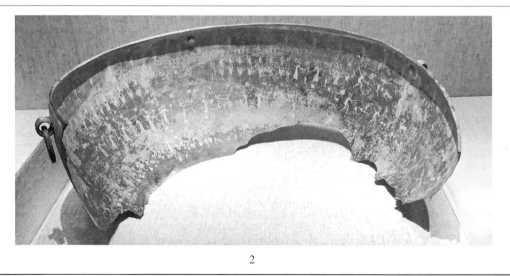

2

图 51　传辉县出土刻画纹青铜器

1. 匜残片；2. 鉴残片

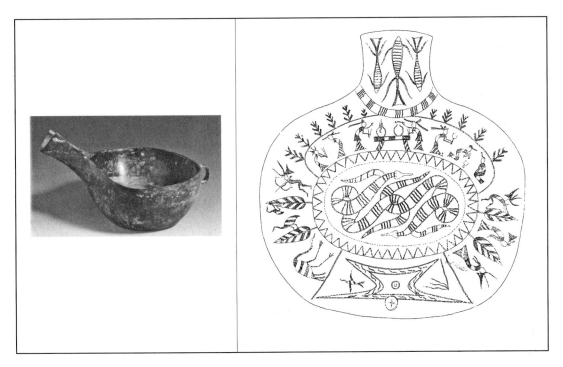

图 52 首阳斋藏刻画纹铜匜及其内壁纹饰

口成约 45 度角。这件铜匜的形制与湖北襄阳余岗 M173 所出铜匜(M173：4,图 25.7)相近。纹饰中的祭祀场景、人物形象的刻画手法与余岗 M173 铜匜所见的亦十分近似。首阳斋的这件铜匜的年代也当约属于战国早期偏早。

附表

1.1 刻画类人物画像纹青铜器登记表

年代	出土遗址	匜	盘	鉴*	备 注
春秋晚期	六合程桥 M1	1(残)			
	谏壁王家山墓葬	1(残)	1	1	
战国早期	六合和仁	1(残)			流部里外均有刻纹
	平顶山滇阳岭 M10	1(残)	1(残)		铜盘、铜斗有刻纹无人像，缺图
	澧县皇山岗 M1	1			
	定襄中霍村 M1	1	1(残)		铜盘有錾刻鱼纹,缺图
	定襄中霍村 M2		1(残)		铜盘有錾刻鱼纹,缺图
	太原金胜村 M251	1	○(残)		
	潞城潞河 M7	1(残)			
	长治分水岭 M84	1(残)		1(残)	
	长岛王沟 M2	1(残)		2(残)	刻纹铜器均有鎏金痕迹
	滕州大韩 M39	1			铜匜纹饰线图未刊,似无人像
	襄阳余岗 M173	1			
	陕县后川 M2040		1		

续　表

年　代	出　土　遗　址	匜	盘	鉴*	备　注
战国早、中之际	陕县后川 M2042	1			
	平山穆家庄村 M8101			1	
	淮阴高庄	6	7	1	另有刻纹算形器 4
	陕县后川 M2144	1	○		
	行唐故郡 M53	○		1	
战国中期	平度东岳石村 M16	1(残)			
	长治分水岭 M79	1(残)			
	通州中赵甫	1(残)			
	建昌东大杖子 M11	1		○	
	建昌东大杖子 M45	1		1	
	成都双元村 M154	1	○		
	长沙 M186	1(残)	○		
战国晚期	辉县琉璃阁 M1				匜 1(残)
	长治分水岭 M12	1(残)			
	辉县赵固 M1			1	

* 部份锻制青铜盘、鉴形制相近,暂以器高区分这两种器类,高于 12 厘米者为鉴。

○代表发现有相关锻制素面青铜器,无刻画纹饰。

1.2 出土刻画类人物画像纹青铜器墓葬信息表

年代	墓葬	墓向、头向	墓室	墓室面积（平方米）	葬具	墓主	殉人	墓主族属
春秋晚期	六合程桥 M1	东西向（头向不明）	曲尺形	不明	不明	男	2 人	吴王姻亲
	谏壁王家山	东西向（头向不明）	长方形	18（残）	葬具	男	1 人？	吴
	六合和仁	东西向（头向不明）	不明	15.1	不明	男	无	吴越
战国早期	澧县皇山岗 M1	西向（260 度）	长方形	6.1	一椁一棺	男	无	楚
	平顶山滍阳岭 M10	北向（头向北）	长方形	27.5	一椁一棺	女	无	楚
	定襄中霍村 M1	东北向（头向东北）	方形	20.6	木质二椁一棺，墓坑填满石块	男	1 人	戎狄？
	定襄中霍村 M2	东北向	长方形	18.2	石椁木棺，墓坑填满石块	女	3 人	戎狄？
	太原金胜村 M251	东南偏东（109 度）	方形	101.2	木椁，三层套棺	男	4 人（均有单棺）墓坑东北有车马坑	赵
	潞城潞河 M7	北向偏东（15 度）	长方形	33	一椁二棺	男	无	韩
	长治分水岭 M84	北向偏东（17 度）	梯形	15.6	不明	不明	不明	韩
	长岛王沟 M2	东南向（130 度）	长方形	9.7	不明	不明	不明	齐
	滕州大韩 M53	东向（94 度）	甲字形	19.8	二椁一棺	女	有	邾
	襄阳余岗 M173	西南偏南（202 度）	长方形	9.4	悬底方椁	不明	无	楚
	陕县后川 M2040	南向（172 度）	长方形	39.9	一椁二棺	男	无	魏

续　表

年代	墓葬	墓向、头向	墓室	墓室面积（平方米）	葬具	墓主	殉人	墓主族属
战国早、中期之际	陕县后川 M2042	西北偏北（348 度）	长方形	18.5	一椁二棺	不明	无	魏
	平山穆家庄村 M8101	西北偏西（300 度）	长方形	7	单棺	男	无	中山
	淮阴高庄	东西向	墓口长方形，墓底曲尺形	94.5	一椁一棺	男	14 人	东夷（越）
	陕县后川 M2144	北向（357 度）	长方形	15	一椁二棺	不明	无	魏
	行唐故郡 M53	东西向（83 度）	近方形	31.1	石椁，木质一椁一棺	男	4 人（皆女性）	中山
战国中期	平度东岳石村 M16	正北向	长方形	9.9	一椁一棺	男	无	齐
	长治分水岭 M79	南北偏北（17 度）	长方形	16.8	一椁一棺	不明	无	韩
	通州中赵甫	不明	不明	不明	不明	男？	不明	燕
	建昌东大杖子 M11	东北偏东（80 度）	圆角长方形	12.5	一椁	男	无	燕
	建昌东大杖子 M45	东向（95 度）	长方形	12.3	一椁一棺	男	3 人	燕
	成都双元村 M154	正南向	长方形	18.6	船棺	女	无	巴蜀
	长沙楚墓 M186（原长沙黄泥坑 M5）	西向（260 度）	长方形	13.2	木椁	不明	无	楚
战国晚期	辉县琉璃阁 M1	东西向（头向东）	长方形	45	有木椁	女？	无	魏
	长治分水岭 M12	南北偏北（20 度）	长方形	71.7	一椁一棺	男	无	韩
	辉县赵固 M1	北向（15 度）	长方形	22.4	有椁棺	男	无	魏

第二章

范铸类人物画像纹青铜器年代分析

范铸类人物画像纹青铜器采用传统的陶范法进行铸造,将纹饰铸于青铜容器的器表,最常用的器类包括豆、壶和鉴等。范铸类人物画像纹青铜器可按纹饰工艺再分为两类。第一类的人物画像图案凹入器壁,小巧细致,镶以红铜或其他矿物材料,创造出精细闪亮的效果。山彪镇 M1 大墓出土的"水陆攻战图"铜鉴和成都百花潭公园出土的"礼乐祭祀图"铜壶等皆属于此类。第二类范铸类人物画像纹青铜器则以人与鸟或人与兽的搏击图为长方形单元,围绕器身重复分布,图案中的人鸟或人兽形象凸出器表,地纹填以红铜、漆料或其他矿物质,利用色差对比突出图案。但是,这第二类范铸类人物画像纹青铜器的填充物料现今多已脱落,形成了"半浮雕形"的粗犷风格。洛阳西工区 M131 墓葬出土的四件"狩猎纹"铜壶皆属于此类,为行文方便,下文即以半浮雕类画像纹青铜器统称这第二类。范铸类人物画像纹青铜器上的纹饰图案鲜明且突出,这些青铜器采用传统的块范法铸造,多能保存完整,国内外博物馆亦多收藏有范铸类人物画像纹青铜器。这类青铜器的考古发掘出土例子却较少,以下就已发表的考古资料对这类青铜器的出土情况和使用年代进行梳理和分析。

第一节　战国早期早段人物画像纹青铜器

河南南阳淅川和尚岭 M2　在 1989~1990 年间发掘的和尚岭墓地,清理了 M1、M2 两座大型墓葬,均是近方形的竖穴土坑墓。二墓南北并列,相距 9 米,皆东向,根据出土青铜器铭文可知其为一处楚国䓕氏贵族墓地。其中 M2 墓主为女性,葬具为一椁重棺,该墓规模略高于出土有兵器的、墓主疑为男性的 M1,但 M1 被盗情况较严重。M1、M2 的年代相若,发掘者认为两座墓葬应是夫妻异穴墓,二墓的随葬内容均保留了较多春秋晚期楚墓的形制。M2 的保存情况较好,随葬品中包括了一件镶嵌狩猎纹铜壶。M2 墓室面积约 55 平方米,出土的青铜容器共 17 件,计鼎 7、簠 2、敦 1、壶 2、浴缶 1、素面匜 1、素面盘 1(已残碎)、斗 1、勺 1;乐器方面,有编钮钟、编镈、一组 12 件石磬;另有车马器和各类玉石饰件[1]。M2 随葬的 7 件铜鼎形制、纹饰各异。其中铜鼎(M2:34,图 1.6)属于楚

---

[1]　河南省文物考古研究所、南阳市文物考古研究所、淅川县博物馆编著:《淅川和尚岭与徐家岭楚墓》,郑州:大象出版社,2004 年,第 24—121 页。

系子口鼎,器腹较浅而微鼓,内收成圜底近平,鼎足较短而略直,与平顶山滍阳岭 M10 出土的子口鼎(M10∶18)形制近同。第一章已分析滍阳岭 M10 的年代,这是一座属于战国早期偏早的楚墓。和尚岭 M2 出土的两件"箍口鼎"(M2∶29、M2∶32,图 1.1、1.2),上腹部与盖上的纹饰为两两对称的鸟首兽身的动物纹,与也属于战国早期偏早的徐家岭 M9 出土的"箍口鼎"(M9∶21)纹饰相同①,这种纹饰也是战国早期在楚器上流行的。M2 出土铜敦(M2∶28)有铭文,曰"仲姬□之盏",该敦素面,器盖相合成球状,环钮三足,与临淄东夏庄 M5 出土齐敦(M5∶24)形制相似,东夏庄 M5 的年代约在战国早期中叶②。两件带盖铜壶形制相近,一件(M2∶26,图 1.12)饰有范铸镶嵌类画像纹,另一件壶(M2∶27,图 1.13)以相同工艺饰 S 形龙纹,这种龙纹亦见于同墓出土的曾仲蓬茥腜兽座(M2∶66,图 1.15),饰有类似的镶嵌龙纹的青铜器见于固始侯古堆 M1 出土的圆壶(M1P∶34)、方盖豆(M1P∶36)、浴缶(M1P∶35)③;淅川徐家岭 M10 铜敦(M10∶73)④、襄阳蔡坡 M4 铜壶(M4∶5)⑤等都使用了近似的工艺和纹饰,这些楚墓的年代都属于战国早期⑥。由上述情况可知,和尚岭 M2 的年代当在战国早期偏早。

河北唐山贾各庄 M5 贾各庄位于今唐山市东北的滦州市雷庄镇,1951 年在此地发现了一件镶嵌红铜"狩猎纹"的青铜壶,出土地点后来被确认为一处墓葬,编号 M5。1952 年安志敏先生在此地点主持考古发掘工作,但贾各庄墓地已被一条东北至西南向、宽 20 米的取土沟破坏,墓地东区破坏情况尤为严重,现知的 22 座战国时代中小型墓葬包括 M5 在内均位于西区。M5 为南北向竖穴土坑墓,墓室面积约 25.1 平方米,葬式不明,葬具只见有木椁的痕迹。该墓破坏严重,据后来收集到的信息,同墓器物尚有铜剑、盖弓帽、带钩和玉珠⑦。M5 出土的"狩猎纹"铜壶带盖(图 2.1),通高 34.5 厘米,微侈口,长颈,双环耳,器腹饰绳络纹,镶嵌的画像纹饰分布于绳络纹格中(图 2.2)。此件铜壶器身形制属于战国时期的长颈圆腹壶,但较别致的是,项下部对出双环耳,与三晋与燕地可见的铺首衔环耳不同,与此壶形制最为相似的是河北平山穆家庄 M8101 出土的铜壶(M8101∶3,图 2.3),与贾各庄此壶同是项下对出双环耳的长颈圆腹壶,所不同之处是,此壶腹部更宽,圈足接于腹底的位置偏上。二壶同样也饰有绳络纹。第一章已述及穆家

① 河南省文物考古研究所、南阳市文物考古研究所、淅川县博物馆编著:《淅川和尚岭与徐家岭楚墓》,第 173—179 页。
② 朱凤瀚:《中国青铜器综论》,上海:上海古籍出版社,2009 年,第 2012—2013 页。
③ 河南省文物考古研究所编著:《固始侯古堆一号墓》,郑州:大象出版社,2004 年,彩版十五、十七,图版二二·2。
④ 河南省文物考古研究所、南阳市文物考古研究所、淅川县博物馆编著:《淅川和尚岭与徐家岭楚墓》,第 257—259 页。
⑤ 杨权喜:《襄阳蔡坡战国墓发掘报告》,《江汉考古》1985 年第 1 期。
⑥ 朱凤瀚:《中国青铜器综论》,第 1791—1793、2039—2041 页。
⑦ 安志敏:《河北省唐山市贾各庄发掘报告》,《考古学报》1953 年第 6 期。

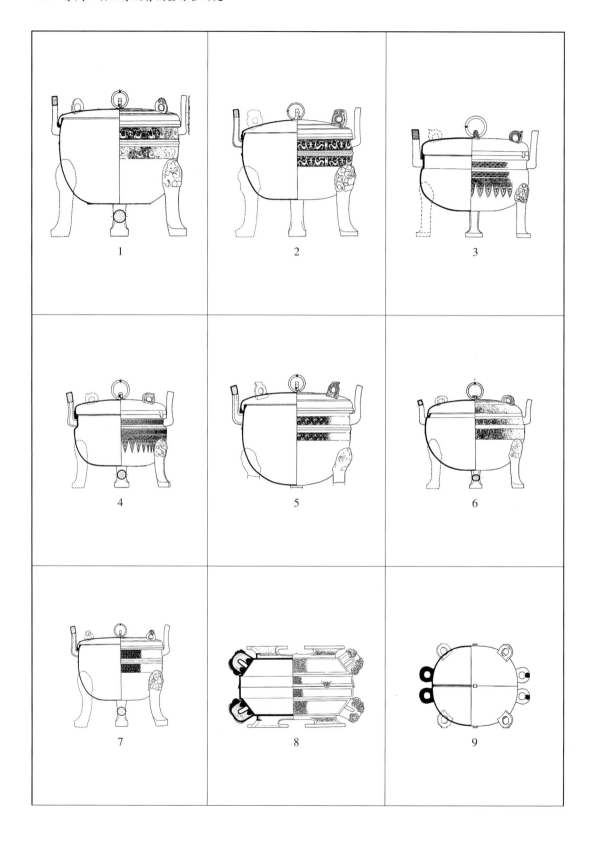

续　图

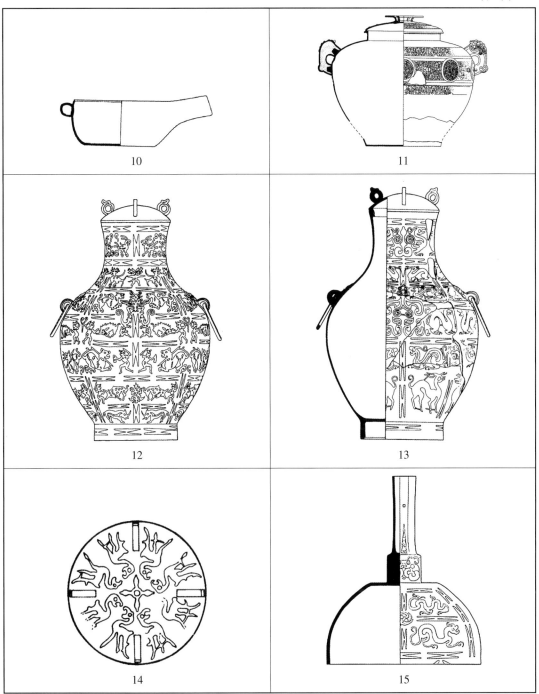

图 1　淅川和尚岭 M2 出土青铜器

1~7. 盖鼎(29、32、31、35、33、34、28);8. 簠(24);9. 敦(19);10. 素面匜(67);11. 浴缶(85);

12~14. 壶(26、27)及其盖面纹饰;15. 曾仲蓮茬膡兽纹座(66)

庄 M8101 的年代约在战国早期偏晚。战国早期的中山国墓葬出土长颈圆腹壶并不止穆家庄 M8101 出土的此件壶。与 M8101 相邻的 M8102 出土的提链壶(M8102：4,图 2.4)也属于战国早期偏晚,该壶器身形制也与贾各庄 M5 这件铜壶相近,惟腹浅,但也在颈下两侧对出双环耳。此外,1970 年发掘的河北唐县北头乡北城子村 M1 出土的铜壶(图 2.5),也是长颈圆腹壶,盖饰两侧有双环钮衔环,下腹有铺首衔环,皆具区域性特点,这件壶也在颈下相当于肩的位置对生双环耳钮[①]。颈下生双环耳的造型,亦见于 1962 年清理的河北行唐县李家庄战国早期偏早墓出土的钫(图 2.6)[②]和 1972 年于行唐西石邱发现的铜壶[③]。贾各庄墓地中 M18、M28 发现了较多典型的燕式青铜器,墓地所在的唐山市于战国时期属于燕境。迄今战国时期长颈圆腹壶颈下两侧生出双环耳钮的形制,除贾各庄 M5 这件壶外,仅见于上述的中山国墓葬,山彪镇 M1 随葬的一件素面椭方壶(M1：52)也有着近似的形制[④]。贾各庄 M5 这件最大径仍在中下腹,最大径至腹底及最大径至壶口的高度比例为 0.42,故贾各庄铜壶的年代应略早于穆家庄 M8101 所出铜壶(M8101：3),贾各庄 M5 的年代应可归入战国早期偏早。

河南洛阳西工区 M131 1981 年在洛阳西工区中州中路北侧东周王城内发掘了战国墓葬 M131,其位置距离城址东墙约 210 米。此墓南北向,按发掘报告所提供的墓底长、宽数据,此墓的墓室面积约 14.3 平方米,葬具为单棺。墓主骸骨已朽,头向北,仰身屈肢(图 3.1)。随葬有铜容器 19 件,计鼎 5、豆 4、壶 4、素面盘 1,勺 3 和匕 2。铜盘为锻制青铜器,器壁较薄,出土时已残碎。墓内另随葬有编钟、石磬、铅质俑、车马器和少量玉石饰件,但未见随葬兵器和陶器[⑤]。此墓出土青铜器组合较完整,却缺少了铜匜,未知是否已残碎且混合在铜盘碎片之中。此墓出土的 5 件铜鼎形制相同,大小相次;4 件铜豆,形制、大小亦同。此墓所出铜壶为两对 4 件(M131：26~29),形制相同。值得注意的是,此墓青铜器为五鼎四豆组合,似是用豆代替传统的用簋与鼎相配,仍显示了墓主人有可能具有较高的等级地位,这点在发掘简报的结语中也有提及。墓中出土有 16 件分两面排列的编钟(甬钟),并有石编磬,也反映出墓主人较高的身份。M131 所出 5 件圆形铜鼎(图 3.2)的器腹较浅,器身饰以战国早期流行的粗体变形蟠螭纹,在战国早期中原地区墓中已不多见;鼎足亦较短,接于腹下部,形制与 1992 年在洛阳中州中路发掘

① 郑绍宗：《唐县南伏城及北城子出土周代青铜器》,《文物春秋》1991 年第 1 期。
② 郑绍宗：《行唐县李家庄发现战国铜器》,《文物》1963 年第 4 期。
③ 土均莲：《行唐县西石邱出土的战国青铜器》,《文物春秋》1995 年第 3 期。
④ 郭宝钧：《山彪镇与琉璃阁》,北京：科学出版社,1959 年,图版拾染·2。
⑤ 蔡运章、梁晓景、张长森：《洛阳西工 131 号战国墓》,《文物》1994 年第 7 期。

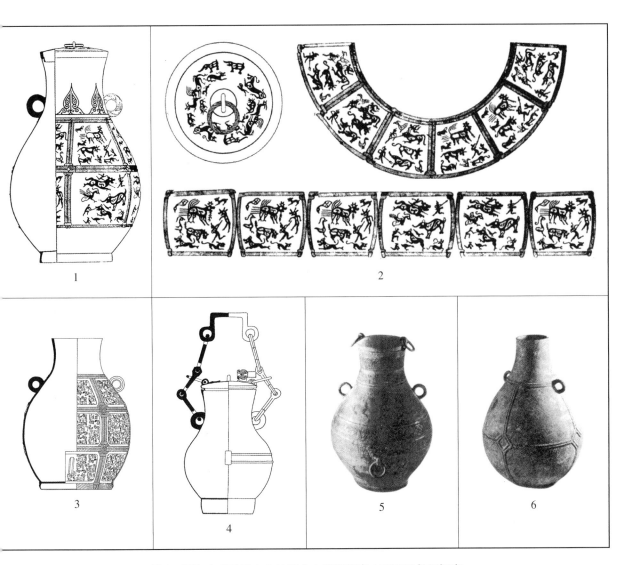

图2 贾各庄 M5 及中山地区中小型墓葬出土双环耳长颈铜壶

1~2. 贾各庄 M5 出土镶嵌红铜"狩猎纹"铜壶及其器盖、器腹纹饰;3. 平山穆家庄村 M8101 铜壶(3);
4. 平山穆家庄村 M8102 提链壶(4);5. 唐县北店头北城子 M1 铜壶;6. 行唐李家庄墓出土铜钫

的 C1M3750 出土的鼎(M3750:7,图 4.1)相近,中州中路 C1M3750 年代约在战国早期偏早①。西工区 M131 出土的 4 件同形铜豆(图 3.3),柄部较短,无耳,洛阳春秋晚期偏晚的墓葬中较多见此种形制的豆,如洛阳中州路 M2729 出土的豆(M2729:31,图 4.2)②、洛阳玻璃厂东南 M439(哀成叔墓)出土的豆(图 4.3)③、洛阳中州路 M535 出土的豆(M535:1,

① 王炬:《洛阳市中州中路东周墓》,《文物》1995 年第 8 期;朱凤瀚:《中国青铜器综论》,第 1902—1906 页。
② 中国科学院考古研究所编著:《洛阳中州路(西工段)》,北京:科学出版社,1959 年,第 94 页。
③ 洛阳博物馆:《洛阳哀成叔墓清理简报》,《文物》1981 年第 7 期。

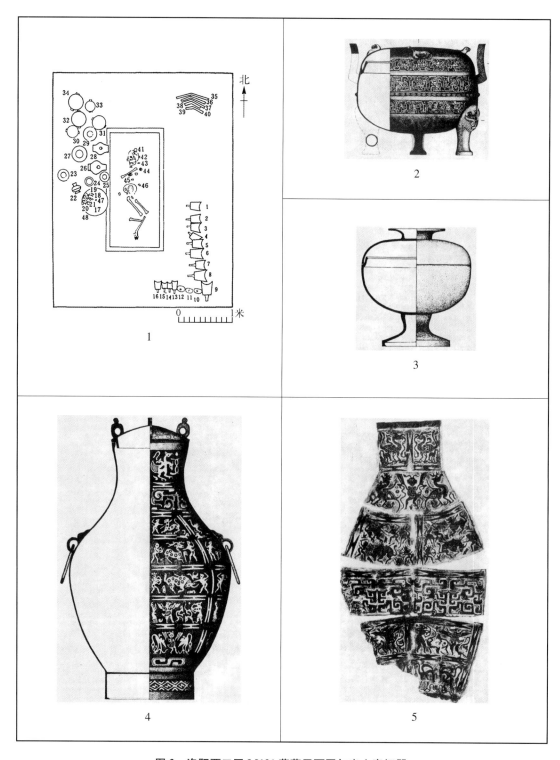

图3 洛阳西工区 M131 墓葬平面图与出土青铜器

1. M131 墓葬平面图;2. 鼎(30);3. 豆(25);4~5. 壶(28、26)

图 4.4)①。但相对于上述所举洛阳地区春秋晚期的无耳盖豆,西工区 M131 出土的豆,豆柄相对已明显变粗,豆体形已变矮,这也可以说明,西工区 M131 的豆是沿用春秋晚期旧制,但在豆柄上已带有了较晚的战国早期的工艺特征。此墓出土 4 件铜壶,均铸有半浮雕人物画像纹饰(图 3.4、3.5),铜壶的形制与淅川和尚岭 M2 出土的一对壶(图 1.12、1.13)近同,淅川和尚岭 M2 是战国早期偏早的楚墓。综合以上对西工区 M131 所铜鼎和豆的形制的比较分析,可将此墓定于战国早期偏早。

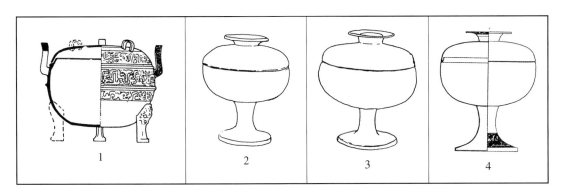

图 4 洛阳地区出土春秋晚期至战国早期偏早青铜器
1. 洛阳中州中路 C1M3750 鼎(7);2. 洛阳中州路 M2729 豆(31);
3. 洛阳玻璃厂 M439(哀成叔墓)豆;4. 洛阳中州路北 M535 豆(1)

第二节　战国早期晚段人物画像纹青铜器

河南新乡卫辉山彪镇 M1　山彪镇墓地位于今河南新乡卫辉市(旧称汲县),西距琉璃阁墓地约 20 公里,于 1935 年由郭宝钧先生主持发掘。山彪镇 M1 墓葬发现一对形制相同的范铸水陆攻战纹铜鉴,器颈和器腹仍保留红铜镶嵌物料,弥足珍贵。M1 附近发现一座随葬了 13 匹马的车马坑和 7 座小墓,未有更多发现,墓地布局不甚清楚。山彪镇 M1 是近正方形的南北向土坑竖穴墓,无墓道,墓室约 56.2 平方米(图 5)。该墓出土器物 1447 件,其中铜容器计鼎 14、甗 1、鬲 2、豆 4、簠 1、簋 1、壶 6、瓠壶 1、罐形瓶 1、盘 2、匜 3、鉴 3、箕形器 1、勺 4 和匕 2;编钟、编镈两套共 14 件②。上述山彪镇 M1 随葬青铜器的组合和形制与陕县后川 M2040 所见青铜器组合十分相近(图 6,表 2.1),山彪镇 M1 铜甗

---

① 陈良伟、石自社:《河南洛阳市中州路北东周墓葬的清理》,《考古》2002 年第 1 期。
② 郭宝钧:《山彪镇与琉璃阁》,第 2—52 页。

（M1∶48、44，图6.3）的档部已甚低，形成短矮的尖足，这是进入战国早期才出现的形制，而至战国晚期，鬲即进一步发展为上文所述赵固M1出土的下釜与甑那种鬲镶的形式。此墓所出扁鼎（M1∶46，图6.2）的形制分别与长子牛家坡M7所出铜鬲近同。牛家坡M7的年代在战国早期偏晚。山彪镇M1出土的长颈圆腹壶（M1∶25，图6.6），盖顶饰立鸟的莲瓣，似沿袭春秋中晚期的遗制，而饰莲瓣顶的壶在战国中晚期已罕见。铜鼎（M1∶183、49，图6.1）足短但器腹仍较深。从这些情况看，山彪镇M1当与陕县后川M2040的年代相若，属于战国早期晚段。

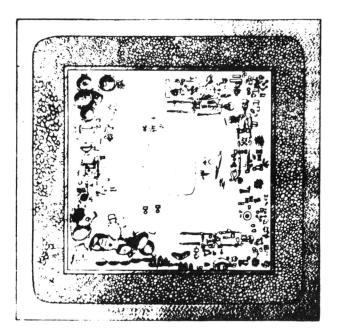

图5　汲县山彪镇 M1 大墓平面图

表 2.1　三晋地区战国早期偏晚至中期偏早墓葬的随葬内容

	墓室面积（平方米）	煮器	盛食器	酒器	水器	杂器	乐器
山彪镇M1	56.2	鼎14、鬲2、甑1	豆4、簋1、簠1	壶6、瓠壶1、罐形瓿1	鉴3、盘2、匜3	箕1、勺4、匕2	镈14、石磬10
后川M2040	39.9	鼎17、鬲3、甑1	豆10、敦2、簠2	壶5	鉴4、盘3、匜2、铘2	勺5、匕2、毕1	甬钟20、镈9、石磬10
分水岭M25	37.5	鼎9、鬲1	豆2、敦2、簠1	壶2	鉴2、盘1、匜1、铘1		甬钟5、镈钟4、钮钟9、石磬10

续　表

	墓室面积（平方米）	煮器	盛食器	酒器	水器	杂器	乐器
琉璃阁M75	44.1	鼎5、鬲鼎7、甗1	豆12	壶6	鉴4、盘2、匜2	勺10	甬钟8、镈钟4、钮钟9、石磬10

河北石家庄平山穆家庄村 M8101　穆家庄村 M8101 墓地发掘情况和年代在上文分析出土刻画纹青铜器墓葬时已经做过讨论,年代属于战国早期偏晚。穆家庄村 M8101 随葬的一件盖豆(M8101∶2,图 8.1、8.2),器盖合成为略扁椭圆形,器柄粗直,这种盖豆的形制在三晋、燕地和中山地区均有发现,颇具北方系青铜器特征。该铜豆的盖顶、盖身、豆腹和豆柄通体均饰镶嵌画像纹。有着相近形制和纹饰的铜盖豆于四川达州宣汉罗家坝 M33 也有发现。

河北张家口涿鹿故城 M2　涿鹿故城位于河北张家口市涿鹿县矾山镇西,2016 年对城址进行勘探工作时,在城内西墙附近发现了 M2、M1 两座竖穴土坑墓。其中 M2 随葬了一对饰有半浮雕狩猎纹的铜壶。M2 保存状况良好,墓向北偏西,墓室面积约 9.8 平方米,近坑底南壁处留有长方形土台作棺床,随葬品围绕棺床摆放,墓制较特殊(图 9.1)。墓主仰身屈肢,男性,约 40 岁。该墓随葬铜容器有 12 件,计鼎 4、高足盖豆 2、敦 2、半浮雕类狩猎纹壶 2、素面朱绘匜 1、素面圈足盘 1;墓内另随葬有剑、戈、镞、镦、削刀、匕等兵器和车马器。发掘简报指出燕地屈肢葬只流行于战国早、中期,对 M2 人骨所做的碳 14 测年数据是前 788 至前 537 年①。M2 出土的铜鼎、敦及盖豆的形制、纹饰,与通县中赵甫墓出土的同类器皆相同。通县中赵甫墓的年代约在战国中期偏早,上文已论述。此墓出土的车軎也有断代意义。两件车軎(M2∶13、14,图 9.13)形制相同,属重軎式,筒身与后方的折缘相接处加宽作坡形,上下隆起处有两个横穿小孔,是为了穿革带成小木辖以固定车辖。出土于山彪镇 M1(M1∶123)②的车軎与此墓出土軎形近同,山彪镇 M1 属战国早期偏晚。此外,这座墓出土的马衔(M2∶7、8,图 9.13),外环呈椭圆形,内环成圆形,仍是春秋晚期以来的旧制,属战国早期的洛阳中州路 M2717 出土有同形衔(M2717∶204)③。M2 墓内的两件铜壶则与洛阳西工区 M131 铜壶形制近似,最大腹径至壶底与至壶口的比例是 0.84,其比值与淅川和尚岭 M2 出土铜壶相若,和尚岭 M2 为战国早期偏早

① 魏东、詹芃、赵晓芳:《河北涿鹿故城遗址 2 号战国墓发掘简报》,《考古》2019 年第 10 期。
② 郭宝钧:《山彪镇与琉璃阁》,第 31 页。
③ 中国科学院考古研究所编著:《洛阳中州路(西工段)》,图版陆捌·2。

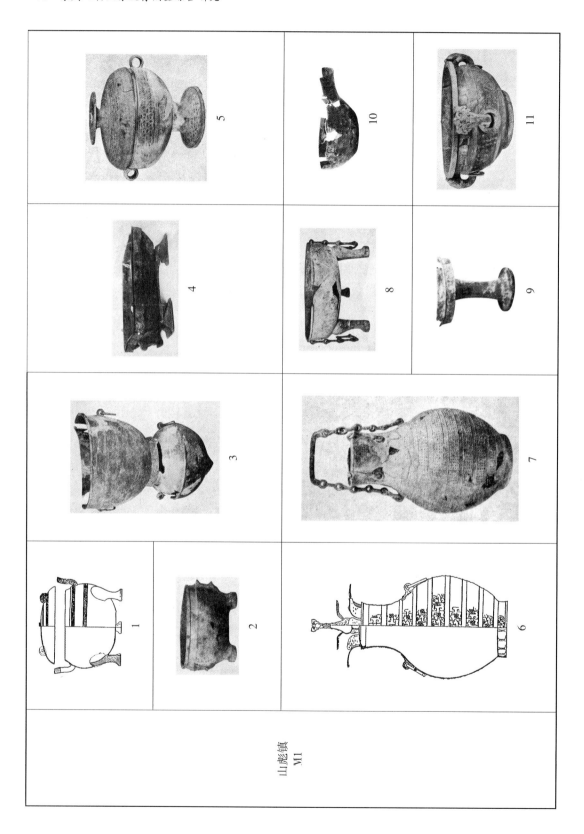

山彪镇
M1

续　图

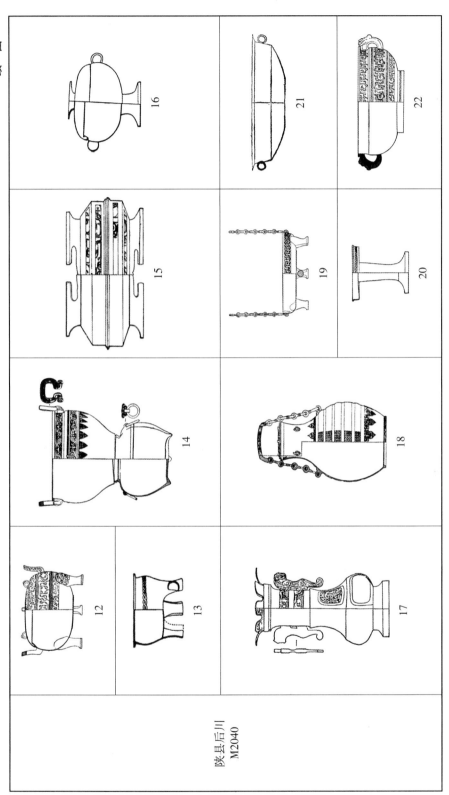

陕县后川
M2040

图 6　汲县山彪镇 M1 和陕县后川 M2040 出土铜礼器

1. 鼎（183）；2. 甗（46）；3. 甗（48、44）；4. 簠（196）；5. 盖豆（193）；6. 莲瓣盖豆（25）；7. 提链壶（53）；8. 提链三足盘（39）；9. 高足浅盘豆（38）；
10. 素面锻制匜（50）；11. 镶嵌画像纹鉴（50）；12. 甗（276）；13. 甗（59）；14. 鬲（59）；15. 盨（34）；16. 盖豆（36）；17. 莲瓣盖壶（28）；
18. 提链三足盘（80）；19. 提链壶（29）；20. 高足浅盘豆（50）；21. 刻画纹盘（71）；22. 鉴（64）

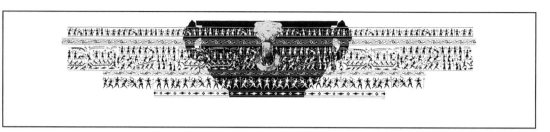

图7　山彪镇 M1 铜鉴外壁上的镶嵌画像纹图案

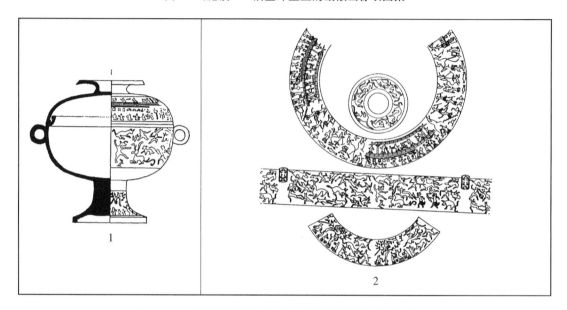

图8　平山穆家庄村 M8101 出土镶嵌画像纹盖豆及其纹饰

墓葬。涿鹿故城 M2 出土的陶器包括一件朱绘双联壶（M2：37，图 9.15）和 7 件泥质灰陶尊。M2 双联壶，宽短颈，溜肩，腹部圆弧内收，最大腹径仍在中下腹，属于战国早期铜壶的形制。M2 出土的陶尊（M2：46、42，图 9.16），平侈口，方唇，高束颈，最大径仍在肩部，属于燕地中区二期所流行的陶尊的形制，年代大约属于战国早期①。根据上述的分析，涿鹿故城 M2 的年代当属于战国早期偏晚。

四川成都百花潭中学 M10　四川成都百花潭中学（今百花潭公园）墓地于 1965 年进行清理，目前只见刊布该墓地中 M10 的发掘报告。M10 为一座近南北向的船棺墓，墓室面积约 2.8 平方米。墓主头向北，葬式不明。墓中出土青铜器 47 件，包括青铜容器 11 件，计鼎 1、连体甗 1、鍪 2（大、小各一）、尖顶尖底盒 2、镶嵌画像纹壶 1 和勺 4。该墓只出一件夹砂红陶尖底盏，已残。铜容器多出自墓主下肢旁，内中用装有小件的铜兵器和铜

---

① 郑君雷：《战国时期燕墓陶器的初步分析》，《考古学报》2001 年第 3 期。

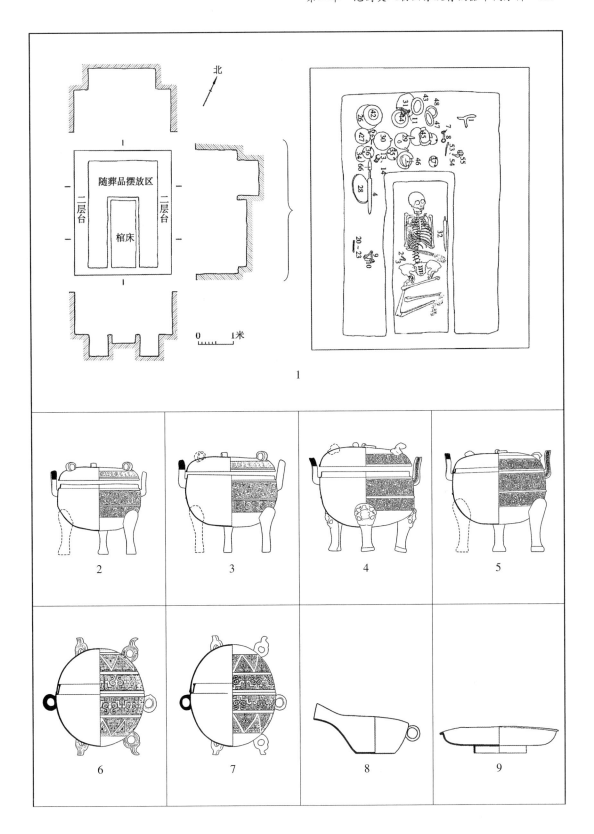

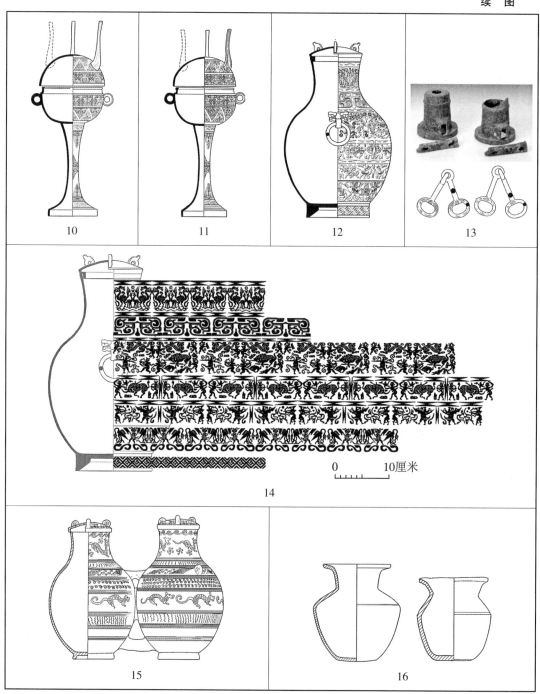

图 9 涿鹿故城 M2 出土器物

1. M2 平面图;2~5. 鼎(38、39、40、41);6~7. 敦(26、27);8. 素面匜(34);9. 素面盘(29);10~11. 高足盖豆(29、30);
12、14. 半浮雕类范铸画像纹壶(35);13. 軎辖(13、14)、马衔(7、8);15. 朱绘双联壶(37);16. 尊(46、42)
(15、16 为陶器,余皆青铜器)

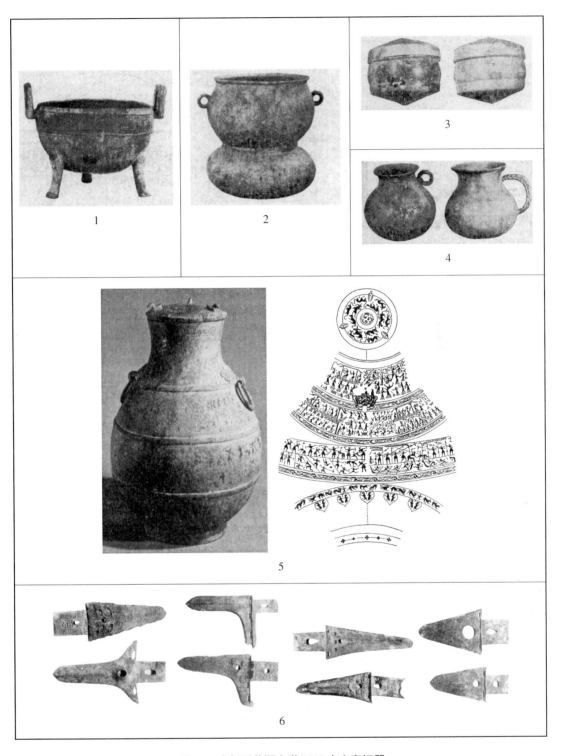

图 10　成都百花潭中学 M10 出土青铜器

1. 鼎；2. 甑；3. 尖顶尖底盒；4. 单耳鍪；5. 铸嵌范铸画像壶；6. 戈

工具。铜容器中可分为巴蜀器和外来器两类：巴蜀器计有连体甑1、单耳鍪2、尖顶尖底盒2以及戈、矛、削刀、折肩钺、斤、凿等巴蜀式兵器和工具；外来传入器中只有镶嵌画像的铜壶和一件附耳蹄足鼎[①]。铜壶(图10.5)是长颈圆壶，微敞口，粗领，壶腹圆鼓，最大腹径接近腹中部，属于战国早期形制。铜鼎(图10.1)缺盖，子母口，鼎足略短而细，微外撇，鼎腹饰两道粗体蟠螭纹，其形制与淅川和尚岭M2出土的子母口有盖鼎(M2：28)较为近，上文已述和尚岭M2的年代，属战国早期偏早。百花潭中学M10所出铜鍪(图10.4)中有单环耳鍪和鍪耳两种形制。1994年发掘的成都西郊石人小区M9也同样出土了这样组合的两件鍪，形制与百花潭M10这件鍪相同，石人小区M9还同时出土的一件甗，下部的釜底下也无支足，形制与百花潭M10出土的甗形制亦近同[②]，但百花潭中学M10所出的这件甑部仍较鼓圆，釜部器腹扁矮，釜颈很短，其年代似略早于石人小区所出铜甗，亦当早于新都马家乡九联墩墓所出铜甗[③]。百花潭中学M10出土的尖顶尖底盒，腹已较深，其形制特别是上下尖凸程度，亦与石人小区M8出土的尖顶尖底盒相同。百花潭中学M10所出的巴蜀式兵器中，已见有四式铜戈，同形铜戈亦见于石人小区M8和M9二墓之中，其中三角形援戈，援本向上下成弧形伸展的双翼式戈，戈援略内凹，内底凹入中向锋，与石人小区M9、M8出土铜戈形制近同，石人小区M9、M8的年代约在战国中期偏早[④]。综合以上，百花潭中学M10的年代约在战国早期偏晚，下限不晚于中期偏早，近于新都马家乡九联墩墓的年代，亦与宣汉罗家坝M33和M2的年代接近。

四川宣汉罗家坝M33、M2 罗家坝遗址位于四川东北达州市宣汉县普光镇进化村，1999~2007年间在此地点发掘了战国时期的墓葬共65座，其中M33和M2皆出土了范铸类人物画像纹青铜器。二墓同位于该遗址西南部的C发掘区内，区内多为狭长形南北向竖穴土坑墓，墓主多头向南，仰身直肢。发掘区内各墓密集并排，部分墓坑存在打破关系[⑤]。M33的墓室面积约30.5平方米，其西北角被M32打破。M33墓内发现人骸骨三副(图11)，自东向西左右并列，左右两个个体右手上举，左手平放胸前，中间个体则双手平放胸前。随葬品中铜容器和兵器多集中在最东面的人骸骨旁，其余的则成组分布于墓坑南中部和北部位置[⑥]。巴蜀地区无殉人传统，M33墓内设置与同墓地所见其他各

① 四川省博物馆：《成都百花潭中学十号墓发掘记》，《文物》1976年第3期。

② 成都市文物考古研究所、成都市文物考古队：《成都西郊石人小区战国土坑墓发掘简报》，《文物》2002年第4期。

③ 李复华、匡远滢、陈德安：《四川新都战国木椁墓》，《文物》1981年第6期。

④ 朱凤瀚：《中国青铜器综论》，第2294页。

⑤ 陈卫东、陈祖军：《四川宣汉罗家坝遗址2003年发掘简报》，《文物》2004年第9期。

⑥ 四川省文物考古研究院、达州市文物管理所、宣汉县文物管理所编著：《宣汉罗家坝》，北京：文物出版社，2015年，第1—7、133—173页。

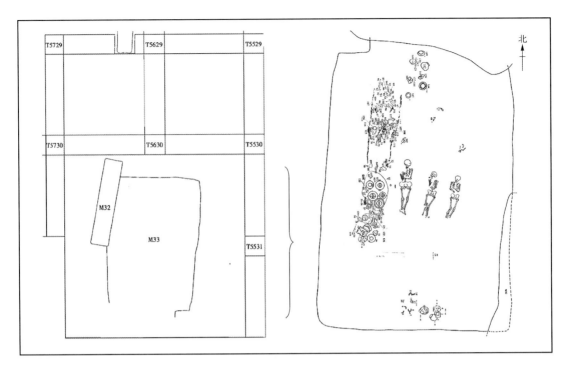

图 11　宣汉罗家坝 M33 墓坑平面图

墓存在较大的区别,故有学者根据随葬品分布位置指出,M33 应是混合了一座以上的墓葬,这是有一定的道理的,仍需作进一步研究①。M33 所出的铜容器和铜兵器同出自墓坑西部,故仍可依此对青铜器进行组合和年代分析。

　　M33 内发现的青铜器可分为巴蜀本地器和外来传入器两大类。巴蜀式器计有单耳鍪 1、尖顶尖底盒 3、双环耳圜底釜 1、兵器 38 和工具 59。其余自外传入的容器计鼎 1、瓺 1、簠 1、敦 2、豆 2、浴缶 1、尊缶 2、匜 1 和鉴 1(已残)。其中范铸纹铜盖豆(图 12.6)的形制、大小与平山穆家庄村 M8101 出土铜盖豆(图 8.1)相同,但纹饰略异;另一件缺盖高足豆(图 12.5)的形制则与通州中赵甫墓葬和涿鹿故城 M2∶29 高足豆(图 9.10)近似。上文已论及,中赵甫墓年代在战国中期偏早,涿鹿故城 M2 在战国早期偏晚。罗家坝 M33 所出的尖顶尖底盒、单环耳的鍪与双环耳的釜均见于巴蜀战国早期墓中,如前文论述的成都百花潭中学 M10 所出的单环耳鍪(图 10.4)和尖顶尖底盒(图 10.3),1986 年成都无线电机械学校墓出土的双环耳釜②。此墓中所出球状蹄足敦,相同形制的敦亦见于金牛区金沙巷 M2 出土(M2∶14)③,敦应是来自楚地。

①　刘国祥、李宏飞:《论罗家坝 M33 的墓葬形制及文化属性》,《江汉考古》2018 年第 4 期。
②　曹刚:《成都出土一批战国铜器》,《文物》1990 年第 11 期。
③　雷玉华:《成都市金沙巷战国墓清理简报》,《文物》1997 年第 3 期。

罗家坝 M33 出土

续 图

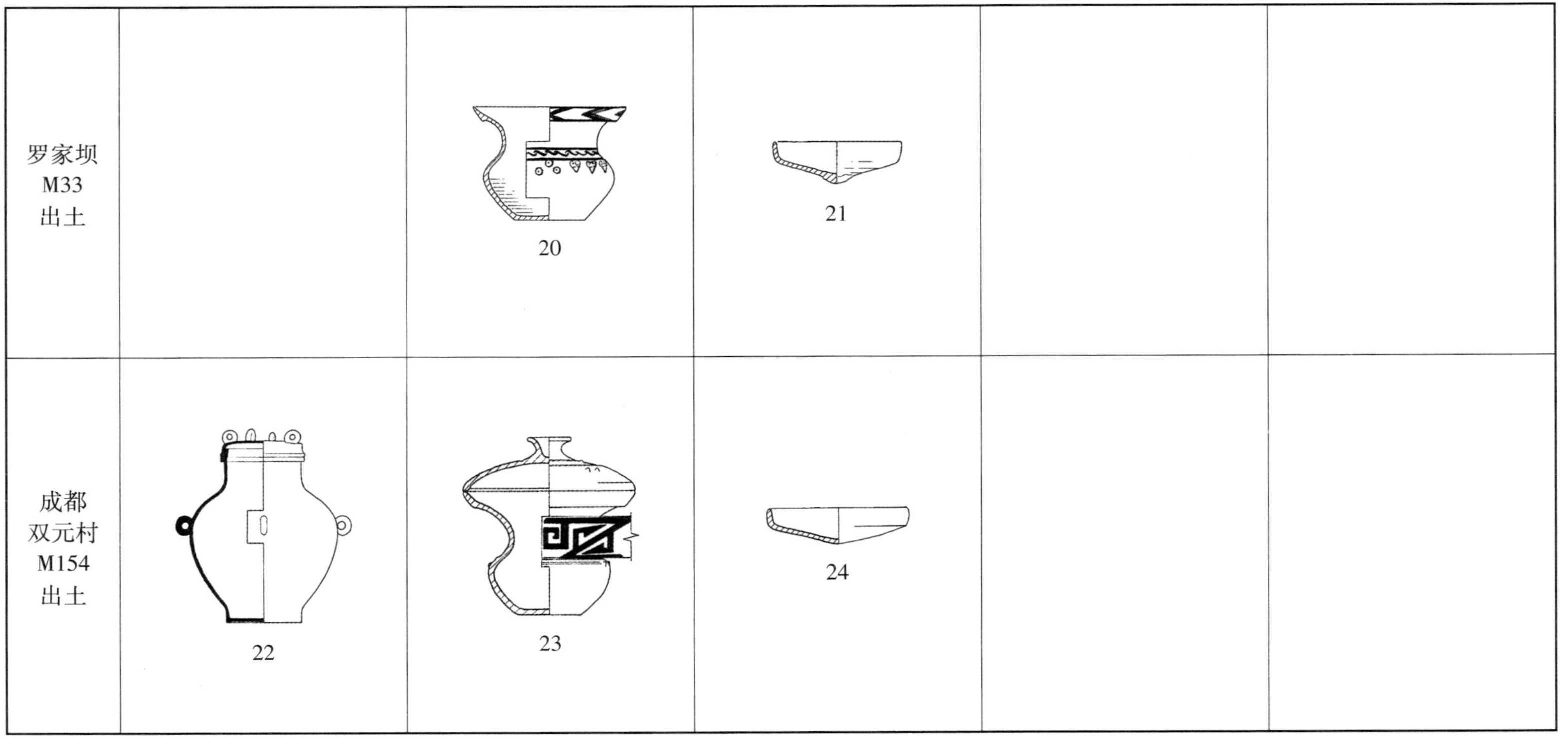

图 12 宣汉罗家坝 M33 出土器物及成都双元 M154 出土器物

1. 鼎(197);2. 甗(199);3. 敦(50);4. 箕(19);5. 高足豆(26);6. 范铸画像纹盖豆(18);7~8. 尊缶(198,200);
9. 浴缶(201);10. 素面匜(128);11. 单耳鍪(22);12. 双耳釜(21);13~14. 尖顶尖底盒(202,203);
15~19. 戈(100;98,111;108,161;116,158;114,157);20. 喇叭口罐(4);21. 尖底盏(156)
(1~21 为罗家坝 M33 出土);22. 尊缶(M154 腰:8);23. 喇叭口罐(4);24. 尖底盏(156)
(22~24 为成都双元村 M154 出土)

　　罗家坝 M33 墓内其他可以归为楚器的器物中,浴缶(M33：201,图 12.9)与淅川和尚岭浴缶(M2：3)及徐家岭 M11 出土的浴缶(M11：10)形近。铜簠(M33：19,图 12.4)则与淅川徐家岭 M1 出土的簠(M1：8)形制近同。以上淅川和尚岭 M2、徐家岭 M11 皆在战国早期偏早,徐家岭 M1 在战国早期偏晚①。罗家坝 M33 所出楚式鼎(M33：197,图 12.1)的鼎足微弯,器腹较深,饰两道较宽的变形蟠螭纹,形制较早,与湖北麻城李家湾 M42 出土的鼎(M42：4)形制特征相近,惟蹄足略短。李家湾 M42 的年代在春秋晚期末叶②。其中一件尊缶(M33：198,图 12.7)与成都双元村 M154 所出同形制尊缶(M154腰：8,图12.22)近似。罗家坝此墓所出器中也有典型的中原式器,即甗的双耳向外弯曲的甗(M33：199,图 12.2),其形制与山西芮城坛道村 M2 出土的甗近同,裆部稍低,芮城坛道村 M2 的年代在战国早期偏早③。罗家坝 M33 出土铜兵器和铜工具已使用巴蜀符号,但尚未出现复合型符号,其年代应略早于年代属于战国中期偏早的成都新都九联墩墓葬④。罗家坝 M33 所出喇叭口罐(M33：4,图 12.20),尖厚唇,平侈口,束颈,溜肩,鼓腹,年代属于战国中期的成都双元村 M154 亦出同形器(M154：4,图 12.23),其口部增大,束颈更明显,腹亦略浅,同墓出土的尖底盏(图 12.24)与罗家坝 M33 所出同形器(图12.21)形制相近。综合以上对罗家坝 M33 中不同来源器物的分析,此墓的器年代大致仍可归于战国早期,与成都百花潭 M10 年代相近,应略早于成都双元村 M154,属于战国早期偏晚,下限不晚于中期偏早。

　　罗家坝 M2 位于以上 M33 以西约 110 米处,M2 亦为长方形竖穴土坑墓,北宽南窄,墓室面积约 2.9 平方米。墓主身下铺有朱砂,性别、年龄不详。罗家坝 M2 所出青铜容器中有楚式敦和镶嵌画像纹铜壶各一件,另有巴蜀式戈、矛、扁茎直刃剑、削刀、凿等铜兵器和铜工具。墓内另随葬有陶器 3 件,为豆、釜和圜底敞口罐组合(图 13.3~13.5),发掘报告将此组合归入该墓地的第二期,略晚于同墓地的 M33⑤。M2 铜敦(图 13.1)器盖合成圆球形,盖顶、器足均饰鸟形环角钮,形制近于襄阳蔡坡 M4 所出铜敦(M4：4),襄阳蔡坡 M4 的年代约为战国早期偏晚。M2 所出铜壶(M2：2,图 13.2)微敞口,细长高领,圆壶深腹,壶腹椭圆,器腹饰绚文和上下四组镶嵌狩猎纹,该壶形制罕见。综合以上,罗家坝 M2 的年代略晚于 M33,仍大致属于战国早期偏晚。

---

① 河南省文物考古研究所编著:《淅川和尚岭与徐家岭楚墓》,第 44、226 页。
② 黄凤春、田桂萍:《湖北麻城市李家湾春秋楚墓》,《考古》2000 年第 5 期。
③ 邓林秀:《山西芮城东周墓》,《文物》1987 年第 12 期。
④ 朱凤瀚:《中国青铜器综论》,第 2290—2291 页。
⑤ 四川省文物考古研究院、达州市文物管理所、宣汉县文物管理所编著:《宣汉罗家坝》,第 54—59、332—334 页。

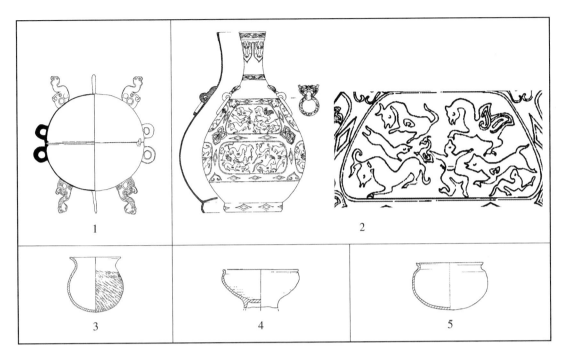

图13 宣汉罗家坝M2出土器物

1. 铜敦(1);2. 铜壶(2);3. 陶圜底罐(19);4. 陶豆(残,20);5. 陶釜(21)

陕西凤翔高王寺窖藏 于1977年发现的凤翔纸坊高王寺青铜器窖藏,位于雍城遗址中南部的马家庄宫殿发掘区附近,窖内出土青铜器12件,计鼎3、瓿1、盖豆1、敦2、镶嵌画像纹铜壶2、鐎盉1、三足盘1和素面刻画纹(无人像图案)匜1①。高王寺窖藏所出青铜器具备完整随葬青铜器组合的特征,但都非典型秦器,似均是从他处流入并埋藏于此。三件铜鼎形制大致相同,大小依次,其中有完整的楚式附耳箍口盖鼎(图14.1),器盖微鼓呈坡状,深腹,下腹圆弧收成圜底近平,三蹄足较高,微外撇,有铭曰"吴王孙无土之脰鼎",应是吴器无疑。该鼎的形制与和尚岭M2所出箍口鼎(M2∶33,图1.5)近似,后者器盖较平,盖亦饰"8"字形环角钮,器腹也有两周蟠螭纹带,年代属于战国早期偏早。高王寺青铜器窖藏中的两件铜敦(图14.3)亦属楚式,器盖合成近球形,盖饰环角形钮,三蹄足短小外撇,与澧县皇山岗M1所出铜敦(M1∶15)形近,如前文所述皇山岗M1的年代也在战国早期偏早。高王寺附耳铜瓿(图14.4)则为中原式器,侈平口,瓿腹圆鼓弧收,瓿、鬲之间有圆盘,鬲裆较高且平,三蹄足较粗直,邯郸百家村M57出土铜瓿(M57∶1)的形制与之相近,百家村M57的年代亦为战国早期偏早②。高王寺盖豆器盖合成呈椭圆方形,足

---

① 韩伟、曹明檀:《陕西凤翔高王寺战国铜器窖藏》,《文物》1981年第1期。

② 孙德海:《河北邯郸百家村战国墓》,《考古》1962年第12期;朱凤瀚:《中国青铜器综论》,第1902—1906页。

图 14　凤翔高王寺窖藏出土青铜器

1. 吴无土朓鼎及其铭；2. 盖豆；3. 敦；4. 甗；5. 镶嵌画像纹壶；6. 鐎盉；7. 三足盘；8. 素面刻画纹匜

柄仍保留春秋晚期较细长的特征,但器腹加深,腹壁变直长弧收,与洛阳中州路 M2717 战国早期偏晚墓葬所出铜盖豆器腹(M2717:197)的形制较接近①。此窖藏所出的两件铸嵌人物画像纹铜壶(图 14.5),形制相近,纹饰略异,目前只刊布了其中一件壶的器物图。该铜壶带立鸟饰盖,微侈口,长颈,溜肩,中下腹圆鼓微垂,收成平底圈足,其形制与陕县后川 M2040 铜壶(M2040:31)接近,后川 M2040 的年代在战国早期偏晚②。高王寺铜匜(图 14.8)缺器物图,薄壁,平底,口近平,流口微上扬,报告称其内壁饰有刻画水波纹和鱼纹,未见人像。前文论述的滕州大韩 M39 墓亦出土过一件饰刻画鸟纹和蛇纹的铜匜(M39:54),大韩 M39 的年代为战国早期偏早③。综合以上分析,高王寺窖藏所出青铜器的年代略有早晚,年代较晚的器物属于战国早期偏晚,也应是此窖藏的年代。窖藏内并无其他发现,所出青铜器分别来自三晋、楚以及吴文化圈,混搭组合了镶嵌画像纹和刻画纹青铜器,是罕见的现象。

第三节　战国中期偏早人物画像纹青铜器

河南新乡辉县琉璃阁墓地诸墓　辉县琉璃阁墓地大致的情况在上文已有涉及,于 1937 年发掘的 M1,位于该片墓地年代最晚的西部发掘区(图 15),M1 发现有刻画纹铜奁和镶嵌几何纹铜壶,该墓年代属于战国中期。于同时段内发掘的多个墓葬,出土有多件半浮雕类的范铸画像纹青铜器,故而此处是迄今所知出土此类青铜器最多的考古发掘地点。这批墓葬的发掘资料与随葬品多已不全,现按已刊材料,将出土有范铸画像纹青铜器的墓葬年代进行分析。

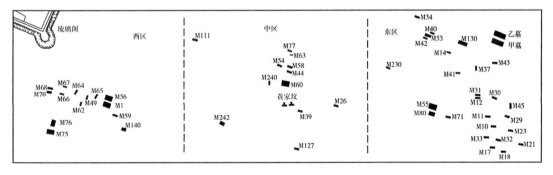

图 15　辉县琉璃阁墓地布局图

① 中国科学院考古研究所编著:《洛阳中州路(西工段)》,图版陆肆·3。
② 中国社会科学院考古研究所编著:《陕县东周秦汉墓》,北京:科学出版社,1994 年,第 46 页。
③ 郝导华、刘延常、代全龙等:《山东滕州市大韩东周墓地第一次发掘简报》,《考古》2021 年第 2 期。

位于琉璃阁墓地中部发掘区的 M58,为东西向竖穴土坑墓,该墓与发现有包括三鼎在内的完整随葬礼器组合的 M44(亦无器物图)南北并列,距离该区 M60 大墓以北约 10 米,M60 的年代属于春秋晚期偏晚[①]。M58 发现有铜鼎一件和半浮雕类狩猎纹铜壶两件,惜均未见其器形或纹饰图[②]。

位于琉璃阁墓地西区的 M59,其东北约 8 米之外是发现有刻画纹铜奁的 M1。M59 亦东西向竖穴土坑墓,墓室面积约 14 平方米。该墓的随葬铜容器有 7 件,计鼎 1、鬲 1、甗 1、范铸画像纹壶 1,盘 1、匜 1、钘 1[③]。M59 所出青铜器之中仅留有铜鼎(M59：17,图 16.1)

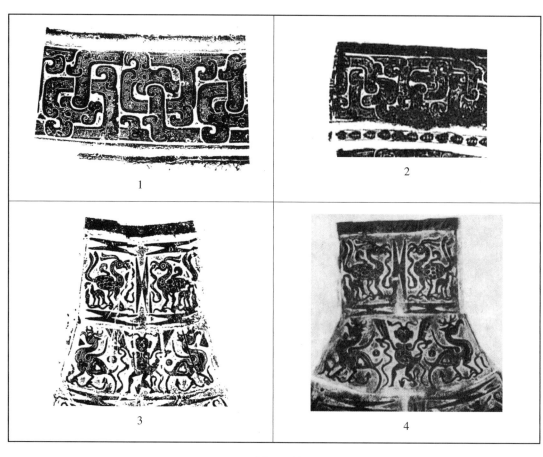

图 16　青铜器纹饰对比

1. 辉县琉璃阁 M59 铜鼎(M59：17);2. 洛阳西工区 M131 铜鼎(M131：30);

3. 辉县琉璃阁 M59 范铸画像纹铜壶颈部纹饰(M59：23);4. 洛阳西工区 M131 铜鼎(M131：26)

① 朱风瀚:《中国青铜器综论》,第 1632—1651 页。

② 郭宝钧:《山彪镇与琉璃阁》,第 55 页。

③ 同上,第 55、66 页。

的纹饰拓片,该鼎饰带勾粗体蟠螭纹,鼎盖饰三卧牲,洛阳西工区 M131 铜鼎(M131∶30)的鼎腹有类似的纹饰(图 16.2),其鼎盖亦饰三卧牲。西工区 M131 的年代上文已述,属于战国早期偏早。M59 铜壶(M59∶23)通体饰半浮雕类画像纹,壶颈上的鸟纹和羽人纹饰(图 16.3)同见于洛阳西工区 M131 铜壶(M131∶26,图 16.4),纹饰中的细节亦十分接近。根据青铜器纹饰的对比,辉县琉璃阁 M59 的年代当不早于战国早期偏早。

辉县琉璃阁 M56 位于 M1 以北 5 米之外,该墓亦为东西向竖穴土坑墓,墓室面积约 8.7 平方米。该墓保存资料甚少,仅知发现有一件"狩猎纹"铜壶(M56∶21,图 17.1)[①],其形制与纹饰布局与 M59 所出铜壶(M59∶23,图 17.2)近似,其纹饰细节亦近同于洛阳西工区 M131 所出铜壶(M131∶28,图 3.4)。M56、M59 二墓的所在位置靠近年代属于战国中期的 M1,目前无法清楚掌握这些墓葬的随葬内容,未能准确判断这几座墓葬的早晚关系。M56 和 M59 均分别出土有形制相近的铜壶,根据上述洛阳西工区 M131 的发现,这些铜壶的铸造年代应接近,皆属于战国早期偏早。由于 M56 和 M59 所在位置靠近年代属于战国中期偏早的 M1,即这两座墓葬的大致年代应晚于洛阳西工区 M131,约属于战国中期偏早。这些范铸画像纹铜壶有可能是存留了一定时间后才被用于随葬的。

M75 位于琉璃阁墓地西部发掘区靠南的位置,为东西向竖穴土坑墓,墓主头向东,墓室面积约 44.1 平方米。此墓随葬品较多,其中铜容器有 49 件,计鼎 5、鬲鼎 7、甗 1、豆 12、范铸画像纹壶 6、鉴 4、盘 2、匜 2 和勺 10。该墓出土乐器有编镈 4、甬钟 8、钮钟 9 和石磬 10;墓内另随葬有铜戈、剑、戟等兵器,且有较多的车马器,包括有害辖 42 组和马镳、马衔 39 副;墓主头部、身上也覆盖有较多的玉石饰件。M75 所出器物与中原地区战国早期随葬青铜器的内容基本相合(表 2.2)。此墓出土带盖铜鼎 5 件,形制相同,大小相次,铜鼎(M75∶111)腹部饰两道变形蝉纹窄带(图 18.1),同墓地 M1 所出铜鼎也饰有相似的纹饰(图 18.2),琉璃阁 M1 的年代如上文所述属于战国中期偏早。M75 随葬有 6 件"狩猎纹"铜壶,是目前出土此类青铜器最多的一座墓葬,惜未有保留相关的器形图或纹饰拓片。M75 铜豆(M75∶308,图 19.1)的豆柄饰有半浮雕类采桑画像纹。M75 铜鉴(M75∶300)的纹饰比较精细,口沿上有镶嵌类狩猎纹(图 18.4),外壁亦饰镶嵌类狩猎纹(图 18.3),其人物和鸟的形象均较抽象。综合以上,琉璃阁 M75 所出器物只保留有少部分拓片,该墓出土青铜器的纹饰风格较特殊,目前仍未见出土有类似青铜器的墓葬可以作为参照。M75 所出铜鼎(M75∶111)的纹饰与同墓地 M1 所出铜鼎相若,其年代也当不早于战国中期偏早。

---

① 郭宝钧:《山彪镇与琉璃阁》,第 55、66 页。

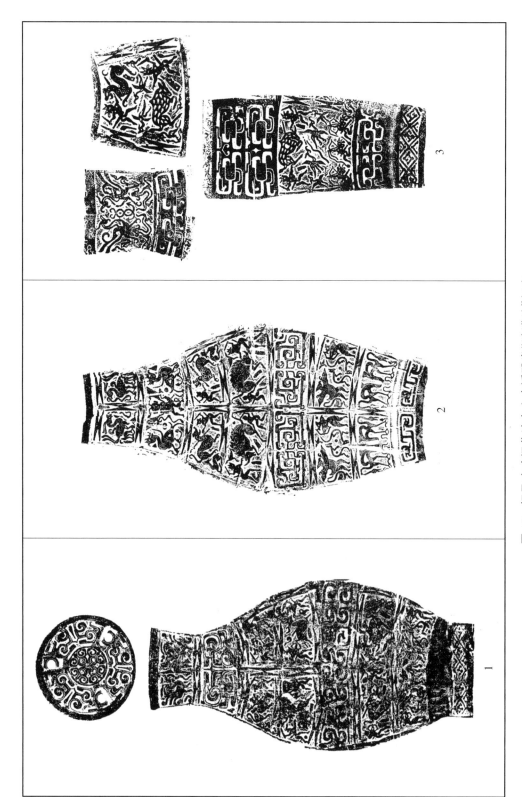

图 17 辉县琉璃阁墓地出土半浮雕类"狩猎纹"铜壶

1. M56 铜壶（M56：21）及其壶盖盖纹饰；2. M59 铜壶（M59：23）；3. M76 铜壶（M76：85）

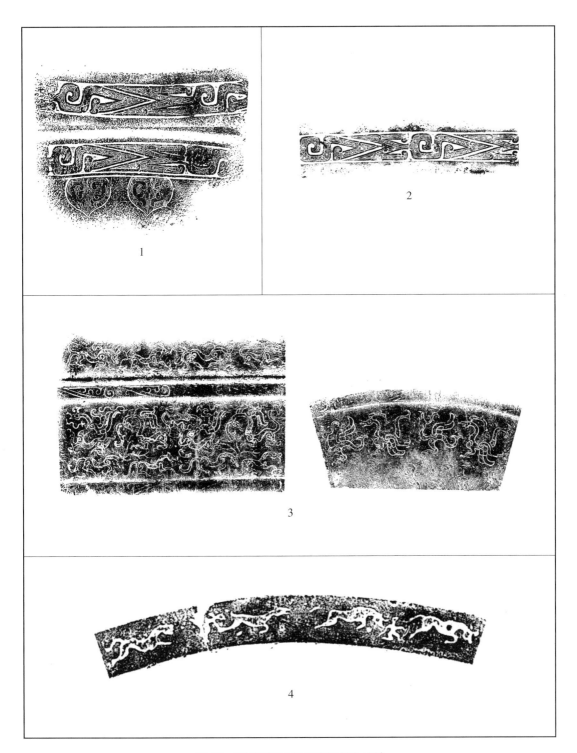

图 18　琉璃阁墓地出青铜器纹饰拓片

1. M75 铜鼎（M75：111）腹部纹饰；2. M1 铜鼎腹部纹饰；

3~4. M75 铜鉴（M75：300）口沿和外壁上的镶嵌狩猎纹

表 2.2　辉县琉璃阁墓地出土范铸"半浮雕类"画像青铜器统计表

发掘区	墓葬	墓室面积（平方米）	墓主性别	随葬铜容器	范铸画像纹青铜器
中区	M58	不明	不明	鼎1、壶2	2件(皆壶)
西区	M75	44.1	男	鼎12、豆12、瓻2、壶6、鉴4、盘2、匜2、勺10	8件(壶6、鉴2、豆1)
西区	M76	16.8	女	鼎5、壶4、豆22、鉴2、盘1、鉫1、勺1	2件(皆高足壶)
西区	M56	8.7	不明	鼎5、壶4	4件(皆壶)
西区	M59	14	不明	鼎1、鬲1、壶2、瓻1、盘1、匜1、鉫1	2件(壶)

　　M76 位于 M75 以南 13.5 米处,亦为东西向竖穴土坑墓,墓主头向东,墓坑面积约 16.8 平方米①。M76 随葬青铜器共 34 件,计盖鼎 5、范铸画像纹壶 1、范铸画像纹高足壶 1、普通壶 2、豆 22、盘 1、鉫 1、匕 1;墓内另发现有 6 组舋辖,未随葬兵器。此墓出土范铸画像纹壶铜壶(M76∶85,图 17.3)的纹饰布局与同墓地 M56 和 M59 的同形器近同。M76 随葬有一件画像纹高足小壶(M76∶85,图 19.2),饰有半浮雕类采桑纹,M75 所出铜豆亦饰有相似的纹饰图案(图 19.1)。M76 的年代当与 M75 相近,属于战国中期偏早。

　　陕西咸阳任家嘴 1984 年发掘墓葬　发现于 1984 年的任家嘴战国墓,位于咸阳市东 5 公里外的土墩形台地,为该地区发现铜容器最多的一座墓葬②。此墓在清理前已部分被破坏,墓坑东向,墓室面积约 29.5 平方米,葬具有一椁一棺,墓主性别、葬式不明,墓内发现有两名殉人。任家嘴墓随葬铜容器 11 件,计鼎 1、鬲鼎 3、瓻 2、罍形壶 1、提链壶 1 (已残)、扁壶 1(已残)和高足小方壶 2。任家嘴所出铜鼎(标本 14,图 20.1),缺盖,大口,器腹圆鼓弧收成平底,其形制与凤翔八旗屯 M26 所出盖鼎(M26∶19)近似,但任家嘴这

---

① 在琉璃阁 M75、M76 之间有一窄长土沟,发掘时被误以为墓葬,编号 79,埋葬了 60 具无头的人骨,有的肋间发现有铜镞。M75 北壁打破此沟南端,年代较此沟晚,可以排除是随葬殉人坑的可能,郭宝钧:《山彪镇与琉璃阁》,第 68 页。
② 任家嘴墓地于 1990 年进行系统发掘,清理了秦墓 242 座,其中有不少椁棺墓,但发现的随葬容器只有一件铜鼎 (M56∶2),见咸阳市文物考古研究所编著:《任家咀秦墓》,北京:科学出版社,2005 年,第 193—194 页。

图 19　琉璃阁墓地出土青铜器纹饰拓片

1. M75 铜豆（M75：308）足柄纹饰；2. M76 高足小壶（M76：85）的壶盖和器下腹纹饰

件的三蹄足更为粗矮，八旗屯 M26 的年代属于战国中期[①]。任家嘴墓所出的一对附耳鬲鼎（标本 13、12，图 20.2、20.3）为中原式器，其中一件素面，缺盖，器腹扁圆，三蹄足较粗，形制近同于洛阳中州路 M2717 所出鬲鼎（M2717：102）[②]。另一件环耳鬲鼎（标本 15，图 20.4），器腹亦较扁圆，平底，三蹄足较细，与长子牛家坡 M7 所出同形制鬲鼎（M7：67）接近[③]。中州路 M2717 和长子牛家坡 M7 均是战国早期偏晚墓葬。任家嘴铜甗（标本 17，图 20.5）亦为中原式器，与前述的高王寺窖藏所出铜甗（图 14.4）形近。镶嵌绿松石雷纹壶（标本 20，图 20.7），缺盖，微侈口，短颈，最大径在器肩，平底，器底宽于口，圈足微外侈，凤翔八旗屯西沟道 M26 亦出一件与之形近的罍形壶，故任家嘴所出的这一件饰雷纹带和波浪纹的铜壶，应为秦本地器物。镶嵌绿松石青铜器，亦曾见于琉璃阁 M1 铜壶。任家嘴发现有两件范铸半浮雕画像纹高足小方壶（标本 18，图 20.8），其大小、纹饰相同，壶腹上的纹饰和羽人图案与琉璃阁 M76 所出铜壶（图 19.2）相同。任家嘴所出青铜器中有一明器铜甗（标本 21，图 20.6），为宝鸡地区战国早期墓葬所流行的铜质明器，结合此墓所出形制近同于战国早期偏晚的铜鼎等器，任家嘴此墓的年代应属于战国中期偏早，大致与琉璃阁 M76 墓的年代相近。

---

① 吴振烽、尚志儒：《陕西凤翔八旗屯秦国墓葬发掘简报》，《文物资料丛刊（第 3 辑）》，北京：文物出版社，1980 年，第 67—85 页；陈洪：《关中秦墓出土青铜器编年研究》，《文博》2012 年第 5 期。

② 中国科学院考古研究所编著：《洛阳中州路（西工段）》，图版陆叁·3。

③ 陶正刚、李奉山：《山西长子县东周墓》，《考古学报》1984 年第 4 期。

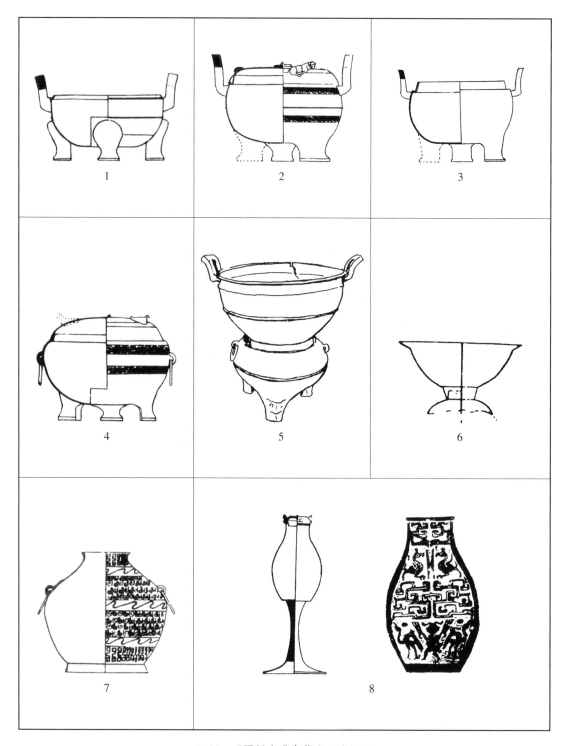

图 20　咸阳任家嘴秦墓出土青铜器

1. 鼎(标本 14);2~4. 鬲鼎(标本 13、12、15);5. 甗(标本 17);6. 甗(明器,标本 21);
7. 镶绿松石壶(标本 20);8. 范铸半浮雕画像纹高足方壶(标本 18)

第四节　海内外馆藏的范铸类人物画像纹青铜器资料分析

范铸人物画像纹青铜器有着较高的观赏性,保存状态也较好,海内外博物馆多有所收藏。这些博物馆收藏品的数量很多,尽管来源不一,也有少数是通过追缴的方式而寻回的文物,是研究刻画纹青铜器的重要材料。本书篇幅有限,下文将精选其中一些考古发掘中未见的器类,与纹饰较罕见者,根据前文对这类青铜器所做的年代分析,对部分博物馆收藏品进行形制梳理,探讨其使用年代与流行区域。

山西临汾襄汾南贾大张青铜壶　山西省临汾市襄汾县南贾镇所出铜壶是 1994 年襄汾县公安局追缴寻回的,该铜壶据传出自南贾镇大张墓地 M2,目前仅知有 M1、M2 两座东西向且南北并列的墓葬,未见详细的发掘报告。大张铜壶(图 21),缺盖,微侈口,长颈,溜肩,器腹图鼓,直圈足。铜壶的最大腹径在中下腹,其最大径至壶底及至壶口的比例为 0.52,与长子牛家坡 M7 所出铜壶(M7:6)的 0.56 比值相若。大张铜壶的年代亦当

图 21　襄汾南贾大张铜壶及其上的人物画像纹饰

属于战国早期偏晚。这件铜壶的项部饰镶嵌人物画像纹,器腹则饰常见于战国早期的肥大而交错的蟠螭纹。这种混搭使用纹饰的做法,未见于其他范铸画像纹青铜器。曾有学者指出,大张铜壶上的蟠螭纹见于侯马铸铜遗址所出陶范,故认为此壶应为侯马所铸造,为了解这类青铜器的生产提供了一定的线索[①]。

2018 年山西公安机关追缴筒形器、2018 年湖北随州公安机关追缴筒形器 这两件饰半浮雕类画像纹的三足筒形器分别由山西省和湖北省公安机关在调查盗掘文物案件时寻回。由山西公安机关追回的这件(图 22.1),高 17.1 厘米,口径 10.1 厘米,直筒,短小蹄足,中腹有一环耳錾,筒身饰三层"狩猎纹"图案[②]。由湖北随州公安机关追回的三足筒形器(图 22.3),高 15.7 厘米,口径 9.8 厘米,直筒,短扁小足,中腹有环耳錾,筒身亦饰三层"狩猎纹"图案[③]。这两件筒形器形制相近,纹饰也大致相同,惟器足有异,在中腹位置的狩猎图亦略有差异,山西的那件左侧猎人旁有飞鸟(图 22.2),湖北的那件右侧猎人旁有小鹿(图 22.4),但两件青铜器的纹饰布局和置换细节的方式与上述洛阳西工区 M131 铜壶、辉县琉璃阁 M56 和 M59 等墓所出铜壶上所见的相近。这种筒形器的具体用途目前无法查考,与之形制相近的有故宫博物院藏的一件错金三足筒形器(图 22.5),高 15.3 厘米,口径 12.2 厘米,筒身笔直,三小蹄足,筒腹近中间位置接环角形錾,筒身饰有错金和镶绿松石菱形纹饰[④]。淄博临淄城区范家南 M113 发现有一件镶嵌三足筒形器,该器有三环钮盖,高 17.4 厘米,口径 8.8 厘米,直口,直腹壁,接单环角形耳錾(图 22.6)[⑤]。范家南 M113 同时出土了一件带盖圜底铜盒,形制与临淄区赵家徐姚 M1 所出的一件铜盒(M1∶4)相近,发掘报告认为范家南 M113 的年代与赵家徐姚 M1 的相若,同属战国晚期[⑥]。临淄区国家村 M21 亦出一件带盖三足筒形器,同墓出土的陶器尚未有完整刊布材料,发掘报告暂将国家村 M21 及其他小型墓葬定为战国中期至晚期[⑦]。前述的辽宁建昌东大杖子 M45 战国中期墓葬也出土有一件无盖的三足筒形器(M45∶36),该器器壁较薄,高 14.8 厘米,口径 10.3 厘米,中腹接双环耳錾[⑧]。这种三足筒形器虽罕见,但沿

---

① 田建文:《三件战国文物介绍》,《文物季刊》1996 年第 3 期。

② 山西省公安厅、山西省文物局编著:《国宝回家:2018 年山西公安机关打击文物犯罪成果精粹》,北京:文物出版社,2018 年,第 134 页。

③ 随州市博物馆、随州市公安局主编:《追回的宝藏:随州市打击文物犯罪成果荟萃(I)》,武汉:武汉大学出版社,2019 年,第 86—87 页。

④ 故宫博物院编:《故宫青铜器图典》,北京:紫禁城出版社,2010 年,第 230 页。

⑤ 李民、王会田:《淄博市临淄区范家南墓地 M112、M113 的发掘》,《海岱考古(第 7 辑)》,北京:科学出版社,2014 年,第 128—139 页。

⑥ 朱凤瀚:《中国青铜器综论》,第 2009—2011 页。

⑦ 王会田、武晓颜:《山东淄博市临淄区国家村战国及汉代墓葬》,《考古》2010 年第 11 期。

⑧ 徐韶钢、万欣、谷丽芬、仲蕾洁:《辽宁建昌东大杖子墓地 2003 年发掘简报》,《边疆考古研究》第 18 辑,北京:科学出版社,2015 年,第 47 页。

用时间不短。在中山王陵 M6"成公"墓亦发现有筒形器(M6：122)，高 33 厘米，口径 17 厘米，直口，直腹，平底，器中腹偏高位置设两铺首衔环。中山王陵 M1 王厝墓亦出筒形器，形制稍大，高 58.8 厘米，口径 24.5 厘米，直口，直腹壁，三牲兽足，器中腹偏高位置亦设两铺首衔环。两座中山王陵的年代分别是前 328 和前 310 年，属于战国中期偏晚[①]。中山王陵所出的这两件器物造型讲究，其用途似非单纯的实用量器，中山器上的双活动环扣可能是中山至燕地所流行的形制。综合上述分析，这两件追缴寻回的青铜器应都是北方所流行的器具，原器可能带盖；饰有半浮雕画像纹的青铜器最早见于战国早期偏早，及至战国中期仍流行于河南北部辉县一带，这亦应是这两件追缴范铸画像纹青铜器的大致年代。

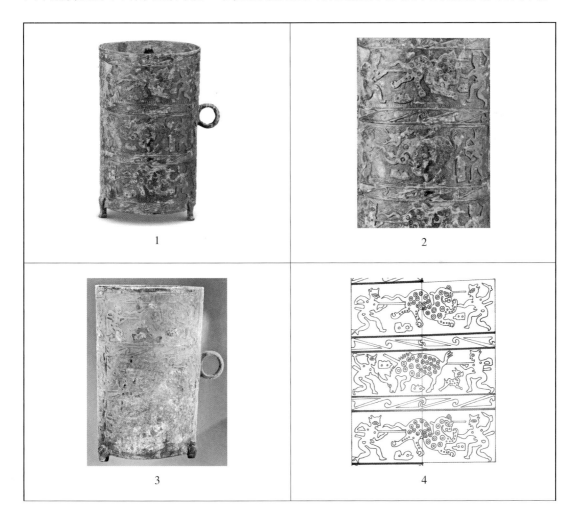

1　　　　　　　2

3　　　　　　　4

---

① 河北省文物研究所：《战国中山国灵寿城——1975～1993 年考古发掘报告》，北京：文物出版社，2005 年，第 148—151、181、204—205 页。

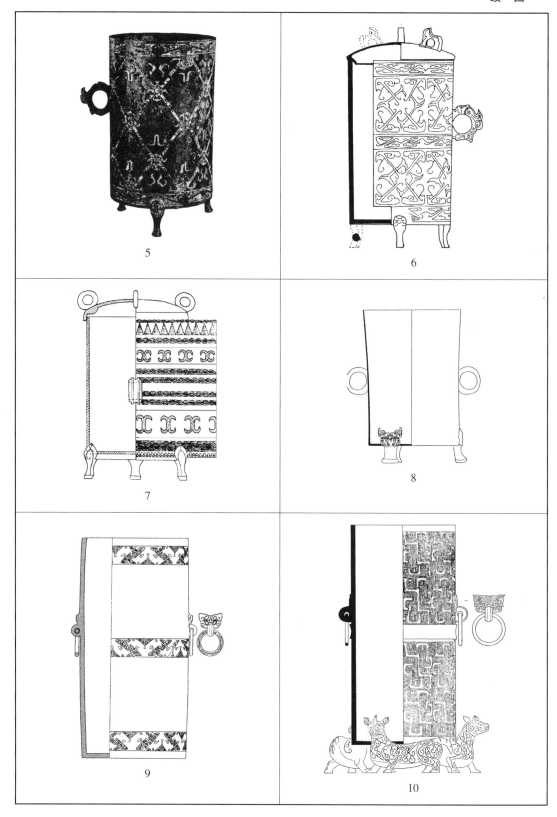

图 22　战国时期铜筒形器

1~2. 2018 年山西公安机关追缴三足筒形器;3~4. 2018 年随州公安机关追缴三足筒形器;
5. 故宫博物院藏错金三足筒形器;6. 淄博范家南 M113 出土(M113G:6);
7. 淄博国家村 M21 出土(M21:1);8. 建昌东大杖子 M45 出土(M45:36);
9. 平山三汲乡中山王陵 M6 出土筒形器(M6:122);10. 平山三汲乡中山王陵 M1 出土筒形器(DK:20)

附表

2.1 范铸类人物画像纹青铜器登记表

年代	遗址	墓向	葬具	墓室面积（平方米）	纹饰工艺	
					镶嵌类	半浮雕类
战国早期偏早	淅川和尚岭 M2	东向（70度）	一椁重棺	55.1	壶1	
	唐山贾各庄 M5	北向（5度）	有椁痕	25.1	壶1	
	洛阳西工区 M131	北向（5度）	单椁	14.3		壶4
战国早期偏晚	辉卫山彪镇 M1	南北向		56.2	鉴2	
	平山穆家庄村 M8101	300度	单椁	7	盖豆1	
	张家口涿鹿故城 M2	335度	有木质葬具	9.8	壶1	
	成都百花潭 M10	190度	船棺	2.8	壶1	
	宣汉罗家坝 M33	180度	不明	30.5	盖豆1	
	宣汉罗家坝 M2	15度	有木棺	2.9	壶1	
	凤翔高王寺	窖藏	不适用	不明	壶2	
战国中期偏早	辉县琉璃阁 M58	东西向	不明	不明		壶2
	辉县琉璃阁 M56	东西向	不明	8.7		壶4
	辉县琉璃阁 M59	东西向	不明	14		壶2
	辉县琉璃阁 M75	东西向	不明	44.1	鉴2	壶6、豆1
	辉县琉璃阁 M76	东西向	不明	16.8		高足壶2
	咸阳任家嘴	东西向	一椁一棺	29.5		高足壶2

第三章

两类人物画像纹青铜器的分布区域与所属文化类型分析

前两章分别对有明确出土地点的刻画类人物画像纹青铜器和范铸类人物画像纹青铜器进行了细致的年代分析。刻画类人物画像纹青铜器的沿用时间稍长,兴起于春秋末,盛行于战国早期至中期偏早,及至战国晚期早段仍有零星发现。范铸类人物画像纹青铜器兴起于战国初年,战国早期一直流行,进入中期后骤然绝迹。河南平顶山滍阳岭M10和河北平山穆家庄M8101两座墓葬发现同时随葬有这两类青铜器,但除了这两座墓葬外,其他墓葬未见同时使用这两类人物画像纹青铜器的随葬习俗。事实上,这两类人物画像纹青铜器的出土地点及其所流行的区域有着一定的区别,这反映了它们的起源与流布情况存在差异,而使用这两类青铜器的群体也应有着不同的区域文化背景。

第一节　刻画类人物画像纹青铜器的文化族属与流布方向

（一）关于刻画类人物画像纹青铜器的起源问题

江苏南京六合程桥墓地和镇江谏壁王家山所出刻画纹青铜器的年代最早,根据这两处遗存之所在地点与年代,多数学者认为刻画青铜器首先兴起于吴越文化地区[①]。随着刻画纹青铜器陆续于三晋、燕地、中山、巴蜀等地被发现,这类青铜器的流行与传播问题变得较为复杂。目前关于刻画纹青铜器源自吴越地区的认识是否仍有充分的考古证据? 刻画纹青铜器上的纹饰是否同源且都来自吴越文化? 在春秋晚期至战国中期这一时段,刻画纹青铜器上的纹饰出现过一些变化,这些变化对于了解其传播方向和传播方式有何启示? 关于刻画纹青铜器上所发现的图像内涵,后文将做详细分析,本节则将首先梳理前文述及的相关器物形制与年代分析,试从空间分布的角度探讨刻画类人物画像纹青铜器的起源、传播方向和传播方式等问题。

刻画纹青铜器的制造需要首先锻造出含铜量较高的器物,然后再于其内壁进行刻画加工,较常见的器类是铜匜,其次是铜盘和铜鉴,也少量发现有铜算形器、铜箕与铜铲。这些青铜器都有着薄壁、素面、平底、无足的特征,大大异于流行于春秋时期盘、匜和鉴的形制与纹饰风格。太原金胜村M251所出的刻画人物画像纹铜匜(M251：540),应是与同墓所出一件素面、薄壁的铜盘(已残)成套,该盘未发现有刻画纹饰。同样的情况也见

---

① 滕铭予:《东周时期刻纹铜器再检讨》,《考古》2020年第9期。

于陕县后川 M2144、长沙楚墓 M186、成都双元村 M154、建昌东大杖子 M11 等墓。由此可知,锻造青铜器未必都饰有刻画图案,锻造和刻画加工两个工序应不是相互紧密连接进行的。此外,铸造这些青铜器的工匠首先制造出这些薄壁铜匜、盘和鉴以备作刻画加工之用,也即是说,锻制青铜器最早的出现年代和地点与刻画青铜器工艺的起源应是密切相关的。山东枣庄东江村小邾国(郳国) M3 墓葬出土有一件铜匜(M3:10,图 1.1),长 26.2 厘米,宽 18 厘米,高 8.8 厘米,直口,微卷沿,深腹,腹壁微鼓圆转内收,平底,小流口,单环耳,为目知所见年代较早的素面薄壁青铜器①。这种深腹铜匜罕见,通体素面,其形制与淮阴高庄墓葬所出的大铜匜(图 1.2)十分相似。如前文所述,高庄墓的年代属

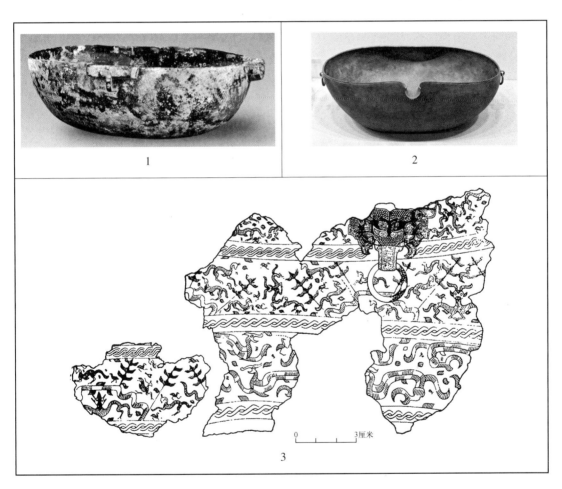

0　　　　3厘米

图 1　深腹小流口铜匜

1. 山东枣庄东江村 M3 出土;2~3. 淮阴高庄墓葬出土铜匜(1:0137)及其外壁刻画纹饰

① 石敬东、苏昭秀等:《枣庄市东江周代墓葬发掘报告》,《海岱考古(第 4 辑)》,北京:科学出版社,2011 年,第 176 页。

于战国早、中期之际,该墓出土多件这种深腹铜匜,形制较大,长51厘米,宽39厘米,高17厘米,外壁或内壁饰有刻画纹图案(图1.3)①。枣庄东江村和淮阴高庄两处遗存分别位于山东南部和江苏北部,地点较接近,高庄铜匜应是这片地区所流行使用的水器的形制。枣庄东江村M3的年代为春秋早期,该墓的年代和地点似可为刻纹青铜器的起源提供一定的思路。

发现有刻画类人物画像纹青铜器的南京六合程桥M1和谏壁王家山墓葬均采用东西向土坑竖穴葬式的形制,有别于当地常见的土墩墓。这种在春秋晚期吴地兴起的葬俗显然反映着当地出现了新的葬俗观念,甚至是与新族群的迁入有关。目前在谏壁王家山春秋晚期墓葬中所发现的刻画纹铜匜、铜盘和铜鉴是年代最早,也是最完整的锻制水器组合,三器内壁上的纹饰布局有序,图案精练,且与年代稍晚的刻画纹青铜器上所见的纹饰极为相像,可确定这类铜礼器以及与这些图案相关的祭祀活动与相关观念在春秋晚期以前已发展成熟。不过,至今在同区域内所发现的典型的如北山顶带封土的吴墓以及后来在越文化核心区域浙江一带的墓葬②之中,仍未见有使用刻画纹青铜器或相关图案的例证。考虑到墓葬的形制,刻画纹青铜器源自吴文化的认识值得商榷,似仍可作进一步的讨论。此外,位于江苏北部属于战国早、中期之际的淮阴高庄墓葬的发现则尤为重要,高庄墓葬出土的这类青铜器及其纹饰说明此种工艺于战国早期在当地仍有着重要的发展。高庄出土的刻画纹饰较之前所见的更显成熟,首次发现了使用铜算作为刻画载体的例子,刻画纹青铜器的纹饰也采用了常见于陶器上的绳纹,且根据双管原始瓷熏炉的形制而设计出新的刻画纹青铜器盖(图2)。高庄墓葬的发现不仅说明这些刻画纹青铜器即为当地所制造,也反映了高庄的工匠们曾有系统地丰富刻画纹的风格与内容,刻画过程也灵活多变。张敏先生指出,吴文化的墓葬较多随葬车马器,而随葬陶瓷器和玉器则更多是越文化墓葬的特征③。高庄墓及其邻近的、年代略晚的运河村战国墓④均随葬有大量精美的车马器,也有少量陶瓷器,反映了墓主的背景虽仍与越国有一定的关系,但其文化习俗应非典型的越文化。联系到高庄墓葬采用头向东、独木棺、殉人和腰坑殉狗等与山东南部东夷文化区域中所见相类似的葬俗⑤,墓主的族属背景似与东夷族群有着更深厚的关系,而这亦与刻画纹青铜器所流行的文化背景相符合。

---

① 淮安市博物馆编著:《淮阴高庄战国墓》,北京:文物出版社,2009年,第138页。

② 张敏:《吴越文化比较研究》,南京:南京出版社,2018年,第232—235、269—298页。

③ 张敏:《吴越文化比较研究》,第231页。

④ 淮安市博物馆编著:《淮安运河村战国墓》,北京:文物出版社,2011年。

⑤ 信息获刘延常先生提供,在此表达致谢,详参刘延常:《近年来山东地区周代考古的新进展》,收入《海岱地区商周考古与齐鲁文化研究》,上海:上海古籍出版社,2022年,第95—103页。

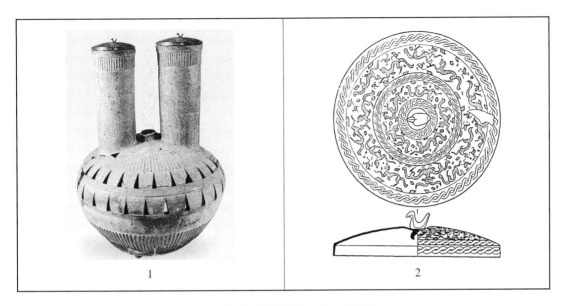

图 2　淮阴高庄墓葬出土原始瓷熏炉

1. 双管原始瓷熏炉(1∶18)及其铜盖;2. 铜盖上的刻画纹饰

近年于鲁南发掘的滕州大韩墓地 M39 中发现了年代较早的刻画纹铜匜(M39∶54),属于战国早期中叶,该铜匜的刻画纹图案尚未完整刊出,似只有鸟纹和蛇纹。从已刊出的铜匜图片看,该铜匜近口沿处的鸟纹形制和布局与谏壁王家山铜盘口沿上所见的鸟纹近似,由此可证,春秋末期至战国早期初,鲁南至江苏中部已较流行在青铜器上进行刻画。前文论述的上海博物馆所收藏的刻画铜钾以及徐州圣旨博物馆所藏的刻画纹铜箕,皆是较罕见的刻画纹青铜器器类,两件青铜器的来源地有可能即是刻画纹青铜器最为流行的区域。该铜钾和铜箕的形制较多见于山东、江苏和湖北一带,亦即齐、东夷诸国、吴越以及后来楚文化所活跃的地区。刻画纹青铜器的兴起与流行与鲁南地区的东夷文化群体似有着较大的关系。

还有一点值得注意的是,刻画纹青铜器于战国早期流行于多个地区,进入战国中期,亦即接近于高庄墓葬的年代之前后,仍有着非常活跃的发展,但进入战国晚期却急速消退,不再流行。这类青铜器的锻造和埋葬年代下限在战国中期偏晚至战国晚期偏早,即约在前 350 至前 300 年之间。楚国先后吞并了杞(前 445 年)、莒(前 431 年),及至前 306 年灭越以前,军事活跃于泗水流域①。与此同时,刻画纹饰的内容亦被楚地漆器所吸收和改造,马车出行、双凤鸟鼓等刻画青铜器上所见的图案始见于天星观 M1、荆门

---

① 杨宽:《战国史》,上海:上海人民出版社,1998 年,第 699—719 页;袁俊杰、贾一凡:《小邾国历史文化的考古学研究》,北京:科学出版社,2020 年,第 228—229 页。

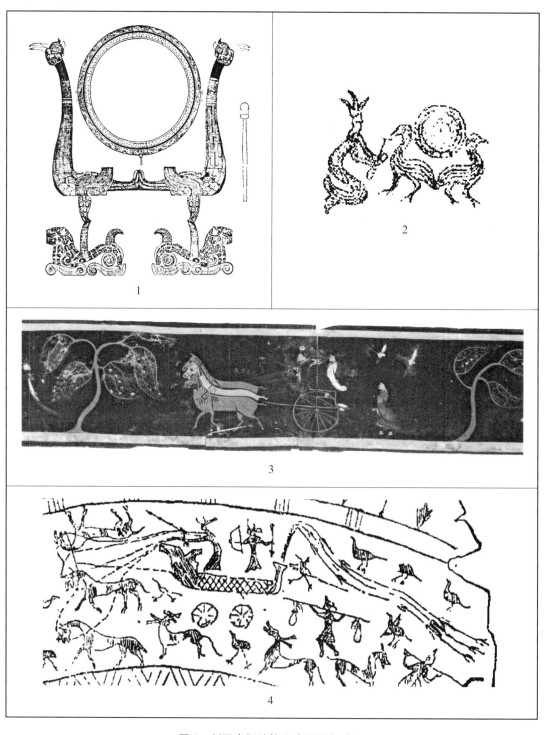

图 3　刻画青铜纹饰和漆画图案对比

1. 江陵天星观 M1 出土双凤鸟漆鼓；2. 上海博物馆藏刻画纹铜鉌中的双凤鸟鼓图；
3. 荆门包山 M2 漆奁（M2：132）上的出行图；4. 长岛王沟 M2 出土鎏金刻画纹铜鉴上的出行图

包山 M2 等墓(图 3.1～3.4),天星观 M1 的年代属于战国中期偏早[1],而荆门包山 M2 按同墓所出的竹简内容,大约属于前 323 年至前 306 年之间,即约战国中期中、晚叶之际[2]。在楚墓中的发现,也应与楚国于前 5 世纪末至前 4 世纪间在淮夷族群区域活动的历史背景有关。

(二) 刻画类人物画像纹青铜器制造地探讨

刻画纹青铜器的形制过去较少受到关注,这种情况也与该类青铜器因器壁薄脆而较难保存的情况有关。根据完整刻画纹青铜器的出土地点和年代,可对其制造地点和传播方式进行一些探讨。就目前所见,刻画纹铜匜至少存在两种不同的形制,而于同墓出土、与之相配的铜盘或铜鉴,无论是素面还是带刻画纹的,也同样存在着两种不同的形制。

A 类,以谏壁王家山墓出土铜匜与同出薄壁青铜器(图 4.1)为代表,浅腹壁,器底宽平,短而窄的流口,侧视流口部分略高;王家山铜盘(图 4.2),直口沿,宽平底,鼓肩,腹壁内收;王家山铜鉴(图 4.3),侈口,微束颈,器腹圆缓内收。淮阴高庄墓亦出有一件浅腹铜匜(修复编号 7-278,图 4.4)[3],该匜直口,平底,流口短小。高庄所出的铜盘(1:27、3,图 4.5、4.6)基本保留了王家山刻画纹青铜器所采用的形制,直口沿,微敛口,腹壁圆缓内收,宽底。A 类铜匜、铜盘和铜鉴形制都较为扁平。

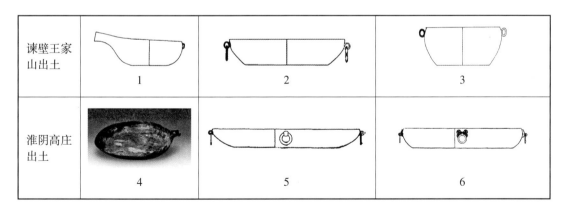

| 谏壁王家山出土 | 1 | 2 | 3 |
| 淮阴高庄出土 | 4 | 5 | 6 |

图 4　A 类刻画纹铜匜、铜盘和铜鉴

1. 谏壁王家山铜匜;2. 谏壁王家山铜盘;3. 谏壁王家山铜鉴;
4. 淮阴高庄浅腹铜匜(修复编号 7-278);5. 淮阴高庄铜盘(1:27);6. 淮阴高庄铜盘(1:3)

① 湖北省荆州地区博物馆:《江陵天星观 1 号楚墓》,《考古学报》1982 年第 1 期。
② 湖北省荆沙铁路考古队编:《包山楚墓》,北京:文物出版社,1991 年,第 144、330—333 页。
③ 淮安市博物馆编著:《淮阴高庄战国墓》,第 107、129 页。

B 类,以三晋地区墓葬出土的铜匜、铜盘为代表,同区域中锻造铜鉴比较罕见。此外,这片区域中多数墓葬只出刻画纹铜匜,如潞城潞河 M7 和长治分水岭 M79;有时或配以素面锻造铜盘,如定襄中霍村 M1 和太原金胜村 M251;亦有少数只出刻画纹铜盘,如陕县后川 M2040。这片区域中,暂未见有同时出有饰刻画人物画像纹的匜、盘、鉴的案例。陕县后川 M2042 铜匜(M2042∶8,图 5.1),器腹略浅,流口偏长且向上仰,侧视腹部口沿微下凹,年代为战国早期偏晚。年代相近的陕县后川 M2040 所出铜盘(M2040∶76,图 5.6),平折沿,微侈口,器腹中部折收成平底。陕县后川 M2144 铜匜(M2144∶7,图 5.4)年代属战国早、中期之际,匜腹增高,侧视腹部口沿近平直,流口仍较长直;近同形制的铜匜也见于年代相若的成都双元村 M154 出土铜匜(M154 腰∶3,图 5.3)和襄阳余岗 M173 出土铜匜(M173∶4,图 5.2)。另外,后川 M2144 出土铜盘(M2144∶6,图 5.8),素面,无刻画纹饰,直口,器中腹仍折收成平底,也与成都双元村 M154 出土铜盘(M154 腰∶5,图 5.7)相近。年代稍晚的建昌东大杖子 M45 出土铜匜(M45∶40,图 5.5)则出现了器腹加高、流口变短的特征,但同墓出土的铜盘(M45∶13,图 5.9)依然沿用前期所流行的折沿、器腹中部折收成平底的形制。从上述的分析可见,这批锻造青铜器的流行地区以三晋为核心,有少部分曾流行于燕地、楚地和巴蜀地区,其分布范围较广。B 类锻造青铜器的流行年代亦较长,自战国早期偏早一直沿用至战国中期,但其形制尤其是在铜盘中所见的基本无太大变化,铜匜则出现了器腹加高和流口稍变短的趋势。

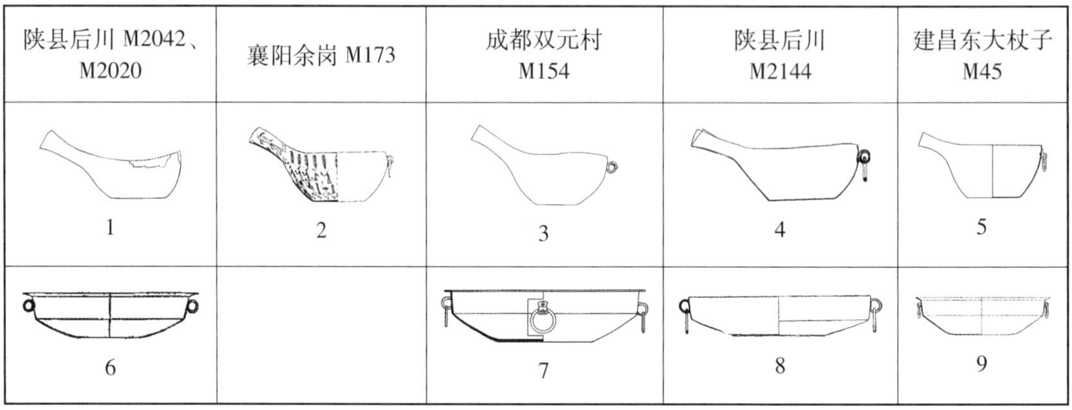

陕县后川 M2042、M2020	襄阳余岗 M173	成都双元村 M154	陕县后川 M2144	建昌东大杖子 M45
1	2	3	4	5
6		7	8	9

图 5 B 类刻画纹铜匜、铜盘

1. 陕县后川 M2042 出土(M2042∶8);2. 襄阳余岗 M173 出土(M173∶4);
3. 成都双元村 M154 出土(M154∶腰 3);4. 陕县后川 M2144 出土(M2144∶7);
5. 建昌东大杖子 M45 出土(M45∶40);6. 陕县后川 M2040 出土(M2040∶76);
7. 成都双元村 M154 出土(M154∶腰 5,无刻画纹);8. 陕县后川 M2144 出土(M2144∶6,无刻画纹);
9. 建昌东大杖子 M45 出土(M45∶13)

　　曾有学者认为刻画类人物画像纹青铜器的普及首先是与工艺的传播有关,指出吴越地区兴起錾刻工艺,吴越地区的工匠或曾被引进至三晋及其他地区的铸造坊,并于当地传授錾刻技术,刻画纹青铜器自此流行于各地[①]。杜德兰提出了一个很有启发性的想法,他观察到刻画纹青铜器所需的工序和工具都比较简便,而各地发现的刻画纹青铜器在图像风格上也比较接近,故这些纹饰或都出自同一批錾刻工匠之手,他们或曾巡走于三晋各地,并服务于不同青铜器铸造坊。他认为,这批工匠很有可能都是来自吴越地区的[②]。

　　前文曾论及,刻画纹青铜器的起源地似可校正为淮河以北至山东南部一带,也就是东夷族群活动区域。目前仍需探讨的问题是,锻造和刻画两个工序是否由同一批工匠进行? 如果不是,锻造地点是否即刻画地点? 从上述器物的形制及其流传的区域可见,刻画纹铜匜、铜盘至少有着两个特征不同的器群,亦即有着两个相对独立的锻造地点。至于其所在地点以及传播方式,则需要结合纹饰风格进行对比。

　　在 A 类刻画纹青铜器中,淮阴高庄墓葬大量使用刻画纹青铜器,也继承了该区域所流行的器形和器类,可确知当地为战国早、中期间一个重要的刻画纹青铜器生产地点。另外,行唐故郡 M53 墓葬中也发现了一件刻画类人物画像纹铜鉴(M53：BK7,图 6.5),属于 A 类刻画纹青铜器形制。该墓年代虽已进入战国中期,铜鉴上所见的刻画纹手法却比较古老,内底饰交错盘缠的蛇纹,图案正中有四组 C 形云纹饰(图 6.6),两端粗细不同,较粗的一端有多道间纹;器底正中同心圈内饰斜体间纹(B 类铜鉴内底上的 C 形云纹饰多用直间纹,见图 7.1、7.3),这些细节均同见于王家山铜鉴(图 6.1、6.2)。此外,二器口沿内壁均有一圈带横间纹的凤鸟,其下方皆有一股绞丝纹;绞丝纹下是预备用作祭牲的鸟兽,下方有二人在鼎旁烹煮,王家山铜鉴上所描绘的是一只倒挂的飞鸟(图 6.4),而行唐故郡铜鉴上的是两只倒挂的带角麋鹿(图 6.8)。这些细节反映了二器有着相同的刻画纹习惯,手法如出一辙,可确定行唐故郡 M53 出土的这件铜鉴(M53：BK7)并非当地制造,应是来自江苏中北部一带,而且这件铜鉴极有可能产于春秋末叶至战国初,辗转近八十年后才于燕地随葬。

　　B 类刻画纹青铜器的发现较多,通过一些类同的刻画细节也可获取关于器物流传的信息。长治分水岭 M84 出土铜鉴(M84：7,图 7.1)和长岛王沟 M2 出土的鎏金铜鉴(M2：2)内底上的盘蛇纹饰(图 7.3)均使用对称的 C 形云纹饰,图案中直间纹的粗细均

①　滕铭予:《东周时期刻画纹铜器再检讨》,《考古》2020 年第 9 期。
②　Alain Thote, "Images d'un royaume disparu Note sur les bronzes historiés de Yue et leur interprétation", *Cahiers d'Extrême-Asie*, 2008, no. 17, pp. 93–123.

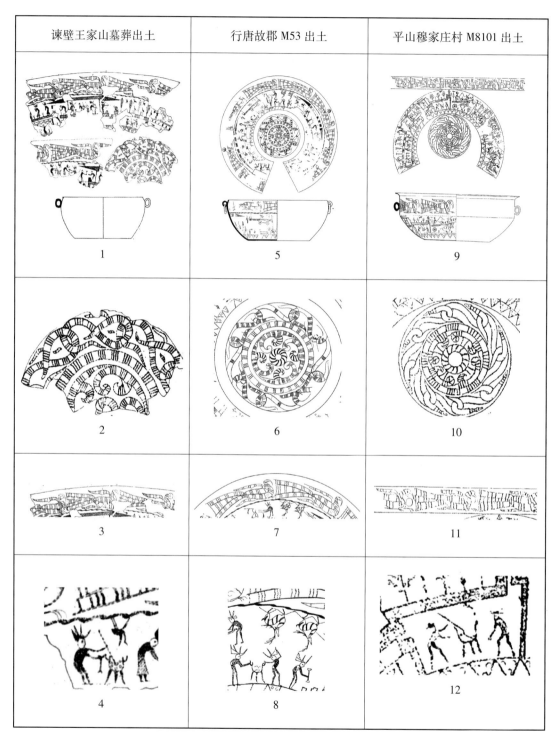

谏壁王家山墓葬出土	行唐故郡 M53 出土	平山穆家庄村 M8101 出土
1	5	9
2	6	10
3	7	11
4	8	12

图 6　刻画纹铜鉴及其纹饰对比

1~4. 谏壁王家山出土(采 52);5~8. 行唐故郡 M53 出土(M53：BK7);

9~12. 平山穆家庄村 M8101 出土(M8101：4)

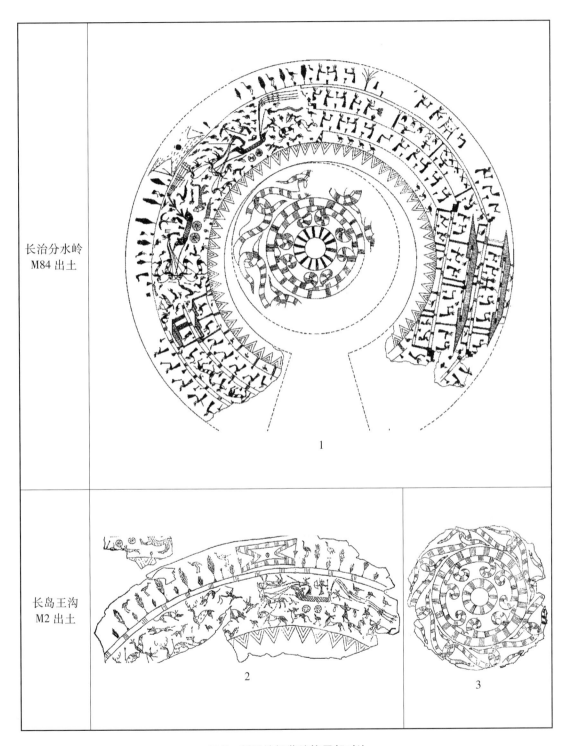

长治分水岭
M84 出土

长岛王沟
M2 出土

1

2

3

图7　刻画纹铜鉴纹饰局部对比

1. 长治分水岭 M84 铜鉴(M84：7)内壁刻画纹饰；2. 长岛王沟 M2 鎏金铜鉴(M2：1)腹内壁刻画纹饰；
3. 长岛王沟 M2 鎏金铜鉴(M2：2)内底刻画纹饰

等。王沟 M2 出土的另一件鎏金铜鉴(图 7.2)虽已残碎,但仍保留了正在奔驰的马车与狩猎纹图案并列的布局,器腹最底层是填充折角三角形几何纹隔断,与分水岭 M84 出土铜鉴上所见相同。这两件铜鉴分别发现于晋东南和山东半岛北部,两座墓葬年代相近,属于战国早期偏晚,刻画铜鉴上的纹饰反映了相近的刻画习惯,由此可推测,这两件在不同地点出土的鉴应是源自同一生产地点。

目前仍可探讨的问题是,A、B 两类刻画纹青铜器尽管在形制上属于不同系统,但是二者之间究竟有何关系? 平山穆家庄村 M8101 出土铜鉴(图 6.9)形制属于 B 类,而其纹饰却同于 A 类刻画纹青铜器,这种情况说明两个锻造系统应是雇用了有着相同文化族属背景的錾刻工匠,并非完全独自发展。下一章将详细论述刻画纹青铜器上的纹饰及其变化,进一步揭示两个系统之间的交集情况。目前所见,A、B 两类刻画纹青铜器流行于不同区域,B 类的分布范围较 A 类更广,三晋地区、山东半岛以及长江中下游地区均有涉及。目前在南方地区发现的刻画纹青铜器的年代均偏晚,反映了B 类刻画纹青铜器在北方产出的可能性较高,个别此类青铜器曾往楚地和巴蜀地区流散。

此外,澧县皇山岗墓内发现的有刻画纹的铜匜(M1∶1,图 8.1)口沿比较平直,器底圆圈,澧县皇山岗墓的年代属于战国早期偏早。长沙黄泥坑楚墓 M186 所出铜匜(图 8.2),器口平直,流口宽长,略高于匜腹,器底亦较圆弧,该墓的年代是战国中期。这两种形制的铜匜均未见于其他地区,反映出刻画纹青铜器实际上应存在多个不同但相互间有着密切联系的锻造点。上述 A、B 两类锻造青铜器系统应是生产这类青铜器中较为主要的、沿用时间也较长的分支。结合青铜器的形制特征以及纹饰上所反映的刻画习惯与手法,制造刻画纹青铜器的工匠群体应有着相同的文化族属背景。

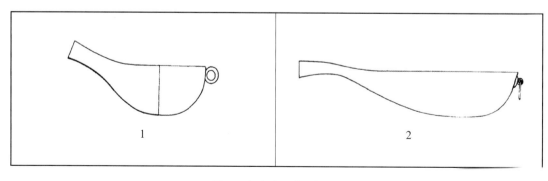

图 8 湖南地区出土铜匜

1. 澧县皇山岗 M1 出土(M1∶1);2. 长沙黄泥坑楚墓 M186 出土(M186∶2)

第二节　范铸类人物画像纹青铜器所属文化区域探研

范铸类人物画像纹青铜器多属于战国早期,这类青铜器保存完整,各器的形制和纹饰都比较相似,除了前文述及的考古发掘出土的例子外,国内外博物馆都有着一定数量的收藏。这批青铜器的铸造方法与刻画纹青铜器迥异,其出土地点的分布以及流行区域与刻画纹青铜器也存在区别。

如上文所述,范铸类人物画像纹青铜器可按纹饰工艺分为镶嵌和半浮雕两类,在这两类纹饰工艺中,铜壶都是较常用的器类。四川成都百花潭铜壶(图 9.1)和陕西凤翔高王寺窖藏铜壶(图 9.2)的形制略异,后者微垂腹,高阶状圈足,但二器皆作微侈口,长直颈,溜肩,肩部两侧有铺首衔环,为三晋地区流行的壶的形制。镶嵌铜壶常配有器盖,但能于考古发掘中保留的例子不多。这两件铜壶的器盖均有三立鸟钮,保利艺术博物馆所收藏的一对"礼乐祭祀"铜壶(图 9.3、9.4),其形制与成都百花潭 M10 铜壶相近,器盖亦饰有三立鸟[1]。不过,三立鸟钮于三晋地区所流行的青铜器中却不多见,该地区较常见的盖饰有卧牛饰、三环钮或圈状抓手。立鸟盖饰较常见于燕地,通州中赵甫铜鼎[2](图10.1)、唐山贾各庄 M18 铜簋[3](图 10.2)等器便是采用这种盖饰。通过上述的分析,镶嵌类人物画像纹青铜器的铸造有着较为固定的设计风格,器类的形制变化不大,基本还是采用三晋地区的青铜器形制。在细节上,这类青铜器显然有意识地采用了非本地所流行的设计元素,这类镶嵌画像纹铜壶所表现的便是融合了与燕地相关的设计效果。而这种搭配使用不同区域文化的设计手法似一直被沿用,同样的情况也见于半浮雕类的画像纹青铜器之中。

半浮雕人物画像纹铜壶的形制与镶嵌类人物画像铜壶相近,流行年代也相若。洛阳西工区 M131 铜壶(M131:28,图 11.1)[4]、成都青羊小区铜壶(图 11.2)[5]、张家口涿鹿故城 M2 铜壶(M2:35,图 11.3)[6]和日本东京国立博物馆藏铜壶(图 11.4)[7]均饰有半浮

①　孙华:《嵌错社会生活图画壶》,收入保利艺术博物馆编著:《保利藏金(续)——保利艺术博物馆精品选》,广州:岭南美术出版社,2001 年,第 186—199 页。

②　程长新:《北京市通县中赵甫出土一组战国青铜器》,《考古》1985 年第 8 期。

③　安志敏:《河北省唐山市贾各庄发掘报告》,《考古学报》1953 年第 6 期。

④　蔡运章、梁晓景、张长森:《洛阳西工 131 号战国墓》,《文物》1994 年第 7 期。

⑤　成都博物馆主编:《花重锦官城:成都博物馆历史文物撷珍》,成都:四川美术出版社,2018 年,第 48 页。

⑥　魏东、詹芃、赵晓芳:《河北涿鹿故城遗址 2 号战国墓发掘简报》,《考古》2019 年第 10 期。

⑦　难波纯子:《中国王朝の粋》,大阪:大阪美术俱乐部,2004 年,序号 32。

图9　镶嵌类人物画像纹铜壶

1. 四川成都百花潭 M10 出土；2. 陕西凤翔高王寺窖藏出土；3~4. 保利艺术博物馆藏铜壶

雕狩猎纹。这几件铜壶的出土地点不一，但其器盖始终采用角形环钮。这类环钮较早见于湖北随州东风油库 M2 铜鼎（图 12.1），东风油库 M2 为春秋晚期曾国墓葬[①]。进入战国早期以后，角形环钮流行于楚地，且较常与嵌错红铜的青铜器配合使用，淅川和尚岭

---

① 朱凤瀚：《中国青铜器综论》，上海：上海古籍出版社，2009 年，第 1723—1729 页。

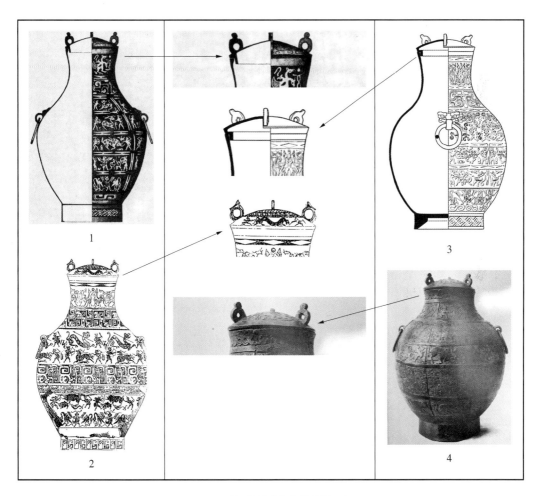

图 10　燕地出土带立鸟饰盖青铜器

1. 通州中赵甫墓出土铜鼎;2. 唐山贾各庄 M18 出土铜簋(M18:3)

图 11　饰半浮雕"狩猎纹"铜壶

1. 洛阳西工区 M131 出土;2. 成都青羊小区出土;3. 张家口涿鹿故城 M2 出土(M2:35);
4. 日本东京国立博物馆藏铜壶

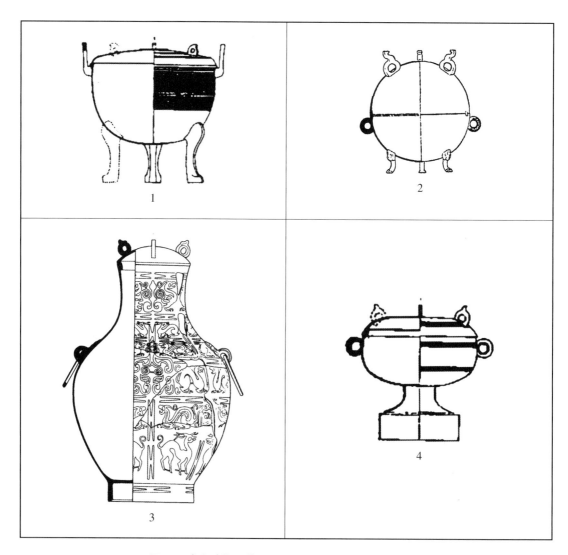

图 12　春秋晚期至战国早期带角形环钮器盖的青铜器

1. 随州东风油库 M2 墓葬出土铜鼎(M2：1)；2. 平顶山滍阳岭 M10 铜敦(M10：7)；
3. 淅川和尚岭 M2 错红铜龙纹壶(M2：27)；4. 长子牛家坡战国早期 M7 墓葬出土铜盖豆(M7：14)

M2①、襄阳蔡坡 M4②等战国早期墓葬所出的错红铜龙纹铜壶(图 12.3)便是采用同类型的器盖。角形环钮于战国早期开始被晋地所吸收,见于山西长子牛家坡 M7 墓葬出土铜豆(图 12.4)③。这样看来,这类半浮雕画像纹青铜器虽为三晋地区器物,尤多见于辉县琉璃阁墓地,但其环角形钮很有可能即是吸收了楚地的设计风格。这自然引发一个问

---

① 河南省文物考古研究所编著:《淅川和尚岭与徐家岭楚墓》,郑州:大象出版社,2004 年,第 43 页。
② 杨权喜:《襄阳蔡坡战国墓发掘报告》,《江汉考古》1985 年第 1 期。
③ 陶正刚、李奉山:《山西长子县东周墓》,《考古学报》1984 年第 4 期。

题,这种情况是否意味着这种半浮雕铸纹工艺甚至是纹饰有可能是引自楚地? 但迄今所见,除了三晋地区及巴蜀地区外,半浮雕画像纹青铜器未曾于楚地甚至是其他南方地区发现,却较常出于中山和燕地,考古发掘资料似乎可排除此类铜壶的铸造工艺和半浮雕纹饰图样源于楚文化的可能性。

综合以上分析,这两类范铸人物画像纹青铜器的形制与三晋地区的关系较密切,但其铸造和设计的过程中却有意识地采用了其他文化区域所流行的细节,且似以此方式将这两类画像纹青铜器进行了区分。至于这种设计背后的含义,目前难有定论,但可确定范铸人物画像纹青铜器的铸造应是有意识地糅合了不同地区的文化元素。

范铸画像纹青铜器流行于战国早期,出土地点分散,三晋、燕地、中山和巴蜀地区多有发现,亦有少数流散入秦地的例子。这些范铸画像纹青铜器的形制与纹饰工艺相近,设计的细节也相同,它们的来源即铸造地点亦很有可能是一样的。山西侯马铸铜遗址曾发现一块残碎的采桑纹饰陶范(图13.1),该图与襄汾南贾镇大张 M2 铜壶(图13.2)上所见相像[1],可确知侯马遗址为其中一个铸造镶嵌类人物画像纹青铜器的地点。不过,山西地区的墓葬并不多出饰有镶嵌画像纹的青铜器,这类青铜器最早发现于汲县山彪镇 M1 大墓,该墓出土有两件镶嵌画像纹铜鉴(R019005、R019006,图14.1),现藏于"中

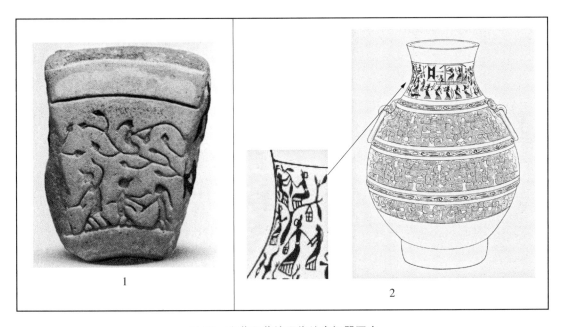

图13　陶范和范铸画像纹青铜器图案

1. 侯马铸铜遗址(ⅡT9F30∶26)出土采桑纹陶范;2. 襄汾南贾镇大张 M2 铜壶采桑纹图案

---

① 山西省考古研究所编,李夏廷著:《山右吉金:山西商周青铜器纵览》,北京:故宫出版社,2019 年,第 655 页。

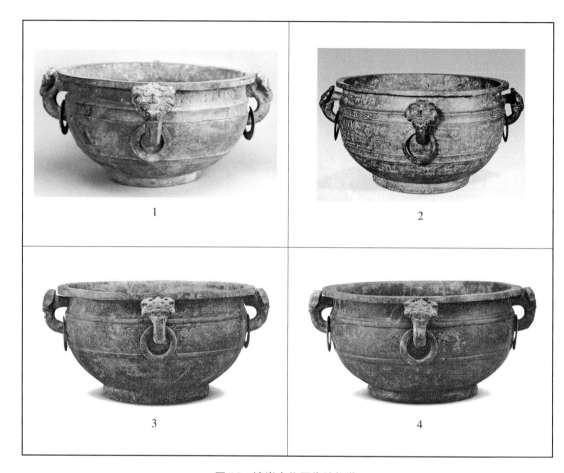

图 14 镶嵌人物画像纹铜鉴

1. 汲县山彪镇出土("中研院"史语所 R019005);2. 美国弗利尔美术馆藏(15.107);
3~4. 山西博物院藏(372 - 1、372 - 2)

研院"历史语言研究所。美国弗利尔美术馆藏的一件镶嵌人物画像纹铜鉴(图 14.2)的形制与山彪镇铜鉴相近①;2018 年山西公安机关寻回一对镶嵌人物画像纹铜鉴(图 14.3、14.4)②,以上四件鉴均为平侈口,方唇,深腹微鼓,矮圈足,四铺首衔环耳。人物画像纹的布局方式相近,但各器上的纹饰内容略异。同样的纹饰图案和布局方法亦见于平山穆家庄村 M8101 铜盖豆(M8101:2,图 15.1)和宣汉罗家坝 M33 铜盖豆(M33:18,图 15.2)。参考各器的出土地点和年代,以上这些镶嵌画像纹青铜器的铸造似集中分布于山西南部和河南中北部区域,与晋、赵和魏的关系较为密切。

---

① Pope, John A, Rutherford J. Gettens, James Cahill and Noel Barnard. *The Freer Chinese Bronzes. Volume 1 Catalogue*, Washington DC: Smithsonian Institution, 1967, pp. 484 - 489.
② 山西省公安厅、山西省文物局编著:《国宝回家:2018 年山西公安机关打击文物犯罪成果精粹》,北京:文物出版社,2018 年,第40—41 页。

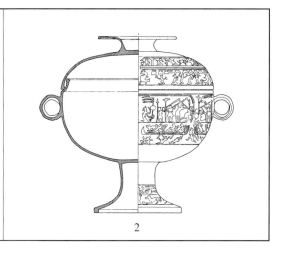

图 15　镶嵌人物画像纹铜盖豆

1. 平山穆家庄村 M8101 出土(M8101∶2);2. 宣汉罗家坝 M33 出土(M33∶18)

　　半浮雕类画像纹青铜器的出土情况稍异于镶嵌类画像纹青铜器,最早的一件出于洛阳西工区 M131 战国早期偏早墓,及至战国中期偏早,这类铜壶仍有流行且在辉县琉璃阁墓地中的多座墓葬均有发现。在战国早期偏晚至战国早期偏中,河南辉县一带为晋、卫、魏交错地区,学界对于琉璃阁墓地的族属问题曾提出过不同的意见[1]。

　　除了上述山彪镇和琉璃阁墓地出土的两种范铸类人物画像青铜器外,尚有几件青铜器应不属于三晋体系。一是唐山贾各庄 M5 出土铜壶(图 16.1),关于此铜壶的形制特征,前文已作讨论,这种铜壶多见于中山地区出土墓葬,似为该区域所流行的器物。贾各庄 M5 所出的这一件,壶肩较高位置接上了双环耳,衔环缺失,壶盖顶有活动环扣,估计该壶原来是带有提链的。这件铜壶上所见的狩猎纹图案风格也曾见于上海博物馆藏的浑源李峪村铜盖豆和平山穆家庄村 M8101 铜豆,与这类铜壶所流行的区域也相符。日本出光美术馆藏镶嵌人物画像纹青铜壶(图 16.2),该壶的形制特征与贾各庄 M5 所出铜壶相近,也采用了绚纹布局,壶腹上的镶错纹饰则采用了"礼乐祭祀"图案[2]。浑源李峪村也发现了一件与之形制相近的铜壶(图 16.3),只是其上的纹饰并未使用人物形象,壶颈饰以楔子形嵌红铜纹饰,而壶腹上则有上下两排 S 形回首龙纹等,此壶所采用的镶嵌工艺与贾各庄铜壶和出光美术馆铜壶是相同。由此看来,这类青铜器很有可能出自中山或燕地。从上述几件铜壶的纹饰内容与布置手法看,应曾部分参考了三晋地区的铸造

①　刘绪:《晋乎? 卫乎? ——琉璃阁大墓的国属》,《中原文物》2008 年第 3 期;李宏:《辉县琉璃阁墓地国别族属考》,《中原文物》2008 年第 3 期;王震:《辉县琉璃阁墓地的年代及性质新论》,《考古》2019 年第 11 期。

②　张经:《东周人物画像纹铜器研究》,《青铜器与金文(第 5 辑)》,上海:上海古籍出版社,2020 年,第 142—158 页。

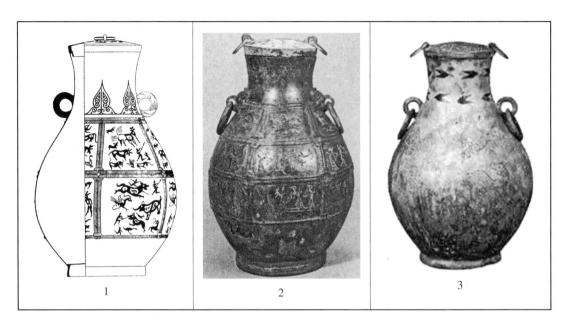

图 16　镶嵌"狩猎纹"铜壶

1. 唐山贾各庄 M5 墓葬出土;2. 日本出光美术馆藏;3. 上海博物馆藏浑源李峪村出土

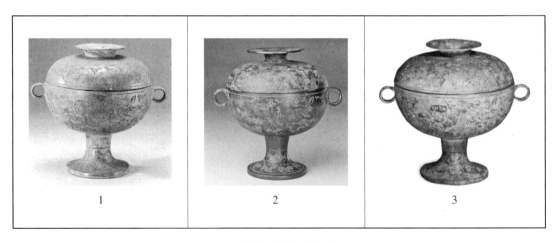

图 17　镶嵌"狩猎纹"铜盖豆

1. 上海博物馆藏浑源李峪村出土;2. 故宫博物院藏(00077557);3. 中国国家博物馆藏

手法,也不排除这些地区中的铸造坊曾引进三晋地区的工匠。

　　河南淅川和尚岭 M2 出土的狩猎纹铜壶(M2∶26,图 18.1)是另一件似不属于三晋体系的青铜器,这件和尚岭铜壶的形制与洛阳西工区 M131、涿鹿故城 M2 墓葬等出土的狩猎纹铜壶基本相同,却罕见地交错使用了山彪镇式的镶嵌工艺以制造半浮雕式狩猎纹图案。不过,和尚岭 M2 的这件铜壶(M2∶26)上的狩猎纹图却比较含糊,鸟人

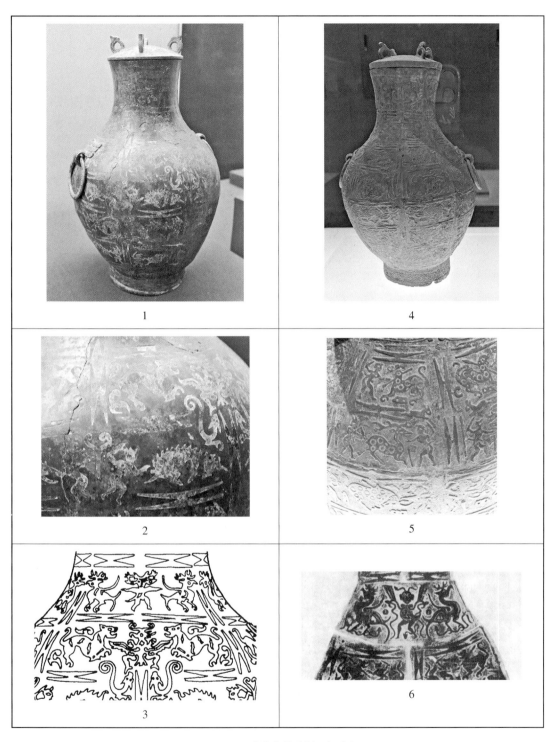

图 18 两类"狩猎纹"铜壶对比

1~3. 淅川和尚岭 M2 出土镶嵌"狩猎纹"铜壶及其纹饰细节；
4~6. 洛阳西工区 M131 出土半浮雕"狩猎纹"铜壶及其纹饰细节

的发冠和形象也不清晰(图 18.2、18.3),反映出工匠对此图案并不熟悉,无法很好地进行复制。此外,同墓出土了另一件形制大小均与之相近同的镶嵌 S 形龙纹铜壶(M2:27,图 12.3),而该类纹饰常见于楚文化区域,随州东风油库春秋晚期墓 M3 出土的曾仲姬壶(M3:2)和固始侯古堆战国墓出土的早期浴缶(M1:35)等均属此类。因此,和尚岭这对镶嵌纹铜壶很有可能是本地工匠所铸造的,而其中一件则仿造了北方地区所流行的狩猎纹青铜器。

成都罗家坝 M2 出土的铜壶(M2:2,图 19.1)之形制别致,尚未见于其他地区出土

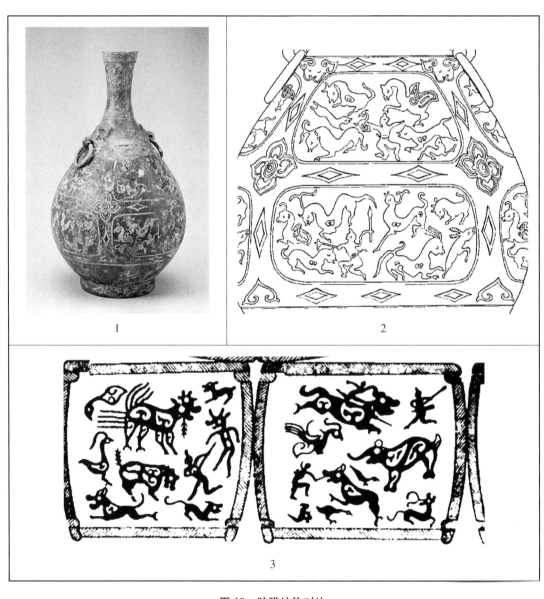

图 19 狩猎纹饰对比

1~2. 宣汉罗家坝 M2 出土铜壶及其纹饰;3. 唐山贾各庄 M5 出土铜壶上狩猎纹图案

有同形器,壶腹上的镶嵌狩猎场景,其形象布局大致与唐山贾各庄铜壶上所见类同(图19.3),但罗家坝铜壶上的图案比较抽象,猎人和鸟兽的形象的展现略显弯曲无力(图19.2)。同墓出土的球形三足铜敦(M2∶1)是楚器,再参考上述和尚岭墓地的发现,则可以推测罗家坝这件铜壶也很有可能是楚地的工匠所仿造的器物。

综上所述,范铸类人物画像纹青铜器的形制和纹饰风格有着很高的相似度,但经仔细分析其布置纹饰的方法、器盖的设计、纹饰的准确性等方面,仍可将它们细分为四组(表3.1),而这四组青铜器的铸造和流行地点是存在一定的区别的。这四组范铸类人物画像纹青铜器可暂以其具代表性的出土地点命名,由表中可见,范铸类人物画像纹青铜器的铸造地点较多集中在今河南北部至山西南部,少数出现于河北北部的燕文化区域和河南南部的楚文化区域内。这些铸造坊曾制造了镶嵌和半浮雕两类不同的人物画像纹饰。不过,这两类青铜器的纹饰虽有近似之处,铸造地点也相近,却未曾同出于一处墓葬或遗址。这种情况值得注意,应是反映了铸造这些青铜器的作坊曾相互参考纹饰,但使用这两类青铜器的贵族群体却有着一定的区别。从目前出土地点的分布情况看,与"狩猎"主题相关的图案显然更多出现于中山和燕、赵的北境出土的青铜器,这很有可能与该地区的狩猎文化背景有关。另外,范铸类人物画像纹青铜器虽多在三晋地区生产,却罕见出土于同区域中如陕县后川、潞城潞河、长治分水岭等大型贵族墓地。由于此类人物画像纹铜壶的形制分别加入了燕文化区域和楚文化区域的元素,这些变化似乎是为了丰富铜壶的外形特征。下文还将详细讨论这类青铜器与刻画纹青铜器在纹饰内容上的关系,范铸类人物画像青铜器自战国早期出现以来,其形制和纹饰设计方面均未见有明显的变化或改造。

表 3.1　范铸类人物画像纹青铜器中所见的四个铸造传统

纹饰工艺手法	组　别	常用器类	相关遗址或器物
镶嵌类	山彪镇组	鉴、壶、盖豆	河南山彪镇墓地 山西襄汾南贾大张 M2 山西追缴铜鉴 四川宣汉罗家坝 M33 四川成都百花潭中学 M10 陕西凤翔高王寺窖藏
	中山组	壶、盖豆	河北唐山贾各庄 M5 河北平山穆家庄村 M8101 山西浑源李峪村墓地
	和尚岭组	壶	河南淅川和尚岭 M2 四川宣汉罗家坝 M2

纹饰工艺手法	组　别	常用器类	相关遗址或器物
半浮雕类	琉璃阁组	壶、高足小壶、三足筒形器	河南洛阳西工区 M131 河北张家口涿鹿故城 M2 四川成都青羊小区遗址 陕西咸阳任家嘴墓地 山西追缴三足筒形器 随州追缴三足筒形器

第四章

刻画类人物画像纹青铜器图像分析

刻画纹青铜器的纹饰内容丰富,形象活泼生动,呈现的应为当时所流行的一些祭祀活动场景,为先秦时代罕见的考古图像材料。学者们研究刻画青铜器上的纹饰,较多尝试分析个别图像或场景的含义,并从礼书记载中寻找其可能的对应关系①。由于刻画纹青铜器的流行年代与范铸画像纹青铜器相若,两类青铜器上的图案主题也有重合,过去的研究亦较多同时参考这两类青铜器上的人物形象和活动场景,并就此进行对比分析②。不过,刻画纹青铜器上的纹饰布局紧密,一丝不苟,这类青铜器的流通方式以及其所呈现的美学观念,与范铸类画像纹青铜器上所反映的似有所不同,有着自身一套体系。

鋻刻是精细的工艺,刻画工匠需要同时掌握刻画的技术和纹饰的内容才能较好地在青铜器上进行布局,这都需要通过长时间的观察和训练,才能达到在青铜器上进行刻画的要求。此外,不同年代的刻画图案有过一些变化,但是青铜器上的整体布局以及各个图案之间的关联却仍保持着明显的、相同的规律,这种情况反映了这些不同年代的刻画工匠对于纹饰内容有着相近的认识,他们应都有着近似的祭祀观念甚至文化背景,这一点对于了解刻画纹青铜器的流行与传播方式有着重要的启示。根据前文关于刻画纹青铜器的年代分析,本章将对刻画纹青铜器上所见的图案主题及其内容进行论述,参考纹饰在青铜器上的布局和演变,分析其可能反映的关于刻画工匠或青铜器流通的一些情况。

第一节　图像主题及其年代变化

刻画纹青铜器上有着不同主题的图案,关于这些图案的命名,目前较多学者采用礼书上与之相近的表述,如弋射图、采桑图等;也有采用归纳式的表述,如"社会生活场景""神人怪兽图"等,尚未形成一致的说法。下文所采用的命名,部分参考较约定俗成的表述,但刻画纹青铜器上仍有一些图案较少受到关注,这类图案的命名则采用描述式的表述。为了行文方便,下文将刻画青铜器的编号略去,信息详见前文关于年代的讨论。

坐饮图　这类图案通常显示一人靠墙而坐,手持角形杯子或平底觚形杯子作饮状,

---

① 刘建国:《春秋刻纹铜器初论》,《东南文化》1988年第5期;叶小燕:《东周刻纹铜器》,《考古》1983年第2期;贺西林:《东周线刻画像铜器研究》,《美术史研究》1995年第1期。

② Jacobson, Esther. "The structure of narrative in early Chinese pictorial vessels", *Representations*, 1984, no. 8, pp. 61–83; 朱军献:《东周青铜器造型与人物画像纹饰》,《中原文物》2017年第4期。

坐者面前常有盛食的高足豆形器和正在作揖、献饮食的人像(图1)。坐饮图在六合程桥M1铜匜、谏壁王家山铜鉴、潞城潞河M7铜匜和洛阳文物交流中心铜匜中都有发现(图1.1~1.4),这四件刻画青铜器的年代均较早,属于春秋晚期至战国早期偏早。平山穆家庄村M8101铜鉴和行唐故郡M53铜鉴上也发现有这幅坐饮图(图1.5、1.6),第三章已述这两件铜鉴的刻画细节与谏壁王家山铜鉴上所见的近似,可确知这两件青铜器均为年代较早的遗物,分别辗转流入中山和燕地。因此,坐饮图在早期的刻画青铜器中较为流行,但进入战国早期以后渐已不见,取而代之似是浇酒献祭的场景。

祭祀图　祭祀图在刻画纹青铜器上比较重要,一直都有采用。祭祀图(图2)的基本元素有供桌及其上两件罐形酒器,双手持有祭物的人像于供桌两侧左右铺开。长治分水岭M84铜鉴、建昌东大杖子M45铜鉴和辉县赵固M1铜鉴上的祭祀图中都加入重檐建筑(图2.3、2.8、2.9),以表示该献祭活动在楼房中有序进行。谏壁王家山铜鉴和淮阴高庄铜盘按前文所述属于A类锻造青铜器,其形制较为扁平,刻画工匠似因此而拉宽了建筑物以表示楼房的高度或深度(图2.1、2.5),这与三晋地区所见的二层或三层的建筑格局略有不同。铜匜上的祭祀图通常较为较简略(图2.4、2.6、2.7),省去了建筑物,人物形象也较少,酒罐上加入两件长柄斗以表示浇酒的动作,绘图手法比较灵活。由此可见,祭祀图像的变化虽多,也会按青铜器的形制而作出调整,但始终保留了一些核心的元素,反映了参与刻画的工匠对该图所表示的含义都有着一致的认识。

马车图　刻画纹青铜器中马车的形象细致、生动,较多见于铜鉴这一器类。谏壁王家山铜盘上马车(图3.1),形象比较简单,部分图案不清。长岛王沟M2所出的鎏金铜鉴,年代属于战国早期中叶,其马车图(图3.2)中出现了很多细节,车身作龙船状,其上的二人一人持鞭驱赶着三匹马,另一人则持弓箭作准备,车尾插有长杆,杆顶系有几道飘扬的长带。马车后有一人持长杆奔跑追从,马车四周布置有各类的禽鸟和走兽。平山穆家庄M8101和淮阴高庄铜鉴上的马车图(图3.3、3.4)都分别采用了近似的构图,这两件铜鉴的年代属于战国早期偏晚至战国早、中期之际。进入战国中期后,刻画纹的图案普遍出现了简化的趋势,建昌东大杖子M45鉴上的"马车"已由龙船代替(图3.8),其上二人握船杖划行,辉县赵固M1铜鉴上的"马车"亦已不见车轮,但其构图仍基本保留了原来的风格(图3.9)。此外,行唐故郡M53铜鉴上发现有停泊的马车(图3.6),同样的图案亦见于陕县后川M2144铜匜(图3.5)和辉县琉璃阁M1铜㿻(图3.7),而琉璃阁M1的年代已属战国中期。综合以上分析,各地所出属于不同年代的刻画纹青铜器上的马车图有着十分相近的细节,其所包含的寓意亦应大致相同。从马车在各种鸟兽尤其是体型庞大的兽类中奔驰(图3.5)的情形来看,该图似非表现一般的出行或狩猎,更多的是表现驾马车进入非人间

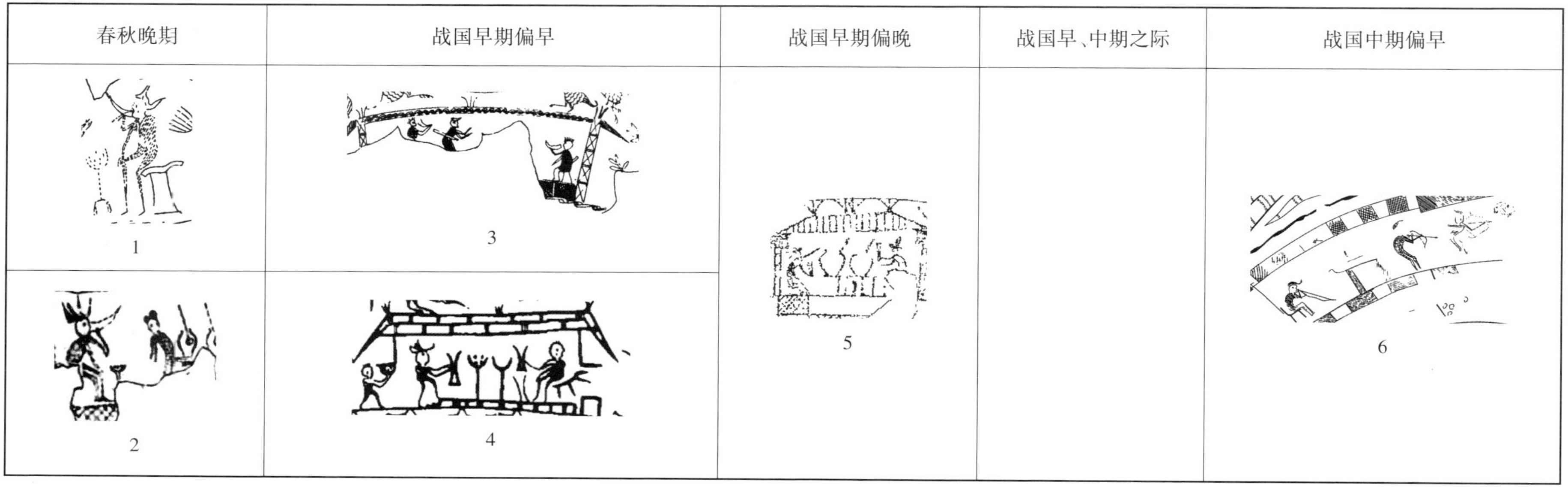

图 1　坐饮图

1. 六合程桥 M1;2. 谏壁王家山;3. 潞城潞河 M7;4. 洛阳文物交流中心;5. 平山穆家庄村 M8101;6. 行唐故郡 M53

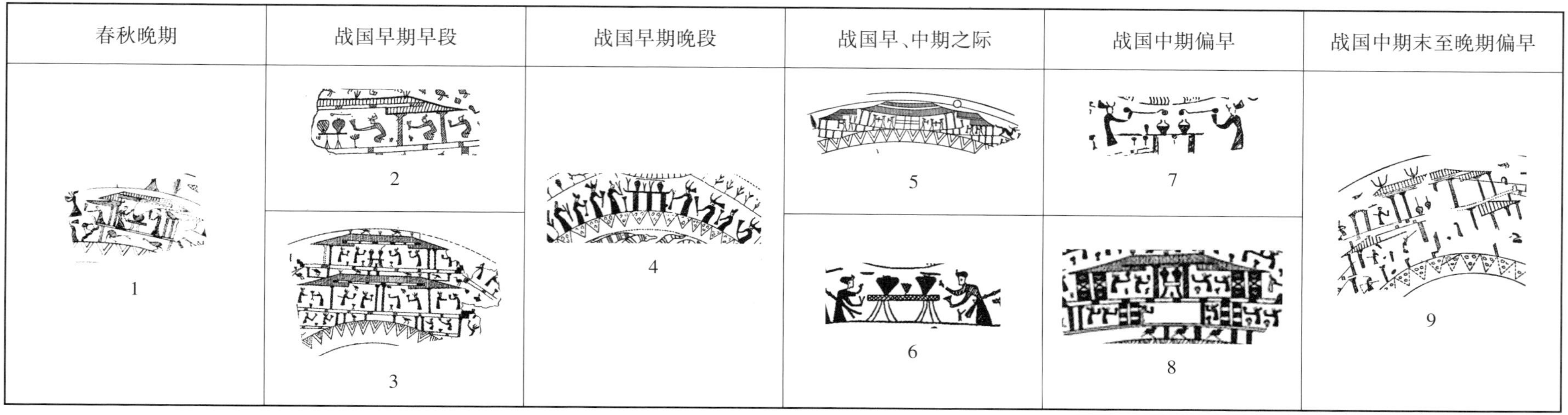

图 2　祭祀图

1. 谏壁王家山;2. 六合和仁;3. 长治分水岭 M84;4. 陕县后川 M2041;5. [illegible]

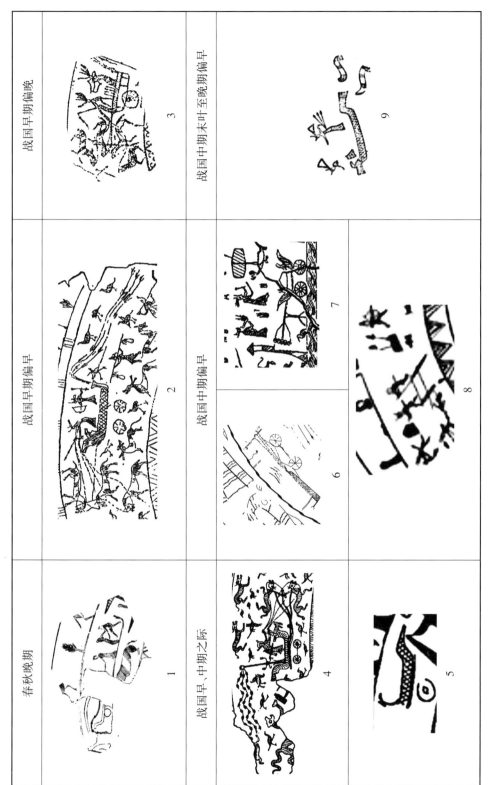

图 3　马车图

1. 谏壁王家山;2. 长岛王沟 M2;3. 平山穆家庄村 M8101;4. 淮阴高庄 1∶0155;5. 陕县后川 M2144;
6. 行唐故郡 M53;7. 辉县琉璃阁 M1;8. 建昌东大杖子 M45;9. 辉县赵固 M1

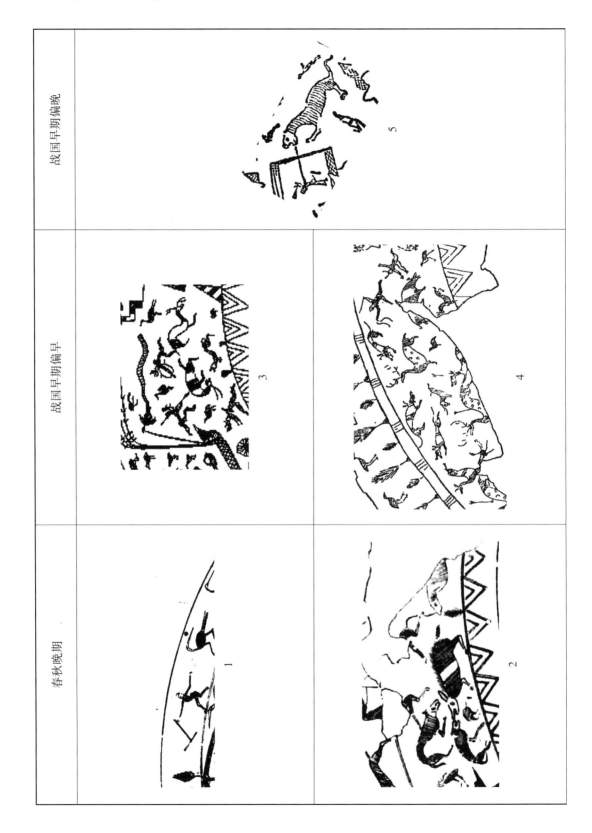

续　图

战国中期末叶至晚期偏早

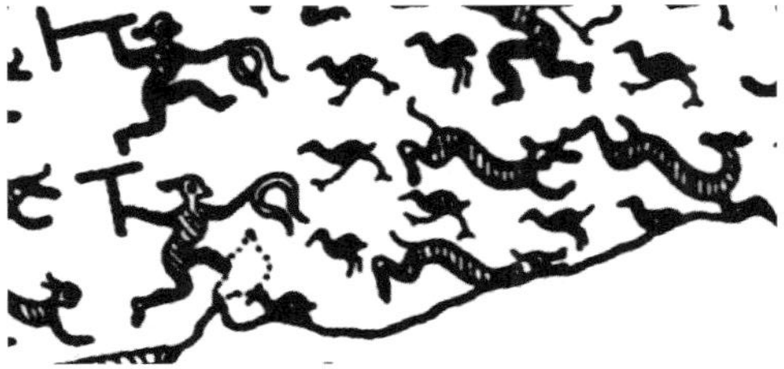

战国中期偏早

战国早、中期之际

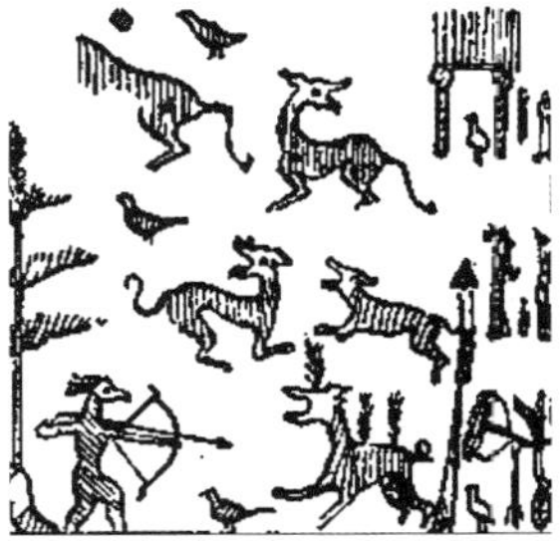

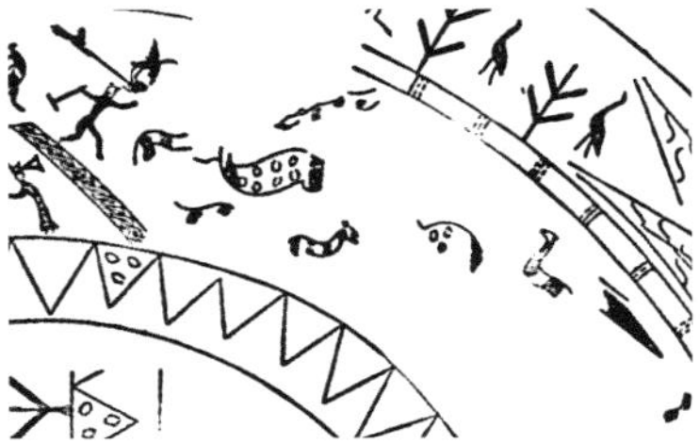

图 4　狩猎图

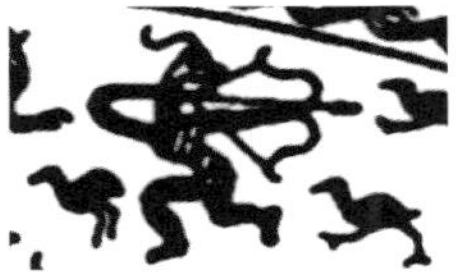

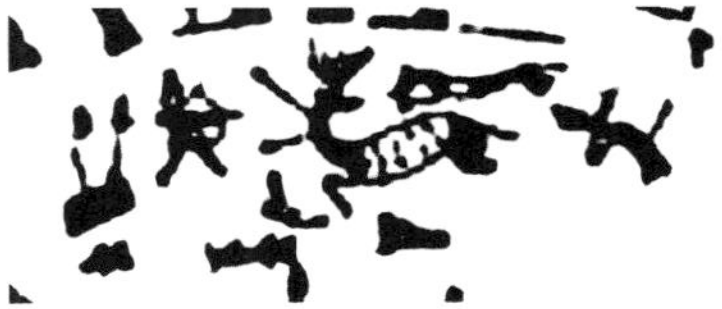

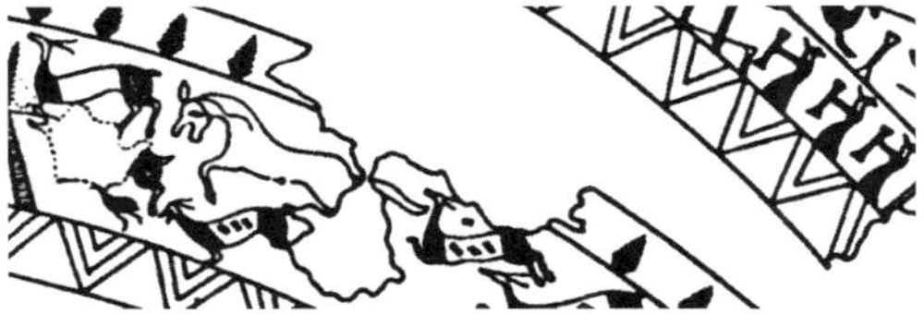

1~2. 谏壁王家山;3. 长治分水岭 M84;4. 长岛王沟 M2;5. 陕县后川 M2040;6~8. 淮阴高庄(1∶0153,1∶27);
9. 辉县琉璃阁 M1;10~11. 建昌东大杖子 M45;12. 辉县赵固 M1

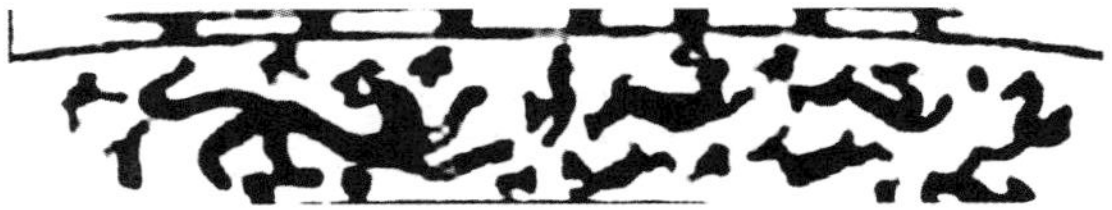

境界的寓意,这一点在琉璃阁 M1 铜奁上反映得比较清晰,后文将会详述。

狩猎图 这是刻画纹青铜器的常用图案,有的表现单人以绳索拉着身形庞大的兽的头部,似作驯兽状,洛阳文物交流中心铜匜、陕县后川 M2040 铜鉴(图 4.5)等青铜器上都有发现。另一种较常见的狩猎图则描绘多人驱赶或围捕鹿、牛和各类禽鸟的情景,这种狩猎图案最早见于谏壁王家山铜盘(图 4.1),各地出土的锻造青铜器上均有发现。在这第二类的狩猎图中,猎人们多手持 T 形棒、长棍、鞭子、长矛或弓箭进行追赶,而鸟兽则四散逃跑,有的马上被制服(图 4.2),有的抵角反抗(图 4.3),也有的被箭刺伤后仍继续奔跑(图 4.4、4.8),形象写实生动。不过,淮阴高庄的工匠似曾在这幅图案(图 4.4)的基础上发展出另一种构图(图 4.6),猎人们所持的捕猎工具大致相同,但猎人和鸟兽排列整齐,多往同一方向进行追赶或奔跑,风格与前期所见的有所不同。这款高庄式的狩猎图亦见于年代稍晚、属于战国中期偏早的辉县琉璃阁 M1 铜奁(图 4.9)。建昌东大杖子 M45 铜鉴,年代也属于战国中期偏早,该铜鉴上所刻画的狩猎图仍沿用较古老的版本(图 4.10),但同墓出土的铜匜则采用了高庄式的狩猎图(图 4.11),同器上发现的树木纹饰也是高庄青铜器上常见的。辉县赵固 M1 铜盘,年代已进入战国中叶偏晚至战国晚期,该铜鉴上的狩猎图已较简化(图 4.12),但仍可看出是早期所流行的版本。综合以上的分析,刻画工匠应曾丰富或改造部分常用的图案,淮阴高庄所出的刻画图像材料较多,保留了一些相关的信息。从辉县、建昌等地出土的刻画青铜器可见,由高庄工匠新创的狩猎图曾一度往外输出,但并没有取代原来已流行于各地的狩猎图。这种情况反映了各地的刻画纹饰并非独立发展,相反,在刻画青铜器所流行的期间内,有些区域如高庄所在的苏北地区应有着较重要的影响力。

人面双身兽图 这类图案在淮阴高庄青铜器上以不同的形式反复出现,形象活泼且多变。此图最早见于六合和仁墓葬所出的铜匜(图 5.1),该兽单头,双身,人脸,短发,两个兽身左右展开,双尾曲卷上扬,前腿交叉重叠于身前,呈坐状。六合和仁的年代属于战国早期偏早,但这幅图案未见于战国早期在三晋或其他地区所出的刻画青铜器之中。高庄青铜器上的双身兽有着多个形象,在铜算形器、铜鉴和铜匜上均有发现。此兽的发冠有双直角、牛角、多角、双触角等不同的设计(图 5.2~5.6),有时头顶着带蛇纹饰件的短杆(图 5.7),换上人身、人身带尾巴或人身带翅膀的形象,或作深蹲状,或作追逐状,持有弓箭、T 形棒(图 5.3b)、Ω 形器(图 5.3a)等工具,可确知的是,它们应为同一个或同一类奇兽。陕县后川 M2144 铜匜(图 5.8)和辉县琉璃阁 M1 铜奁(图 5.9)上都有发现使用此兽的图案。建昌东大杖子 M45 铜匜上未见此兽,但发现有与此兽相关的树木纹饰(图 5.10)。根据以上的对比,基本可以肯定这幅图案主要围绕着江苏中北部地区发展,其他地区所发现的饰有相似图案的青铜器或直接从高庄引入,或是参考了高庄所创作的图案,其传播的情况应与上述的狩猎图案近似。

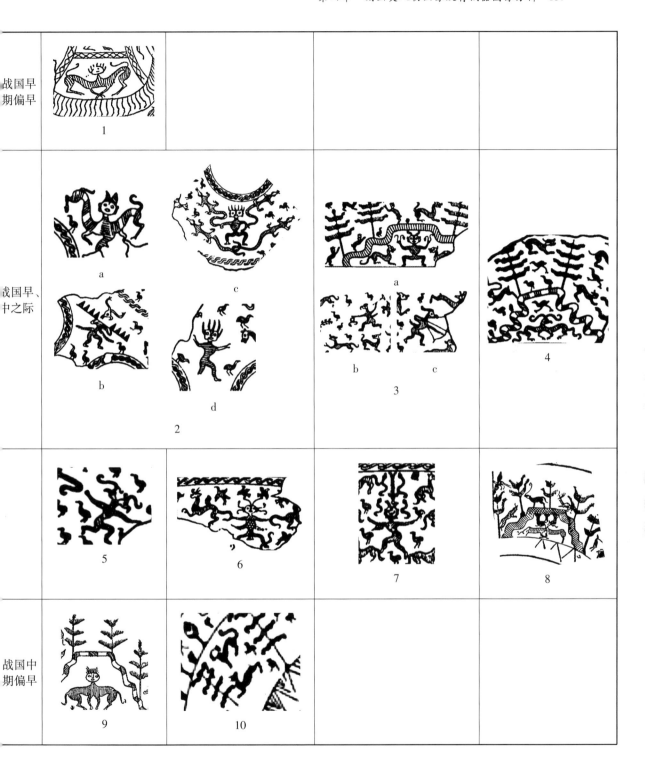

图5 人面双身兽

1. 六合和仁；2. 淮阴高庄 1∶114－1；3. 淮阴高庄 1∶0138；4. 淮阴高庄 1∶0155；5. 淮阴高庄 1∶0153；
6. 淮阴高庄 1∶0154；7. 淮阴高庄 1∶0147；8. 陕县后川 M2144；9. 辉县琉璃阁 M1；10. 建昌东大杖子 M45

搏击图　刻画纹青铜器上的纹饰较多表现祭祀、乐舞、围猎等场景,氛围均比较愉悦。在六合程桥 M1 铜匜残片(图 6.1)上,保留了一幅人持短剑,正在进行刺击的图案。潞城潞河 M7 出土的铜匜残片上亦有着相似的描绘(图 6.2),图中有人被砍头后倒卧在地,有胜利者手持兵器叫嚣,亦有人肩上背着挂了人头的长矛,另有人头滚在地上,场面血腥暴力。这两件铜匜年代属于春秋晚期至战国早期偏早,此后所出刻画纹青铜器中已不见有这类战争主题的图案。

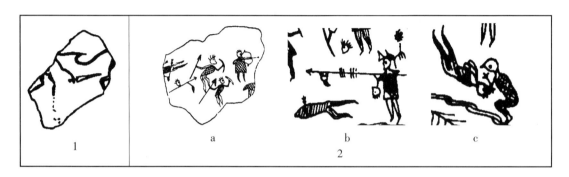

图 6　搏击图

1. 六合程桥 M1;2. 潞城潞河 M7

放马图　这类图案(图 7)表现众人牵着马匹列队行走,脚边常有表现草丛的描绘,似表现了在野外出行的活动。其含义不是很清晰,暂称之为放马图。此图的沿用时间长,构图也没有多大的改变,似多用于填充青铜器上窄长形的空白,最早见于年代属于战国早期中叶的长治分水岭 M84 铜鉴,及至战国中后期仍见有使用。

箭靶图　刻画纹铜匜正对着流口的腹壁上都饰有箭靶图案(图 8),目前所见几乎无一例外。箭靶作亚腰形,似为网状装置,上下左右四角拉伸,中间有一圆形红心,四周有时饰有箭镞,以显示其功能。谏壁王家山铜鉴上也有表现箭靶(图 8.1b),但其形象较简单,圆形靶上插有饰尾带的箭。从这些图案可知,与锻造青铜器相关的祭祀仪式中应比较重视射箭的活动。

交缠蛇纹图　刻画铜盘底部经常采用这种粗体、头尾细小且作交缠状的蛇纹(图9.1~9.4)。淮阴高庄工匠曾在此图(图 9.5)的基础上设计出另一个版本(图 9.6),其布局仍为圈状,但交缠的蛇纹被排列整齐的 S 形龙纹取代,圈心加入了龟的图案。辉县琉璃阁 M1 铜奁(图 9.7)亦采用了与高庄相似的龙纹图。建昌东大杖子 M45 铜盘(图 9.8)上仍采用蛇纹,但其纤细的形象显然是受到了高庄的影响。

鼎煮图　鼎煮图在刻画铜鉴或铜盘上也较为常见,常用于填充青铜器上窄长形的空白,其功能似与上述的放马图近似,两个图案也经常放在一起使用(图 10.2、10.4)。这图

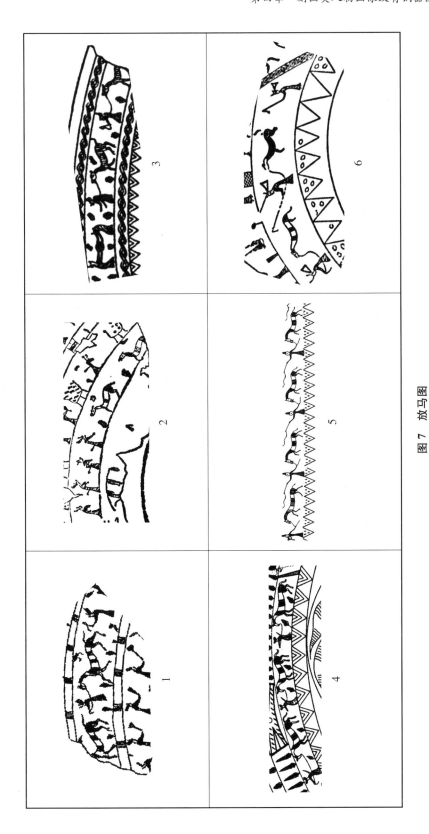

图 7 放马图

1. 长治分水岭 M84；2. 陕县后川 M2040；3. 淮阴高庄（1∶0144）；4. 淮阴高庄（1∶27）；5. 建昌东大杖子 M45；6. 辉县赵固 M1

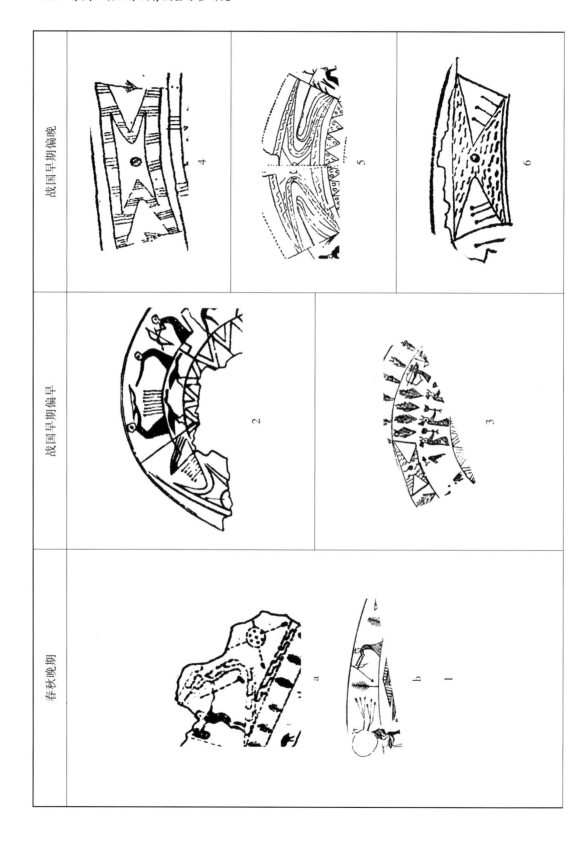

续　图

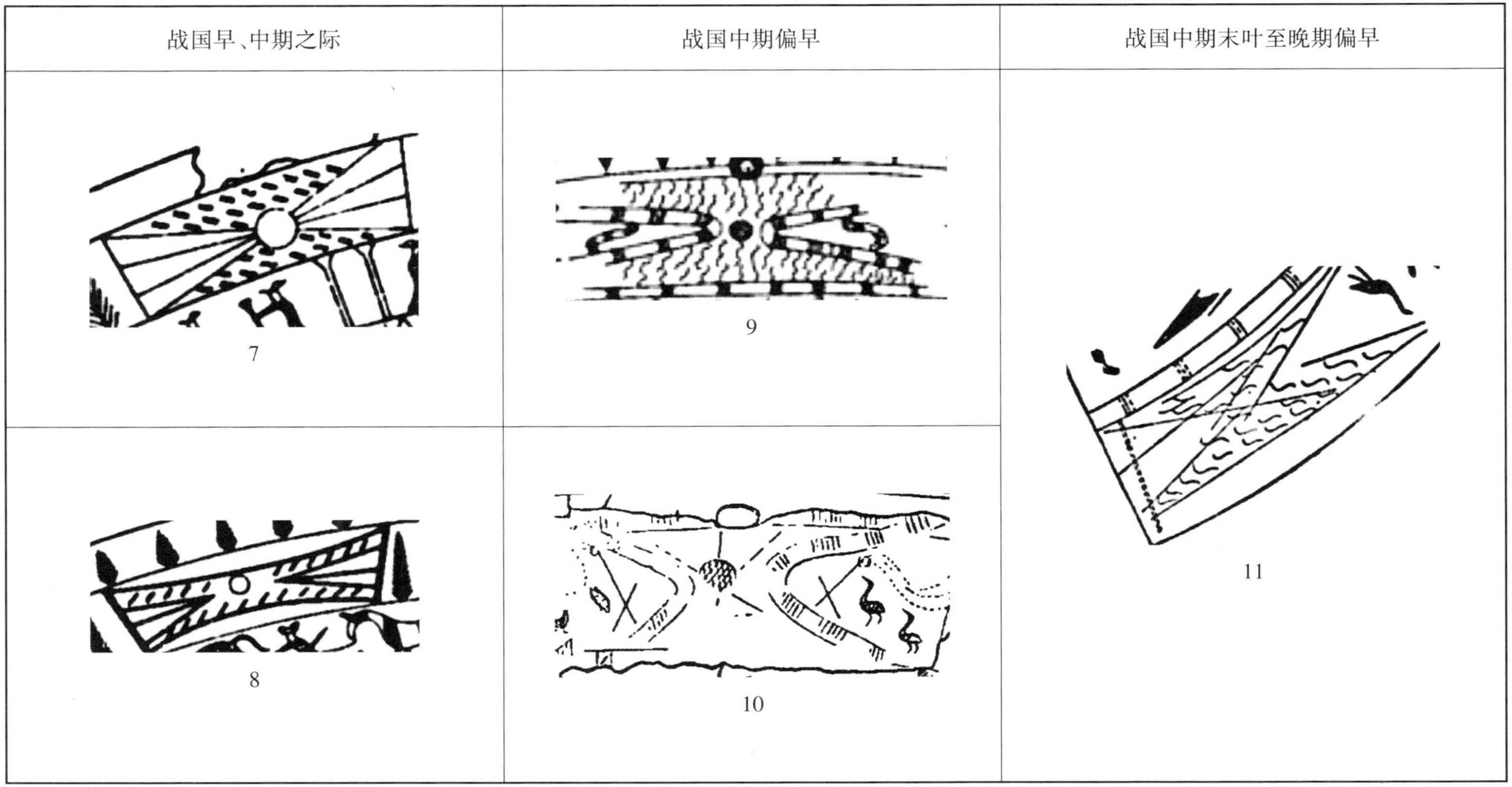
战国早、中期之际
战国中期偏早
战国中期末叶至晚期偏早
7
9
11
8
10

图 8　箭靶图

1. 涞壁王家山;2. 定襄中霍村 M2;3. 太原金胜村 M251; 4. 长岛王沟 M2;5. 陕县后川 M2041; 6. 陕县后川 M2040;7. 淮阴高庄(1∶27);
8. 淮阴高庄(1∶48－3);9. 建昌东大杖子 M45;10. 长沙楚墓 M186;11. 辉县赵固 M1

1

2

3

4

图 9　盘蛇图

1. 六合程桥 M1;2. 谏壁王家山;3. 澧县皇山岗 M1;4. 平山穆家庄村 M8101;5. 淮阴高庄(1∶48 - 3);
6. 淮阴高庄(1∶0146);7. 辉县琉璃阁 M1;8. 建昌东大杖子 M45

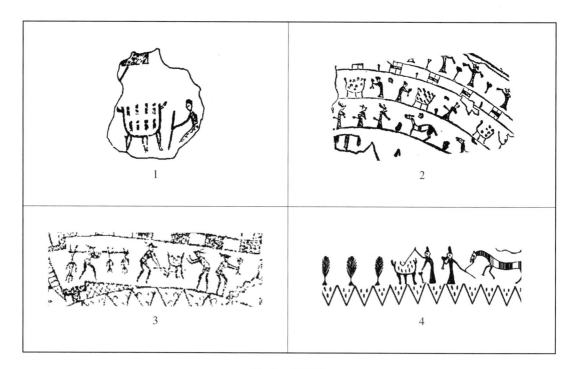

图 10　鼎煮图

1. 谏壁王家山；2. 陕县后川 M2040；3. 平山穆家庄村 M8101；4. 建昌东大杖子 M45

常表现正在沸煮的深腹三足鼎，有人在旁管理，也有人提来珍禽加入烹煮（图 10.1、10.3），场景生动写实。这图的沿用时间较长，其构图风格并没有太大的改变。

　　乐舞图　刻画青铜器上的纹饰经常表现乐师和舞人（图 11.1～11.3），乐师身旁常有成套的编钟和编磬，也有跪坐吹笙的人像，而附近常有成行整齐排列的舞人，各人双手均恭敬地握着各类似是用于献祭的物件。不过，这些图像中的乐师和舞人甚少交错互动，乐舞图中的气氛比较拘束，目前似只有长岛王沟 M2 出土的鎏金铜鉴上的乐舞图表现出较多的动感（图 11.4），舞人的衣袖上下飞扬，也有二人对舞的表现，长岛王沟 M2 的年代为战国早期中叶。淮阴高庄青铜器上所保留的乐舞图较少，但大致可看出其构图与前期大部分地区所流行的那种拘束的风格相似（图 11.5）。如前文所述，辉县琉璃阁 M1 的年代略晚于淮阴高庄墓葬，属于战国中期偏早，琉璃阁 M1 所出铜奁上的乐舞图（图 11.6）也采用比较规范的布局，乐师和舞人整齐排列，场面严肃有序，其风格与高庄青铜器上所见的近似。不过，上海博物馆藏的刻画纹铜钫，其年代属于战国早期偏晚，图中二人对舞，衣袖上下飘扬（图 11.7），类似的图案也见于辉县出土、分别由西雅图艺术博物馆和河南博物院藏的刻画铜匜（图 11.8、11.9），这些图案中的舞人，立于庙堂之中，形象突出，颇具动感，异于前述所见的那种生硬、刻板的表现。综合上述的观察，刻画纹

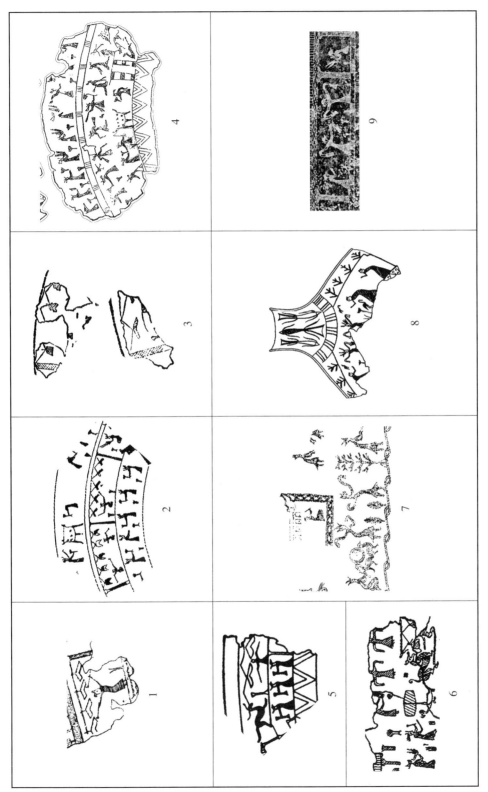

图 11　乐舞图

1. 谏壁王家山;2. 长治分水岭 M84;3. 陕县后川 M2040;4. 长岛王沟铜鉴（M2∶1）;5. 淮阴高庄（1∶48−3）;
6. 辉县琉璃阁 M1;7. 上海博物馆藏铜铺;8. 西雅图艺术博物馆藏传辉县出土铜匜;9. 河南博物院藏辉县出土铜匜

青铜器上的乐舞图是一个较常用的主题,但在少数刻画纹铜器上,这类图的风格变得比较自由和轻松,这项特征与上文所述的图案不同,似非由高庄工匠所主导并进行改造的。目前所知饰有这种乐舞风格的青铜器仅见出自河南辉县,与之比较相近的图案则见于山东长岛,但辉县和长岛的地理位置与遗址年代均有一定的差距,材料较少,难下定论。不过,这种新风格的乐舞图的出现,反映了在战国早期时段内,刻画纹青铜器上的纹饰仍有着活跃发展,即有可能在高庄之外还存在一个积极发展刻画纹青铜器的地点。

以上分析了 11 个刻画青铜器上所采用的图案类型,这些图案的重要性主次不一,流行的年代也略有不同。不过,通过上述的对比,各地所出的刻画纹青铜器基本使用着相同的图案系列,而各个图案的构图以及人物、动物的形象都是比较近似的。更重要的是,淮阴高庄的图案风格明显曾辐射至三晋和中山地区,也就是说,各地的刻画纹饰发展是同步的。

这些图案在青铜器上的使用习惯和方式也呈现出相近的规律,这些细节反映出负责刻画的工匠都有着相近的文化背景,各地所出的刻画青铜器似非通过独立的、区域化的发展方式而流布。相反,这些刻画青铜器的来源应是相同或相近的,参考第三章中提及的关于刻画纹青铜器存在 A、B 两种不同的形制,这些刻画纹青铜器较有可能是源自一至数个生产地点,而这些地点似还应是属于同一个文化圈。

第二节　刻画青铜器纹饰布局与含义

刻画青铜器上的纹饰分布密集,图案主题较多,但各个图案所在位置是有一定规律的。以铜匜为例,铜匜内壁通常分为流口、器底和腹壁三个部分,流口通常是头尾相接的鱼纹,这个位置有时分作几段,布置不同的图案(图 12.1~12.5)。铜匜器底多数填以相互交缠、类鳝亦类蛇的图案。主要的纹饰似见于腹壁,流口之下通常是祭祀图,而正对着此图即在匜尾的位置则是箭靶图,这个布局见于太原金胜村 M251 所出铜匜(图 12.6),襄阳余岗 M173 所出铜匜(图 12.7)亦是如此。刻画铜盘和铜鉴也发现有近似的布局方式,谏壁王家山铜盘纹饰部分残缺,仍可见布置了两幅祭祀图(图 13.1),左右两侧依次加入马车、狩猎、乐舞、鼎煮以及更多参与祭祀、射箭的人物图案,而箭靶图则见于口沿位置,也是正对着其中一幅祭祀图的。长治分水岭 M84 的年代属于战国早期中叶,该墓所出刻画铜鉴上的纹饰更加细致(图 13.2),其布局与谏壁王家山盘上所见的相似,祭祀图两侧的图案似无固定的顺序,都采用无缝衔接的方式布置,自然更迭。同样的纹饰布置

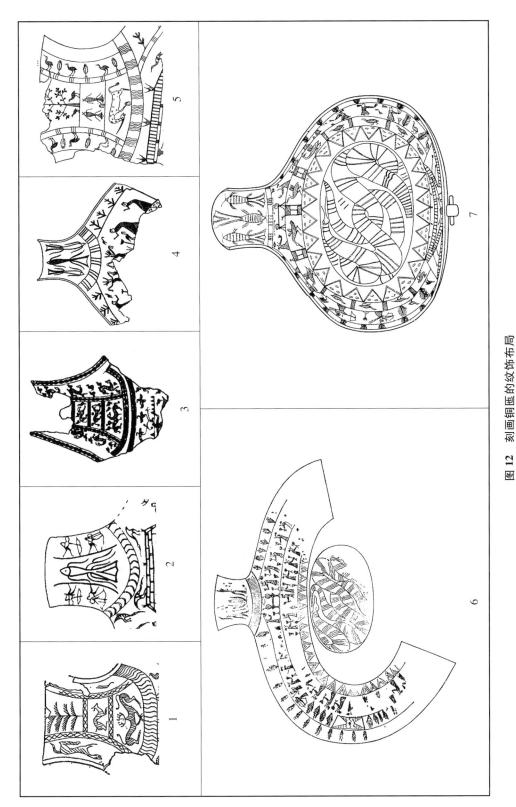

图 12 刻画铜匜的纹饰布局

1. 六合和仁;2. 洛阳文物交流中心征集;3. 淮阴高庄(1:0138);4. 西雅图艺术博物馆藏传辉县出土;
5. 长治分水岭 M12;6. 太原金胜村 M251;7. 襄阳余岗 M173

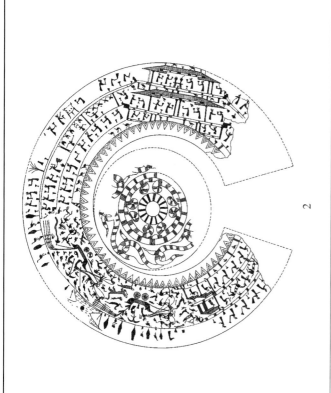

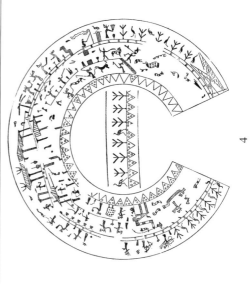

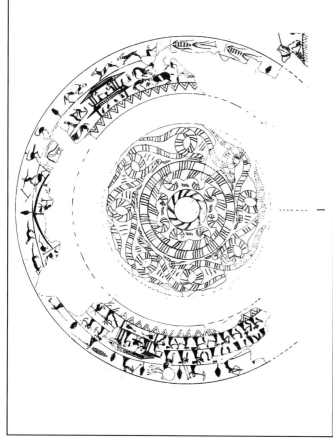

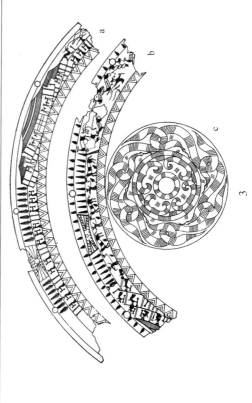

图 13　刻画铜鉴的纹饰布局

方式再见于淮阴高庄所出的两件铜盘上(1∶27、1∶48,图 13.3),而战国中期末叶的辉县赵固 M1 所出的铜盘(图 13.4),其上的纹饰已明显变得规律化,少了一点生气,但仍然沿用了谏壁王家山铜盘上所见的祭祀图与箭靶图对应的布局。这样看来,刻画青铜器的年代和出土地点虽异,但是负责进行刻画的工匠对于这些图案的含义以及各个图案之间的关系应有着近似的认识。长治分水岭 M84 铜鉴上发现有"半个"带建筑物的祭祀图,似是刻画工匠规划有误所致,但无碍图画的整体连续性。这个细节也反映了刻画并非一般模仿式的工艺。相反,进行刻画的工匠需要对各个图案有着较深刻的认识,才能于同一套纹饰布局下创作出多种风格和变化的图案。

祭祀图与箭靶图的对应显然有着一定的含义,但两者有何种关联目前仍难作考证。关于刻画图案的内容,韦伯[①]、杜德兰[②]、巫鸿[③]等学者根据琉璃阁 M1 铜奁上的布局(图 14.1)有过讨论,停泊马车之右是进行祭祀和歌舞的人群,其左是各类神兽以及携带弓箭的鸟人,也有伏于山洞下的双身兽。学者们大多认为该图分别表现了人间和想象中的超自然世界,而马车旁的尖顶间纹柱似为两个世界之间的隔断。

琉璃阁 M1 铜奁的年代为战国中期偏早,前文提及的行唐故郡 M2 所出铜鉴(图 14.2),该墓年代亦为战国中期偏早,但铜鉴应为春秋晚期至战国早期偏早的遗物。行唐故郡 M2 铜鉴也发现了停泊的马车,下方有手握着弓箭的兔人,其姿势与琉璃阁 M1 铜奁上的拉着弓箭的鸟人相近。行唐故郡 M2 铜鉴和琉璃阁 M1 铜奁的年代相距约有百年,这件铜鉴上的图案反映了相关的祭祀和宗教观念在春秋晚期已经形成,且于战国早期至战国中期偏早的时段内一直流行。琉璃阁 M1 铜奁上发现的"界石",也为了解铜鉴上的纹饰提供了线索。铜鉴上祭祀图的两侧经常出现带尖顶的阶梯状符号(图 15),根据铜奁上的发现,大概可将这符号理解为人界和仙界之间的门扇。这样看来,刻画青铜器上的纹饰经过细致地考虑,各个图案似都有着一定的寓意。

再看琉璃阁 M1 铜奁上的细节,山洞下的双身兽旁有持拐杖侧立的半人半神像(图 16.1a),其发型和脸容与双身兽相近,也是图案中少数展示正脸的人像。平山穆家庄村 M8101 铜鉴上也发现有持着拐杖的人像,身型佝偻像老者,靠界石而立(图 16.2a),面向着戴着发冠的弓箭手,老者的姿势与琉璃阁 M1 铜奁上的半人半神像颇为相似。再看铜

① Weber, Charles D. "Chinese pictorial bronze vessels of the Late Chou period. Part II", *Artibus Asiae*, 1966, vol. 26, no. 4, pp. 271 – 311.

② Thote, Alain. "Intercultural relations as seen from Chinese pictorial bronzes of the fifth century B.C.E.", *RES: Anthropology and Asethetics*, 1999, no. 35, pp. 10 – 41.

③ 巫鸿:《山野的呼唤——神山的世界》,收入《天人之际:考古美术视野中的山水》,北京:生活·读书·新知三联书店,2024 年,第 11—74 页。

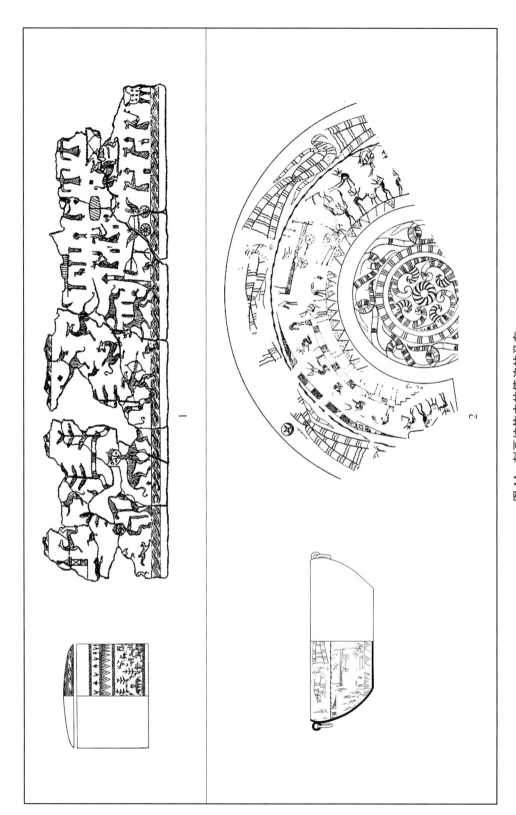

图 14　刻画纹饰中的停泊的马车

1. 辉县琉璃阁 M1 铜鉴；2. 行唐故郡 M2 铜鉴

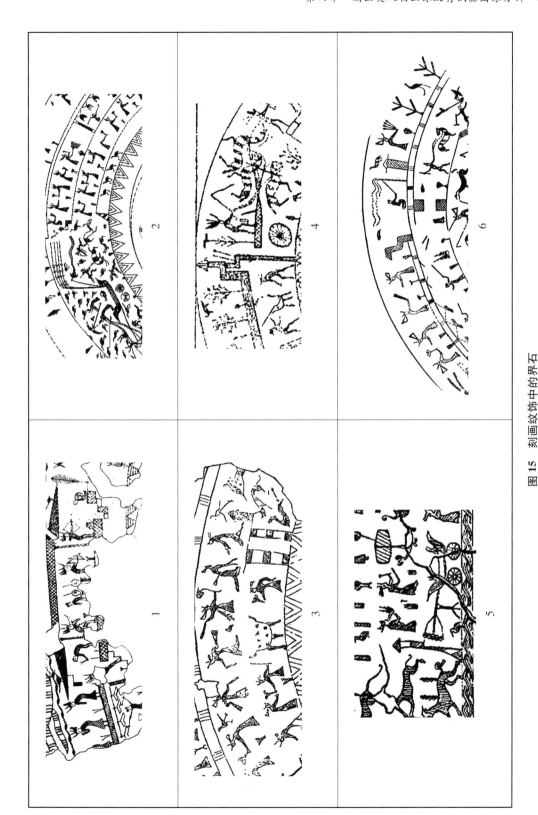

图 15　刻画纹饰中的界石

1. 谏壁王家山;2. 长治分水岭 M84; 3. 长岛王沟 M2;4. 平山穆家庄村 M8101;5. 辉县琉璃阁 M1;6. 辉县赵固 M1

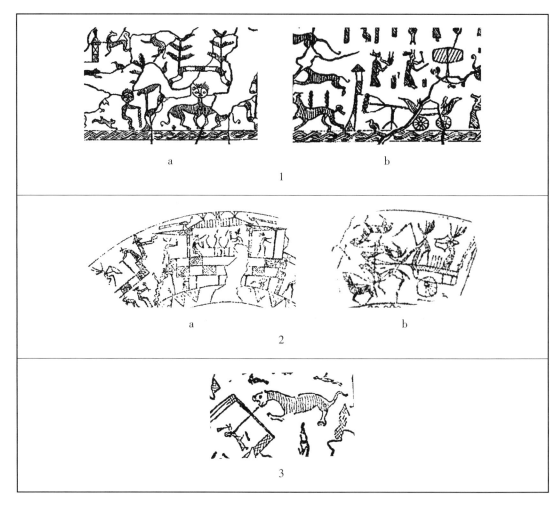

图 16　穿越两域图

1. 辉县琉璃阁 M1;2. 平山穆家庄村 M8101;3. 陕县后川 M2040

戈残片的左上方,有体型特大的神兽似因被绳索拴在界石旁而挣扎(图 16.1a),构图与前述的驯兽图近似,陕县后川 M2040 铜鉴上便有戴发冠、穿华服的人夺力拉着神兽的图案(图 16.3),而该兽旁也有代表界石的符号,似在表示负责祭祀的人正在将神兽拉到人间的境界。马车的作用自然更为明显了,穿过界石后的马车便成了两个戴发冠的狩猎人驰骋和捕猎鸟兽的工具。这些图案的具体含义目前虽无法考证,但其整体布局表现出极为相似的原则,暗示了两个境界是相通的,有个别参与祭祀活动的人、鸟兽甚至是物件(如马车)能够往返穿越。因此,刻画纹饰应更多是想表达这些祭祀人员和祭祀活动有着进出"仙境"的能力。

　　上一节提及淮阴高庄的工匠们曾对部分常用的刻画图案进行过改造,高庄所出铜匜(1：0138)仅存流口和部分腹壁,流口上仍保留了原来的纹饰布局方式(如图12.1~12.5),但腹壁上已不采用祭祀图与箭靶图,换成了对"仙境"的描绘。图案中布置了各类的鸟兽,有不同形象的鸟人正在进行追赶或打猎,有的带弓箭,有的带短鞭,也有的带着T形的木棒,这些鸟人中有的有尾巴,有的是鸟头人身,也有的是双身兽换上了人身,形象各有不同。图案中还布置了多个顶着树木的阶梯形山洞,其内的双身兽多交叉前腿或深蹲作休息状(图17)。综合看来,高庄青铜器上的"仙境"似是对双身兽的描绘,时或在洞内休息,时或换上了不同的武器或形象外出打猎,它们都有着相似的动作、武器、工具、发冠或发型作为其象征符号。高庄的刻画工匠主要是细化了对"仙境"的描绘,将想象中的世界以及其中双身兽的形象变得更加具体,反映了相关祭祀活动和观念

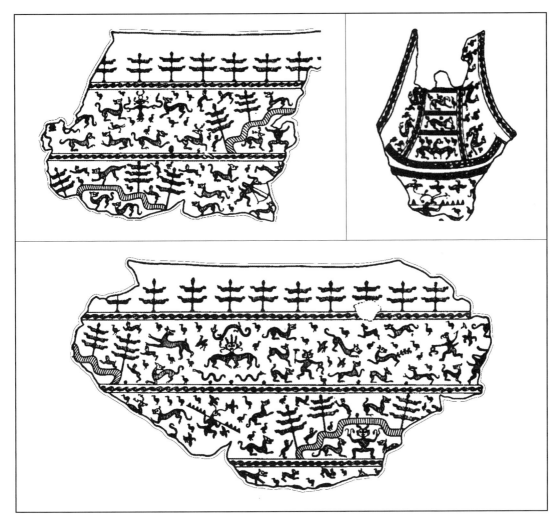

图17　淮阴高庄出土铜匜刻画纹饰(1：0138)

在高庄所在地区于战国早、中前之际仍有着活跃的发展。年代属于战国中期的辉县琉璃阁 M1 所出铜奁和陕县后川 M2144 所出铜匜均本于高庄所创造的刻画风格,建昌东大杖子 M45 所出铜盘上也使用了阶梯形的山洞和树木。不过,年代属于战国中期末叶的赵固 M1,该墓所出铜盘上的纹饰并未受到高庄地区的影响,传统的刻画纹饰布局和图案风格仍于战国中期流行。据此大概可推断,高庄工匠对纹饰所做的改造并没有被所有刻画工匠吸收,在高庄以外的地区应还存在其他刻画工艺的流派。在此之后,在青铜器上刻画纹饰的传统基本已见衰落,始出现了以乐舞图替代祭祀图与箭靶图对应的布局(图 12.4),也见有以龙船取代马车的设计(图 3.9),与刻画图案相关的祭祀观念在战国中期时已渐变得松散,最后被淘汰。

第三节　刻画青铜器的区域文化归属与流布方式

通过以上对刻画纹饰的细致分析,每个图案随着年代都表现出不同程度的变化,而且各个题材都应有着一定的含义。负责刻画的工匠都需要长时间吸收纹饰的内容,才能较好地以不同的特征表现着相似的意思,由此可确知刻画工艺应难以通过一般临摹的方式进行传授,这些工匠应都是来自相近的文化背景。先秦时期鲜有发现对人像的描绘,更罕见有叙事式的图案,目前似无法从刻画图案中的人物造型、建筑物或个别器物的特征对其所属文化区域作出精确的判断。前文对锻造青铜器的年代和形制两个方面进行了分析,并指出这些青铜器最早的发展似与山东南部至江苏北部一带有着较大的关联。东夷诸国和吴国在春秋晚期活跃于此,进入战国以后,此地为越国疆土,也是齐、楚、越三国频繁交战的区域。楚国于前 447 年灭蔡,前 445 年灭杞,前 431 年灭莒,其势力于战国早期逐步拓展至山东南部。与此同时,齐国也开始在这个地区吞并小国以巩固实力。不过,这个区域的文化属性未必紧跟着政权更替,更多是集合了南北两个区域的文化因素而生成。刻画图案中的祭祀场景,人物形象讲究,排列有序,对青铜鼎、编钟、石磬等礼仪用具的描绘也很细致,建筑物的比例也有着较高的精准度。但是,同一器上的纹饰又表现了非中原地区所熟知的狩猎场景,也有放牧和牵马的图案,对马车的描绘更是参考了北方远古岩画的手法,将马上下背对铺开以表现立体感。这种原始的绘画方式与祭祀图甚为讲究的风格大为不同,而负责刻画的工匠却未曾对这些不同风格的图像进行统改。由此可见,刻画青铜器上的图案应是没有单一原生地的,使用这些刻画图案的群体应是收集了来自不同地区的图画,保留了它们原来的内容和设计,并通过刻画的手段对这些图案进行了系统的串联。这个传统自春秋晚期开始,一直流行至战国中期中叶,流行了逾一百年的时间,可推断相关的祭祀活动和祭祀观念应是有意识地通过这样的方式保存着多个不同族群的历史记忆和宗教场景,从而融汇在一起。

前文提及这些刻画青铜器的形制大致可分为 A、B 两类,A 类流行于山东至江苏一带,而 B 类则较多见于三晋、中山和燕地,其流行时间较长,战国中期后亦为楚地所出的同形制器物所吸收。本章对刻画图案的分析,已确定 A、B 两种形制的锻造青铜器在纹饰内容和布局方式上基本是近同的,图案上的变化于各地也是同步的,故可以肯定 A、B 两类刻画青铜器虽是经由不同的生产地点输出,但负责进行刻画的工匠均属于相似的文化背景。在战国早期,A、B 两类刻画青铜器的生产最为活跃,南京六合、滕州大韩等墓地均有出土 A 类青铜器,而 B 类青铜器则屡见于太原金胜村、陕县后川、长治分水岭等中原地区的大型贵族墓地,大概可循此推断三晋地区所出的大部分刻画青铜器应非来自江苏地区。毗邻江苏的山东地区似是值得关注的区域,长岛王沟和平度东岳石村墓地所出的刻画青铜器虽因保存状况较差,无法参考该器的形制,但长岛王沟 M2 所出的两件铜鉴仍可见曾施以鎏金工艺,同墓地中年代属于战国中期的 M10 也出有刻画鱼纹的铜碎片,结合滕州大韩墓地年代较早的发现,山东地区刻画青铜器制作均比较发达,唯目前该地区的发现仍较零散。

刻画青铜器在流传和随葬的年代上也有存在差距的例子,中山地区中的平山穆家庄村墓地和行唐故郡墓地中的锻造青铜器均为外地输入,该类青铜器的生产年代均早于墓葬的年代。此外,陕县后川 M2144 所出的铜鉴,斜直口,折腹,有别于常见于三晋区域所流行的侈平口、深腹的形制,同墓所出的铜匜采用了高庄地区所流行的阶梯形山洞图案。陕县后川 M2144 的年代属于战国中、后期,该墓的锻制青铜器较有可能是从江苏地区亦即 A 类青铜器的制造点输入的,由此可知同区域中各墓所出的锻造青铜器未必只有一个固定的输入来源。

综合以上所述,A 类青铜器的制作坊的起源较早,于春秋晚期已见于山东南部和江苏北部一带,于战国早、中期之际仍然活跃,及至战国中期偏早时段内始见消退。B 类青铜器作坊起源于战国早期偏早时段内,对三晋地区锻造青铜器的流行有着较大的影响,其后也持续影响着楚地流行使用锻制青铜器。不过,进入战国中期后,刻画工艺也渐见失传,纹饰布局始见松散,图案设计也较为呆板,在战国中期偏晚时段内,刻画工艺及相关青铜器的制作已基本不再流行。

第五章
范铸类人物画像纹青铜器图像分析

范铸类人物画像纹青铜器采用传统的范块法铸造,工匠多于陶范上以镜面的方式布置纹饰,再倒印于青铜器表面。这种操作方法较适用于施展如雷纹、蟠螭纹等重复性较强的单元式图案。长久以来,中国古代青铜器上的纹饰规划都受限于这种独特而复杂的铸造方法。曾有学者注意到中国古代青铜器上的纹饰较多用于强化青铜器的外观,即工匠多按照青铜器的大小和形制修整纹饰的尺寸与密集度[①],青铜器纹饰的美化功能远强于叙述功能。在战国早期偏早的时段内,带有人物画像纹饰的青铜器首次出现于中国北方,可谓中国青铜器发展上的一个重要突破。不过,这类青铜器的流行时间并不长,及至战国中期初已不再见有。过去的研究较少探讨这类青铜器的兴起与衰落。下文将细致分析人物画像纹饰在范铸类青铜器上的布局与内容,这些青铜器的出现应是受到刻画纹青铜器的影响,模仿并改造了一些刻画青铜器上的图案,并成了一时风尚。范铸类青铜器的工匠应只是大致参考了这些图案的格局,却未曾完全掌握其原有的含义,导致人物画像纹饰在范铸类青铜器上出现了较多混乱搭配的情况,这亦应是这类青铜器不能长久流行的原因。

第一节　范铸类人物画像纹青铜器上的纹饰布局

人物画像纹饰在范铸类青铜器上多见于铜壶,器表上的纹饰带中常出现有多个不同的人物活动场景。成都百花潭中学 M10 所出铜壶(图 1.1),最上层的纹饰分别有射箭图和采桑图,第二层有祭祀图、乐舞图和戈射图,而第三层则是所谓的水陆攻战图。凤翔高王寺窖藏所出铜壶(图 1.2),器颈较为细长,第一层的纹饰错误反转,有射箭图和鼎煮图,第二层是弋射图,而祭祀图则见于第三层。第三层纹饰带为该铜壶的最大腹径所在位置,祭祀图中有 9 个人像在建筑物下进行着不同的活动,这里前后共有三张完整的祭祀图,但仍有宽裕,故工匠另外裁出了两个人物并将空隙填满。值得注意的是,工匠所裁

① Robert Bagley, "Shang ritual bronzes: casting techniques and vessel design", *Archives of Asian Art*, vol. 43, 1999, pp. 6 – 20; Jessica Rawson, "The ritual bronze vessels of the Shang and the Zhou" in J. Rawson (ed.) *Mysteries of Ancient China: New Discoveries from the Early Dynasties*. London: The British Museum Press, 1997, pp. 248 – 265; Jessica Rawson, "Changing values of ancient Chinese bronzes" in J. Rawson and E. Bunder (eds), *Ancient Chinese and Ordos Bronzes*. Hong Kong: The Oriental Ceramic Society of Hong Kong, 1990, pp. 17 – 61.

的两个人物是从图案的中间位置选出,图案的构图与完整性并不在这类青铜器工匠的考虑范围内,这类纹饰的选用方式似有较高的随机性。襄汾南贾大张 M2 所出铜壶(图 1.3),只有器颈位置使用了人物画像纹饰,其余的均为三晋地区常见的变形蟠螭纹。人物画像图案在范铸类青铜器似没有明确的布局原则,铜鉴上也见有同样的情况。汲县山彪镇 M1 所出的铜鉴(图 2.1),口沿以下的位置和器腹都分别采用了对阵和攻战的图案。美国弗利尔美术馆所藏的人物画像纹铜鉴(图 2.2),形制与山彪镇 M1 所出的近似,该铜鉴的颈部和器下腹都有狩猎图案,但器中腹则依次使用了马车图、狩猎图和弋射图,各图密集分布,细致精巧,具有一定的吸引力。由山西公安机关追缴寻回的铜鉴(图 2.3),只有器腹上有人物画像纹饰,其中发现有攻战图和射箭图,布局略显稀疏。

1

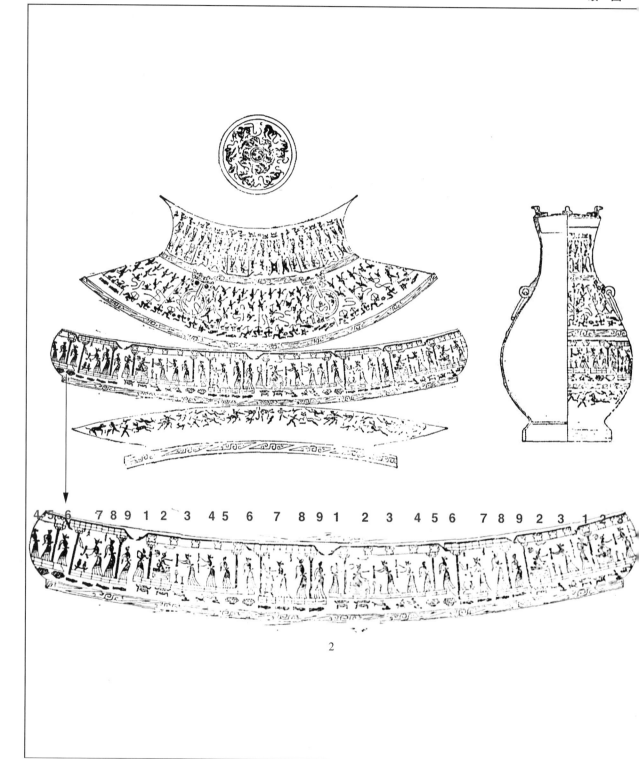

2

续　图

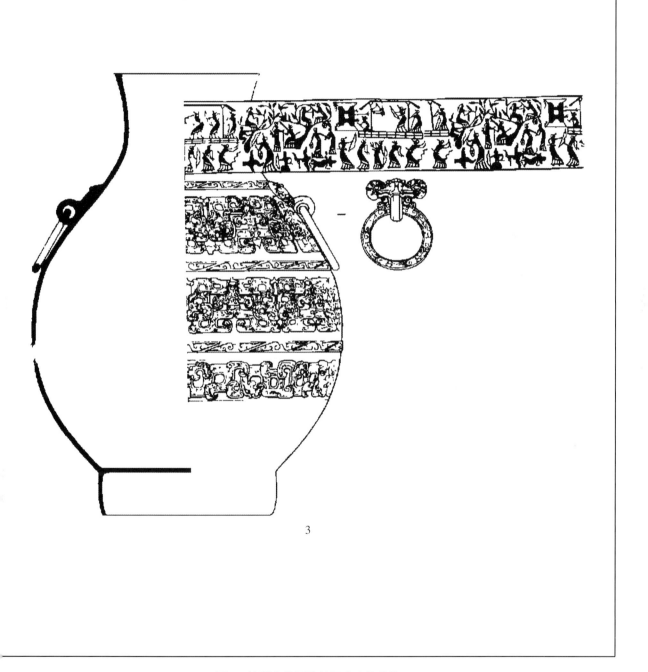

3

图1　镶嵌人物画像纹铜壶上的纹饰

1. 成都百花潭中学 M10 出土;2. 凤翔高王寺窖藏出土;3. 襄汾南贾大张 M2 出土

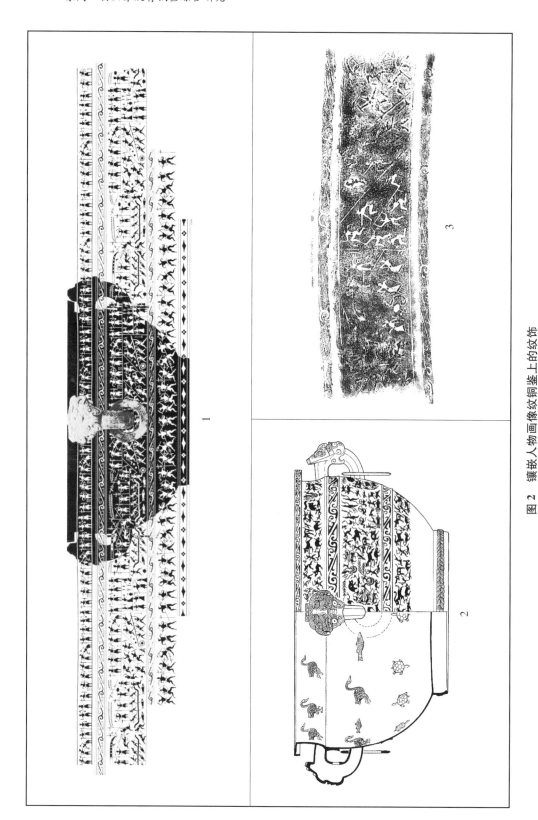

图 2 镶嵌人物画像纹铜鉴上的纹饰

1. 汲县山彪镇 M1 出土；2. 美国弗利尔美术馆藏；3. 2018 年山西公安机关追缴

综合以上所述,镶嵌类青铜器采用了不同主题的人物画像图案,其排列布置并未显出一定的规律,而这些不同题材的图案也无主次等级,亦无内在关联,这种情况与刻画青铜器上所见的纹饰大为不同。镶嵌类青铜器工匠多是按照青铜器的形制修整纹饰,尽量填满器表上的空白,这种拼合图案的方法在镶嵌类青铜器中极为常见,曾有学者指出这应是与范铸类青铜器的铸造习惯有关①。至于纹饰图案的尺寸大小与紧密度,则应与工艺手法有关,百花潭铜壶、山彪镇铜鉴和弗利尔铜鉴这三件明显是出自工艺能力较高的工匠之手,其他例子则有可能是参考现有的镶嵌画像纹青铜器或其所曾使用的陶范而进行复制,图案较为模糊,绘画技法亦明显稍逊。不过,这些铜壶的铜盖基本相同,反映了带人物画像纹饰的青铜器虽稀罕,对镶嵌工艺亦有较高的要求,但其生产方式似仍以批量为主。人物画像纹饰多用于美化青铜器,与一般青铜器纹饰的功能近同。

半浮雕类人物画像纹青铜器上的纹饰布局相对较简单,人物、鸟人和鸟兽的图案都被放入长方形的图案单元,整齐分布于器表。洛阳西工区 M131 所出铜壶(图 3.1),年代属于战国早期偏早,青铜器上的纹饰布局基本与辉县琉璃阁 M59 战国中期墓所出的铜

图3 半浮雕式人物画像纹铜壶上的"狩猎"纹饰

1. 洛阳西工区 M131 出土;2. 辉县琉璃阁 M59 出土;3. 成都青羊小区出土

---

① 游玲玮:《莫非工匠搞错了?谈错嵌图像纹壶透露的工艺讯息》,《故宫文物月刊》2016 年第 404 期。

图 4 半浮雕式人物画像纹高足铜豆上的纹饰

1. 辉县琉璃阁 M76 出土；2. 辉县琉璃阁 M75 出土；3. 旧金山亚洲艺术博物馆藏；4. 咸阳任家嘴秦墓出土

壶(图 3.2)近同。半浮雕类画像纹青铜器上的图案内容重复性强,多为人物与鸟兽或与鸟人对峙的场景,但工匠布置得较为仔细,同器上的图案都经过一定的调整,如人物与兽的位置通常会左右反转,人物所采用的武器、动作和发冠在同器上也少有重复。这些细节能增加人物和鸟兽的动感,看起来变化较多。高足铜壶(图 4)上也有采用半浮雕人物画像纹饰的例子,目前出土了这类青铜器的只有辉县琉璃阁 M75 和 M76,年代属于战国中期;咸阳任家嘴墓地也出有一件近似的高足铜壶,该墓的年代已到战国晚期。这些青铜器上已不再呈现单纯的"狩猎纹",而是加入了采桑图、马车图等。不过,其布置纹饰的方式仍与镶嵌类画像纹青铜器近似,都是先按器形而增减,以填空为主。

第二节　范铸类人物画像纹青铜器图像主题分析

在刻画纹青铜器中,常用的图案题材有 11 个(表 5.1),镶嵌类青铜器上所见与之重合的有 8 个,而半浮雕类青铜器上所采用的图像主题则更少,常用的只有 4 个。相同的图案题材反映了这三类青铜器之间可能有互相模仿的关系,青铜器的年代应可提供进一步信息,下面首先对这些图案的构图和内容进行图像分析。

表 5.1　东周人物画像纹铜器图案主题统计

主　　题	刻画类铜器	镶嵌范铸类铜器	半浮雕范铸类铜器
1. 坐饮图	✔	✘	✘
2. 祭祀图	✔	✔	✘
3. 马车图	✔	✚	✚
4. 狩猎图	✔	✔	✔
5. 人面双身兽图（含半人半神像）	✔	✚	✔
6. 搏击图	✔	✚	✘
7. 放马图	✔	✘	✘
8. 箭靶图	✔	✔	✘
9. 交缠盘蛇图	✔	✔	✚
10. 鼎煮图	✔	✔	✘

续　表

主　题	刻画类铜器	镶嵌范铸类铜器	半浮雕范铸类铜器
11. 乐舞图	✔	✔	✘
12. 弋射图	✚	✔	✔
13. 采桑图	✚	✔	✔
14. 水陆攻战图	✘	✔	✘

✚ 少于两件考古发掘出土例子或只见于公私博物馆收藏

祭祀图 祭祀图在所有刻画纹图案中有着较重要的位置(图 5.1),图案中的建筑物、人物动作以及供桌上的酒罐与勺匕的描绘都是一丝不苟的。镶嵌类画像青铜器应是以刻画青铜器上的祭祀图为蓝本,参考了其布局和内涵,也进行了一些改造。成都百花潭铜壶上的祭祀图(图 5.2)有双层建筑,上层有一跪坐像,面对着手持各类祭品的人像和舞者,下层有多人进行奏乐,钟、磬、笙、鼓等都有细致的描绘。这幅镶嵌图案应是分别混合了刻画青铜器上的坐饮图、祭祀图和乐舞图中的一些主要元素,设计出这一幅浓缩的版本,效果比较协调。加拿大皇家安大略博物馆藏有一件镶嵌人物画像纹铜壶,该壶上的祭祀图案与百花潭铜壶上所见几乎相同(图 5.3),两件铜壶应是参考了相同的图案模版并于青铜器上进行复制的。宣汉罗家坝 M33 铜盖豆上的祭祀图(图 5.4)也有着相同的布局,但各项细节已含糊,铸造该铜豆的工匠只是模仿了该图的形态,对其内涵的了解较浅。如前所述,坐饮图在刻画青铜器上所沿用的时间早但较短,主要流行于春秋晚期至战国早期偏早,而百花潭 M10 和罗家坝 M33 的年代均为战国中期偏早;祭祀图中的双层建筑最早见于长治分水岭 M84 所出铜鉴,该墓的年代为战国早期中叶。因此,镶嵌青铜器上的祭祀图最早应是创作于战国早期偏早至中叶之间,此后一直被同类青铜器所沿用,不过后来的图案内容已不如早期的清晰和细致了。

马车图 马车的图案在刻画青铜器中比较重要,代表着穿越人间和仙境的工具。长岛王沟 M2 所出铜鉴上的马车图(图 6.1)附带很多细节,其中常见的是车尾上带有长旌带,车后有飞鸟和一人作奔跑状尾随。国外博物馆所收藏的镶嵌类和半浮雕类人物画像纹青铜器都有发现马车图案,但目前仍未有考古发掘出土的例子。美国弗利尔美术馆所藏铜鉴,器腹上的车马图(图 6.2)布局密集,上层的马车由两马拉动向右奔驰,车尾插上了旌旗;卜层另有一辆驷马车向左奔驰,马车上亦插有旌旗,但图中不见有尾随的人像和飞鸟,车马周边无序插入了人和鸟兽对峙的场景。弗利尔铜鉴上的两辆马车所用

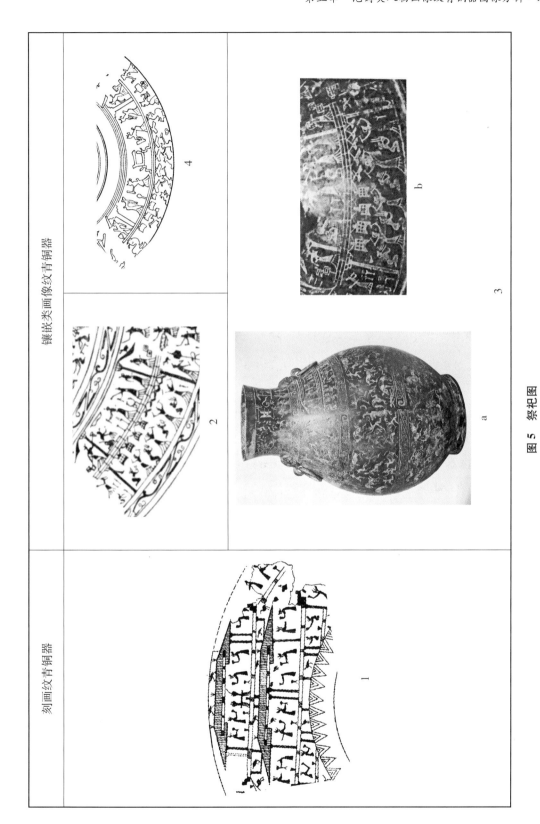

图 5　燕祀图

1. 长治分水岭 M84 出土铜鉴；2. 成都百花潭中学 M10 出土铜壶；3. 加拿大皇家安大略博物馆藏铜壶；4. 宣汉罗家坝 M33 出土铜盖豆

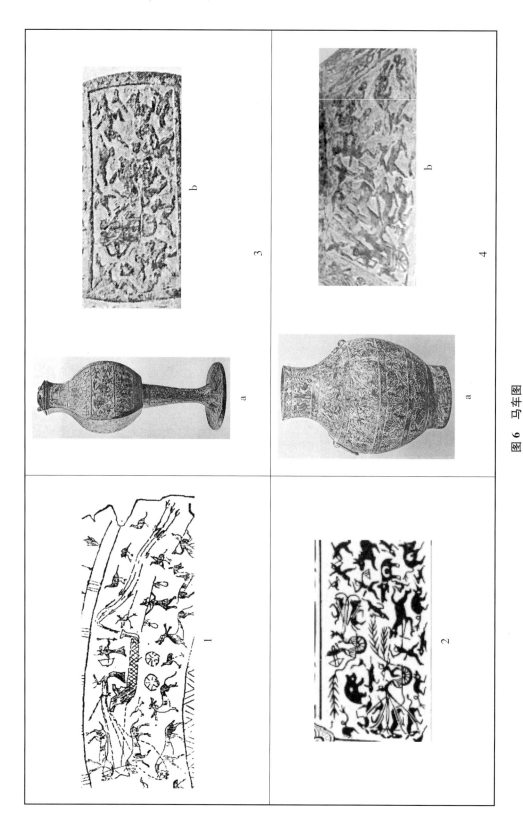

图6 马车图

1. 长岛王沟 M2 出土铜鉴；2. 美国弗利尔美术馆藏铜鉴；3. 旧金山亚洲艺术博物馆藏铜高足豆；
4. 美国明尼阿尼阿波利斯利斯美术馆藏铜壶（50.46.9）

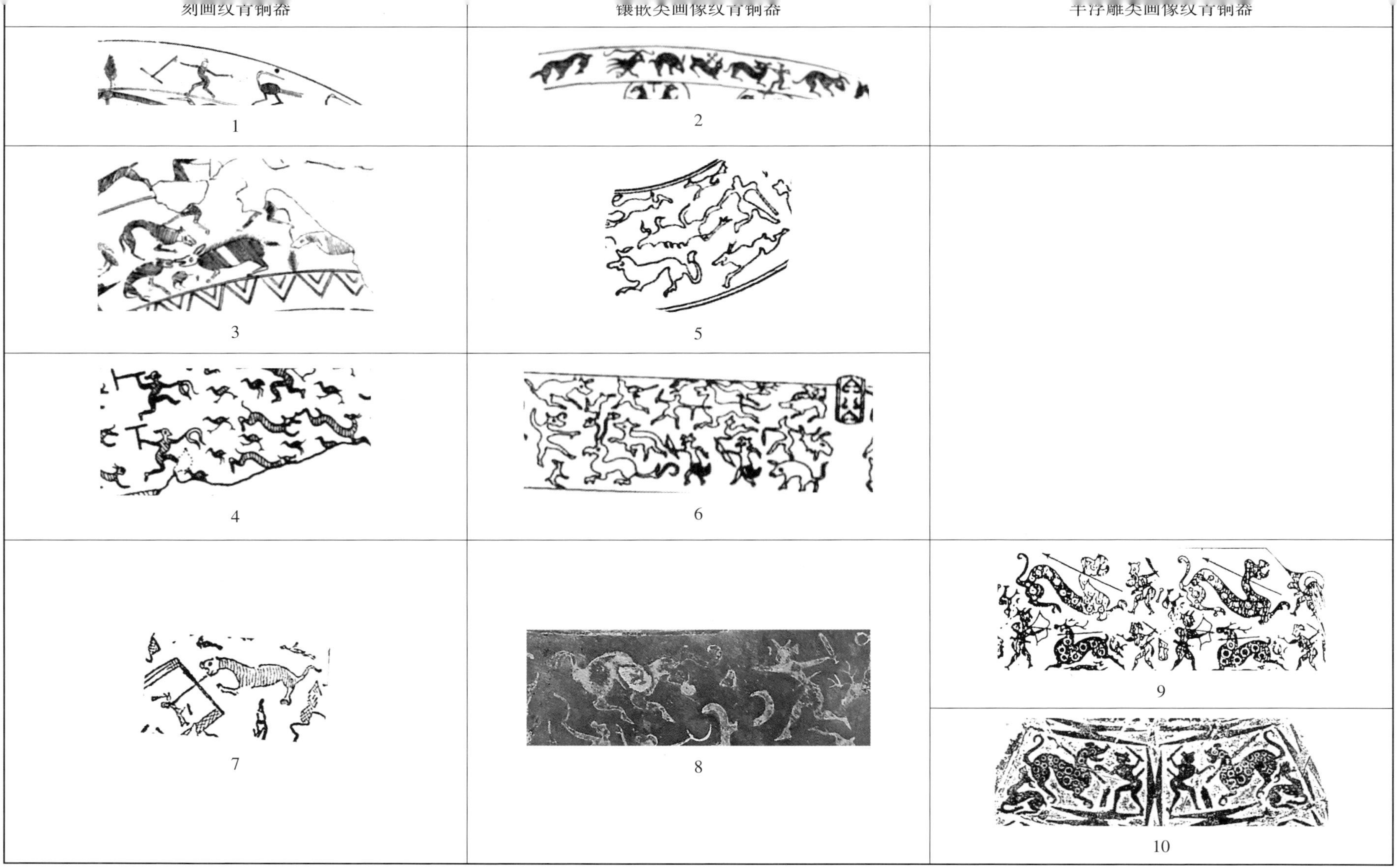
刻画纹青铜器
镶嵌类画像纹青铜器
半浮雕类画像纹青铜器
1
2
3
5
4
6
7
8
9
10

图 7　狩猎图

1、3. 谏壁王家山出土铜盘;2. 成都百花潭中学 M10 出土铜壶;4. 淮阴高庄出土(1∶0153);5. 宣汉罗家坝 M33 出土铜盖豆;6. 平山穆家庄村 M8101 出土铜盖豆;7. 陕县后川 M2040 出土铜盘;8. 东京国立博物馆藏铜壶;9. 成都青羊小区出土铜壶;10. 辉县琉璃阁 M59 出土铜壶

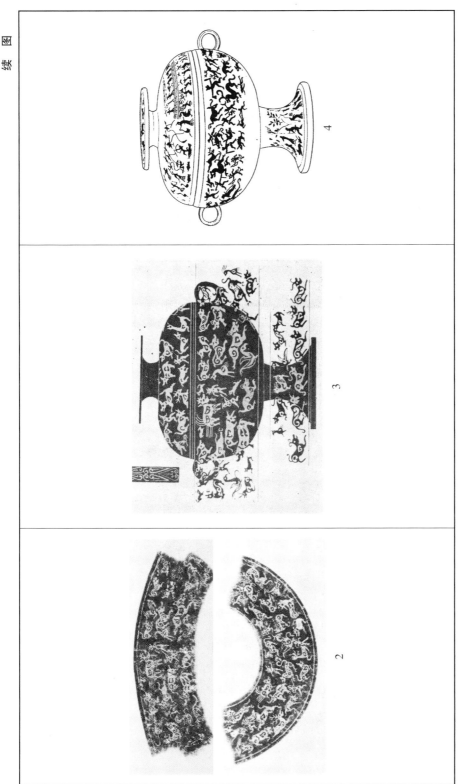

图 8　贾各庄式镶嵌狩猎纹

1. 唐山贾各庄 M5 出土铜壶纹饰；2. 上海博物馆藏泽源李峪村出土铜豆纹饰；
3. 故宫博物院藏铜豆（00077557）纹饰；4. 美国沃尔特斯艺术博物馆藏铜豆纹饰

的马的数量不同,且作左右布置,增加了视觉动感,此图在镶嵌纹青铜器上似带有更多战争的意味,与原来刻画纹青铜器上所见的含义显然不同。美国旧金山亚洲艺术博物馆藏的半浮雕形画像纹铜高足壶(图6.3a)和明尼阿波利斯美术馆藏铜壶(图6.4a)都饰有马车图,前者所用的马车为双马拉动(图6.3b),而后者的则为驷马(图6.4b),二图布局略显压缩,但仍能看出应是参考了镶嵌类画像纹青铜器上同类图案的风格。

狩猎图 "狩猎图"常见于范铸类人物画像纹青铜器,但如前文曾述,所谓的狩猎图在同时期间实际出现了几个不同的版本。第一类常见于刻画类青铜器近口沿的窄长形位置,如谏壁王家山铜盘上所见的猎人(或牧人)手持T形棒追赶鸟兽的场景(图7.1),镶嵌类画像纹青铜器吸收了这幅图案,也同样用于窄形的纹饰带中,曾见于百花潭铜壶(图7.2)等器。第二类狩猎图呈现多名猎人追逐野兽的场景,见于王家山铜盘(图7.3)、淮阴高庄青铜器(图7.4)等,罗家坝M33所出的镶嵌铜盖豆和平山穆家庄M8101所出铜盖豆上也使用了有着近似布局的狩猎图(图7.5、7.6)。唐山贾各庄M5所出铜壶,年代属于战国早期偏早,该器的形制属于常见于中山地区的提链壶。贾各庄铜壶上狩猎图(图8.1)中的野兽均饰有中空的勾云纹,似为野牛的尾部饰有两套平行线纹,也描绘有人骑在野兽上的驯兽图案。这幅狩猎图的识别度高,曾见于浑源李峪村出土铜盖豆(图8.2)和故宫博物院所藏的一件传世铜盖豆(图8.3),但刻画青铜器上未有使用这种特殊的描绘野兽的方法。因此,镶嵌类画像纹青铜器的铸造坊在创作狩猎纹图案时,既曾参考了刻画纹青铜器,也参考了其他同类图案的风格,美国沃尔特斯艺术博物馆藏铜盖豆(图8.4),其形制与平山穆家庄M8101等器相近,该豆上的纹饰便混合使用了贾各庄式的狩猎纹和祭祀图案,反映了镶嵌类青铜器的图案存在多种不同的参考来源。第三类的"狩猎纹"为人以绳索拉扯着体型庞大的猛兽的图案,这类"狩猎图"也被镶嵌类画像纹青铜器所吸收,但似并不常见,只见于日本东京国立博物馆藏铜壶(图7.8)。不过,这幅"狩猎图"在半浮雕类画像纹青铜器上却十分流行,成都青羊小区墓葬所出铜壶(图7.9)与琉璃阁M59所出铜壶(图7.10)等器上均有发现,成了这类画像纹青铜器的主要图案。

半人半神图 范铸类画像纹青铜器上出现了多个半人半神的图案,也似是从刻画纹青铜器上的"人面双兽身图"演变而来的。前文述及的淮阴高庄青铜器,仙境中的神兽有着多种不同风格的形象、发饰和武器(图9.1~9.4),在同器上重复出现,布置有序。台北故宫博物院藏的镶嵌狩猎纹铜壶(图9.5),壶腹上罕见模仿了高庄青铜器上常见的阶梯状山洞,但该图的内涵十分模糊,估计工匠并不熟知"山洞"的含义。淅川和尚岭M2所出铜壶,年代属于战国早期偏早,前文已讨论过此壶交叉使用了镶嵌工艺和半浮雕画像青铜器的纹饰风格,且是目前唯一的例子。和尚岭铜壶上的"神人"线条含糊

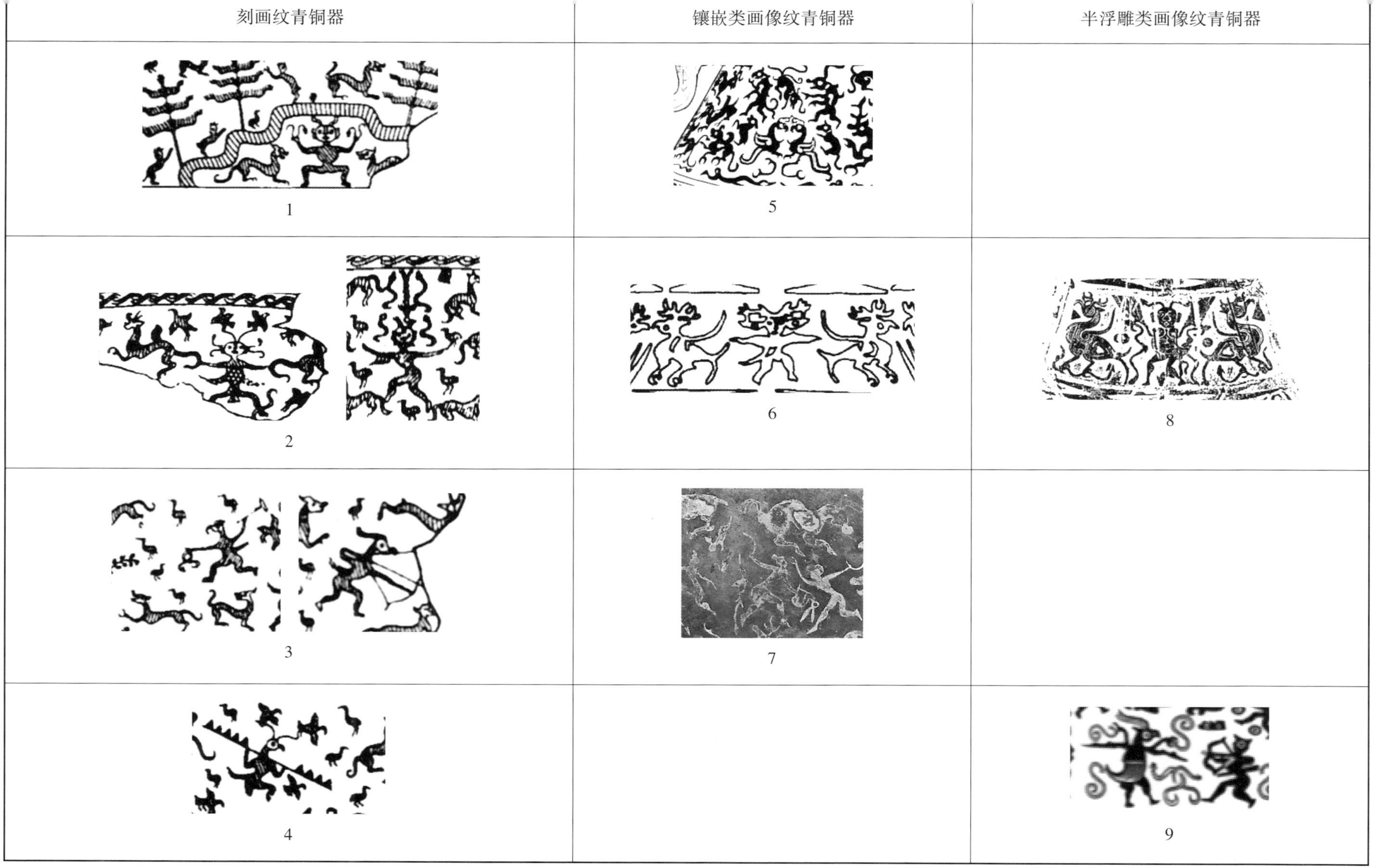

刻画纹青铜器	镶嵌类画像纹青铜器	半浮雕类画像纹青铜器
1	5	8
2	6	
3	7	9
4		

图 9　半人半神图

1～4. 淮阴高庄出土；5. 台北故宫博物院藏铜壶；6. 淅川和尚岭 M2 出土铜壶；7. 东京国立博物馆藏铜壶；8. 辉县琉璃阁 M56 出土铜壶；9. 涿鹿故城 M2 出土铜壶

（图 9.6），双手左右展开拉着二兽，但其形象不如传统半浮雕画像纹青铜器（图 9.8）上所见的传神。这里反映的情况是，半浮雕画像纹青铜器上的半人半神形象应是直接吸收自刻画纹青铜器上的图案，但同类的图案在镶嵌类画像纹青铜器上并未曾流行。前文提及的东京国立博物馆收藏铜壶，器腹罕见发现有狩猎图（图 9.7），壶腹上的人像也应是改造自刻画青铜器中的鸟人，有着与鸟人相似的动作和兵器，但该图案亦未有流行。相反，鸟人的形象在涿鹿故城 M2 所出的半浮雕类画像纹铜壶（图 9.9）以及其他同类青铜器上却十分常见。

搏击图　刻画青铜器上所见的搏击图案似只流行了一段较短的时间，只见于六合程桥 M1 所出铜匜（图 10.1）和潞城潞河 M7 所出铜匜（图 10.2～10.4），在战国早期偏早以后所出的同类青铜器中已不见使用相似的纹饰。目前，在范铸类青铜器中只有东京国立博物馆所藏镶嵌铜壶发现有近似的描绘（图 10.5），该壶的工匠似是从原来的纹饰中裁剪出一些元素并将之与其他纹饰图案混合使用。显然地，这个图案主题并未在范铸类青铜器中流行。

图 10　搏击图

1. 六合程桥 M1 出土铜匜；2～4. 潞城潞河 M7 出土铜匜；5. 东京国立博物馆藏铜壶

箭靶图　镶嵌类人物画像纹青铜器将刻画青铜器上常见的箭靶图(图 11.1、11.2)进行了一些改造,将之 90 度翻转并置于祭祀图侧(图 11.3、11.4)。这个图案见于百花潭铜壶和故宫博物院铜壶等器,反映了镶嵌画像纹青铜器的工匠在参考刻画青铜器上的纹饰时,应是熟知祭祀图和箭靶图在刻画青铜器上的对应关系,并将之归入同一幅图案之中。箭靶的图案也随着祭祀图的流行一直被镶嵌类画像纹青铜器所使用。箭靶图目前未见于半浮雕类人物画像纹青铜器。

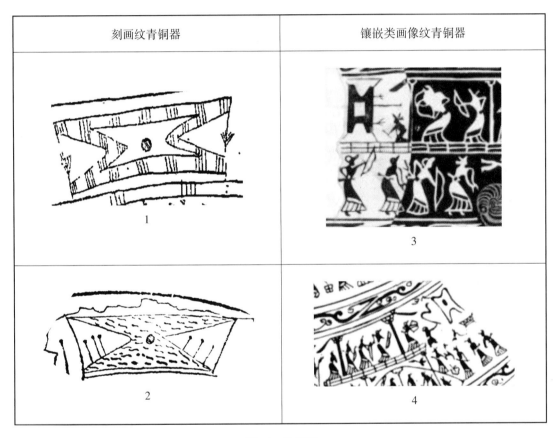

图 11　箭靶图

1. 长岛王沟 M2 出土铜鉴;2. 陕县后川 M2041 出土铜盘;3. 故宫博物院藏铜壶(00077464);
4. 成都百花潭中学 M10 出土铜壶

交缠盘蛇图　刻画青铜器内底上经常饰以盘蛇图案(图 12.1、12.2),这个图案在镶嵌类画像纹青铜器中未有发现。日本东京国立博物馆和美国克利夫兰艺术博物馆分别藏有一件半浮雕类画像纹铜壶(图 12.3、12.4),二器形制相近,短颈,溜肩,圆鼓腹,直长圈足,克利夫兰铜壶缺盖。两件青铜器的下腹均饰有仿造的盘蛇纹饰,亦为头尾尖细、蛇身肥大的设计。不过,这个纹饰图案也未在范铸类青铜器中流行。

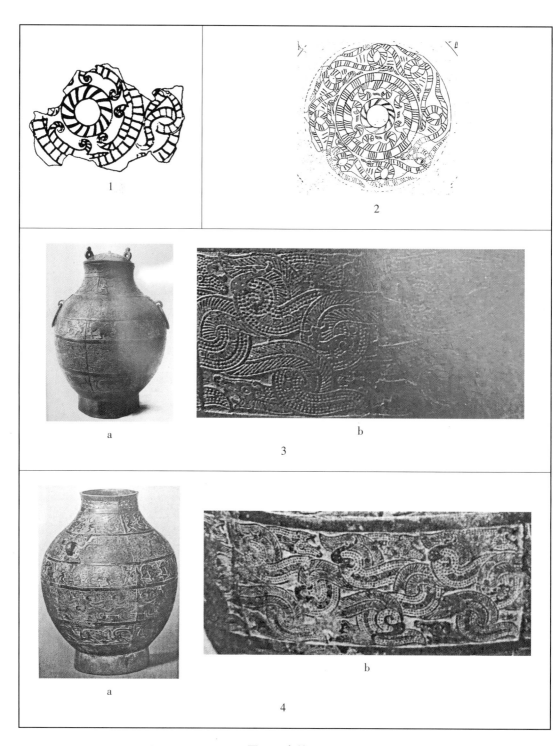

图 12　盘蛇图

1. 六合程桥 M1 出土铜匜；2. 谏壁王家山出土铜盘；3. 东京国立博物馆藏铜壶；
4. 克利夫兰艺术博物馆藏铜壶

鼎煮图　镶嵌类画像纹青铜器的工匠也仿造了刻画青铜器上的鼎煮图案(图13.1、13.2),但镶嵌青铜器上所见的版本十分简化,百花潭 M10 所出铜壶上见于祭祀图的下层(图13.3),高王寺铜壶也为相似的布局(图13.4),图中已略去了携带着鸟兽祭品的人像。

图 13　鼎煮图

1. 平山穆家庄村 M8101;2. 行唐故郡 M53 出土铜鉴;3. 成都百花潭中学 M10 出土铜壶;
4. 凤翔高王寺窖藏出土铜壶

弋射图　百花潭铜壶(图14.2)、高王寺铜壶(图14.2)和罗家坝铜盖豆(图14.3)多件镶嵌画像纹青铜器均有发现人像半跪并向天射鸟的图案,图中的箭尾连击着长绳,学者习惯称之为弋射。弋射图在镶嵌纹青铜器上经常出现,常与祭祀图共同使用。上海博物馆藏刻画纹铜钲上有人像向天射鸟的场景(图14.1),这是目前发现的唯一一件有弋射图的刻画纹青铜器,同器上的瘦长形、多枝丫树木也有别于刻画纹青铜器的惯常风格。该铜钲的年代属于战国早期偏晚,结合"弋射图"在此器上的出现,此图应非刻画工匠原创。由此可推断,该铜钲所属时代前后,有刻画师曾参考镶嵌画像青铜器(或其所参考的图案蓝本)并进行了改造和模仿。这可能是刻画青铜器自战国早期以来首次引入新的图案元素的例证,不过应亦没有获得流行。弋射的图案在半浮雕高足铜豆上也有发现,无疑亦是仿造自镶嵌类画像青铜器。

采桑图　展现众女在桑树上下工作的图案常见于镶嵌类的画像青铜器(图15.1～15.3),这图案未见于刻画青铜器,但曾有被半浮雕类画像青铜器仿造。

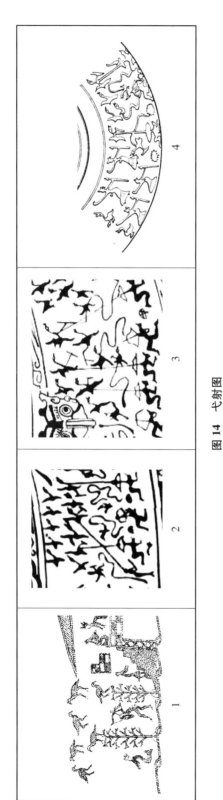

图 14　弋射图

1. 上海博物馆馆藏铜镜；2. 成都百花潭中学 M10 出土铜壶；3. 凤翔高王寺窖藏出土铜壶；4. 宣汉罗家坝 M33 出土铜盖豆

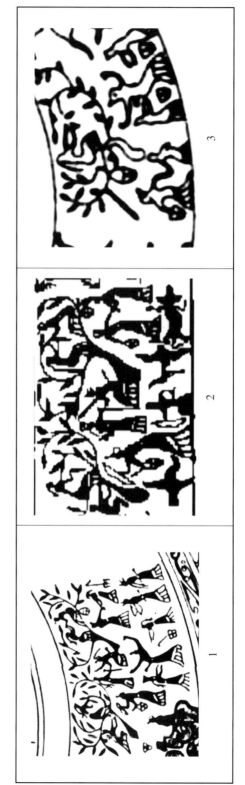

图 15　采桑图

1. 成都百花潭中学 M10 出土铜壶；2. 襄汾南贾大张 M2 出土铜壶；3. 宣汉罗家坝 M33 出土铜盖豆

水陆攻战图 水陆攻战图在山彪镇铜鉴、百花潭铜壶等器(图16)上有着很好的布局,呈现出士兵相互击杀、爬梯攻城和水战的激烈场面。不过,这个图案与前述的弋射图和采桑图一样,应非来自其他青铜器上所采用的纹饰。这三幅图案的来源仍未有足够的材料可供查考。山彪镇 M1 的年代为战国早期偏晚,结合上文关于搏击图和坐饮图的使用年代,大概可推断,进行镶嵌类画像纹青铜器铸造的铸造坊,在战国早期偏早至中期期间应曾下力搜找了一些与人物相关的图案,并将之进行改造,使之适用于范铸类青铜器之上。

根据以上的图像分析,范铸类画像纹青铜器纹饰的来源与改造情况比较复杂,其中部分应是与审美、铸造工艺习惯以及对图像内容的认知有关,目前可确知的情况可归纳为以下几点:

1. 刻画纹青铜器上的纹饰应是镶嵌类和半浮雕类人物画像纹青铜器的主要参考对象。在战国早期偏早至中叶的时段内,曾有工匠仔细吸收了刻画纹青铜器上常见的坐饮、祭祀、箭靶、马车和鼎煮等图案的内容,并根据范铸青铜器的铸造方式和青铜器形制设计出一些综合式的图案。这些图案成了铸造坊的常用参考,但其后却未曾对之进行更新或修改,青铜器上的纹饰也因而变得含糊,这应与后来的工匠不熟悉图案的含义有关。此外,少量镶嵌类青铜器保留了流行于春秋晚期至战国初年的搏击图案,半浮雕类人物画像纹青铜器亦曾尝试模仿刻画青铜器上的盘蛇纹饰,但两者都未有得到流行。这种情况反映了随葬有这些青铜器的贵族对刻画纹青铜器上的内容未有太深入的认识,图案内容无法引起共鸣,而事实上,出土有范铸类青铜器的墓葬亦非位于刻画纹青铜器的主要流行区域,当时的祭祀观念应还存在一定的区域文化差距。

2. 镶嵌类和半浮雕类人物画像纹青铜器也出现有相互参考图案纹饰的情况,不过两类青铜器在图案题材上存在着较大的差异:镶嵌类青铜器更多是混合使用祭祀、弋射、采桑和水陆攻战等不同的活动场景,场面宏大而庄严;但半浮雕类人物画像纹青铜器则更流行展现神人与鸟或与兽的对峙场面,风格原始且粗犷。据此可知,使用这两类范铸青铜器的贵族群体应有着不同的审美观念,这一点与镶嵌和半浮雕两类人物画像纹青铜器未曾同时随葬所反映的情况是相呼应的。由此可判断,这两类画像纹青铜器应都是为了特定的群体而铸造的。

3. 在这些纹饰图案中,狩猎纹的使用情况最为复杂。唐山贾各庄 M5 所出铜壶与浑源李峪村所出铜盖豆上的狩猎纹风格与其他青铜器上所见不同,而且其流行年代早,属于战国早期偏早时段。前文提及过刻画纹青铜器上的狩猎图案带有一些北方草原岩画的风格,与贾各庄铜壶上所见的也有近似之处,未知两幅图案来源是否接近。另外,半浮

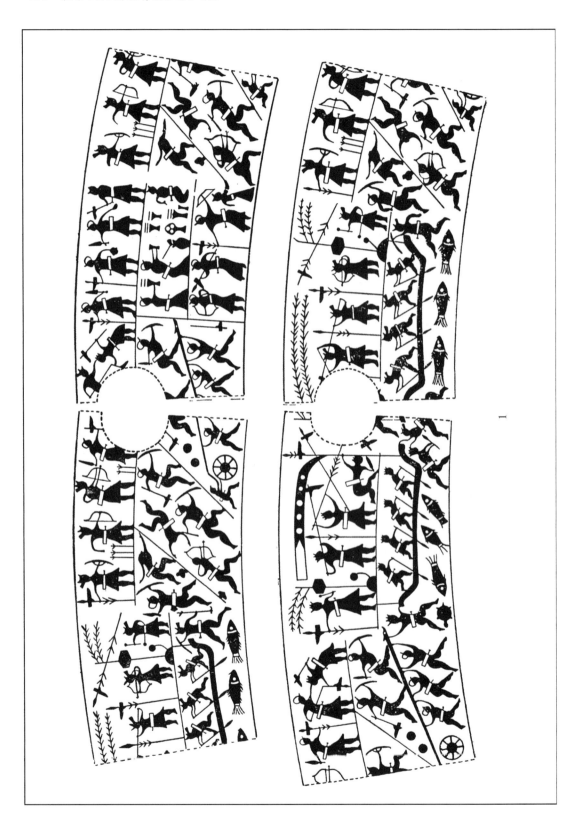

续 图

2

3

图 16 水陆攻战图

1. 汲县山彪镇 M1 出土铜鉴；2. 成都百花潭中学 M10 出土铜壶；3. 宣汉罗家坝 M33 出土铜盖豆

雕画像纹青铜器上的"狩猎"图案似更多强调降服野兽的能力,与贾各庄铜壶和刻画青铜器上所呈现有着明显区别。镶嵌类画像纹青铜器上的"狩猎"图案,基本都十分含糊。由此可见,相同的题材在这三类不同的青铜器中都有着较大的差异,关于图案含义的问题,似仍需要仔细研究。

第三节　范铸类青铜器上的人物画像图案内涵分析

弗利尔美术馆所藏的镶嵌画像纹铜鉴(图 17.1),器腹上马车周围布置了正在激战的士兵以及各类的野兽,场面繁密纷乱。仔细观察,此图中的人物都是分别从祭祀图和水陆攻战图中提取并在这铜鉴上重新组合,成了一幅"新"的图案。比如,祭祀图中进行射礼和乐舞的女性人像(图 17.2b)在这铜鉴上分别成了马车上的弓箭手和驾车者,其身后的"同伴"则是由水陆攻战图中的士兵(图 17.2a、17.2c)改造而成的。马车旁的图案也进行了同样的处理,图中右上角正在互相砍杀的士兵见于山彪镇铜鉴;车前的兽形黑

图 17　镶嵌类画像青铜器上的图案组合方式

1. 美国弗利尔美术馆藏铜鉴;2. 成都百花潭中学 M10 出土铜壶;
3. 襄汾南贾大张 M2 出土铜壶

影未知为何物,但曾见于南贾大张铜壶上的采桑图之下(图17.3)。弗利尔所藏铜鉴上的拼贴式马车图虽是从刻画青铜器上的马车图改造而来,但图中的含义似乎更多是突出马车的军事功能,似更用意于呈现战争的场面。

镶嵌类人物画像青铜器上的纹饰大部分都是利用现有材料,通过改造的方式拼合而成,弗利尔铜鉴、沃尔特斯艺术博物馆铜盖豆、平山穆家庄 M8101 所出铜盖豆和宣汉罗家坝 M33 所出铜盖豆等器上都发现有这样的情况。工匠似不关心原图的内容和风格,布置的过程仍以填空为首要目标。这些纹饰图案都带着浓厚的生机,又似与贵族生活有关,曾有意见认为,这些纹饰应是反映礼书上所记载的各种不同的祭祀礼或重要历史场景。不过,从镶嵌类画像纹工匠的这个"拼贴"习惯来看,这些纹饰的原创性低,无论是个别的图案元素,还是器表上的整体布局,都几乎找不到明显的规律。再者,图案中有不少被错误放置或形象扭曲的情况,这些都反映了工匠未曾关注图案的准确性和统一性,图案本身的叙事功能也很弱。镶嵌画像青铜器无疑是精细的艺术品,器表上的闪亮效果很引人注目。前文提及过这类青铜器的形制都本于中原和三晋地区所流行的,侯马铸造遗址亦出土过一件带有采桑纹饰的陶范碎片,但镶嵌画像青铜器却较少发现于三晋地区,目前只有汲县山彪镇铜鉴和襄汾南贾大张铜壶。其他发现有随葬这类青铜器的出土地点,分别是成都百花潭、宣汉罗家坝、平山穆家庄、唐山贾各庄和浑源李峪村。值得注意的是,镶嵌类青铜器在三晋地区实际是比较常见的,年代属于春秋中期的长治分水岭 M270 便有出土;太原金胜村 M251 也出有镶嵌高足小壶,该墓的年代也较早,属于战国早期偏早。这些青铜器反映了镶嵌工艺在较早的时段内已发展成熟,工匠完全掌握布置线条均等、形态和谐的纹饰布局。相比之下,饰以人物画像为主题的青铜器则比较粗劣,与本地区追求对称、细致的审美观念也不太相合。假如不与刻画青铜器上的原创纹饰相比,镶嵌青铜器上的人物画像会带来很高的新鲜感,所以这些青铜器的功能未必是如实地反映祭祀或战争场景,更多是引入新的图案,带来视觉冲击。综合以上,饰有这类纹饰的青铜器的铸造似为一时风尚,其目标群体也很有可能是北方和巴蜀等周边地区的贵族,至于原图的意义为何,使用这些青铜器的群体是否能有共鸣或反响,则应非这类可能是作为商品而流通的青铜器铸造时所要考虑的因素。

半浮雕类画像纹青铜器上的纹饰,其布置的方式与镶嵌纹青铜器上所见的近似。以洛阳西工区 M131 所出铜壶(图18.1a)为例,壶腹上第三层纹饰(图18.1b)中的人像为水陆攻战图中的士兵,其腰间仍配有短剑,此人像见于山彪镇铜鉴(图2.1);与此人像对峙的"鸟足兽"身上饰有圈点,从后被长矛刺穿,其形象与长岛王沟 M2 所出铜鉴上所见的梅花鹿近似(图18.2),王沟刻画铜鉴上的梅花鹿身上负箭并被猎人从后追赶,正在奋力逃跑。

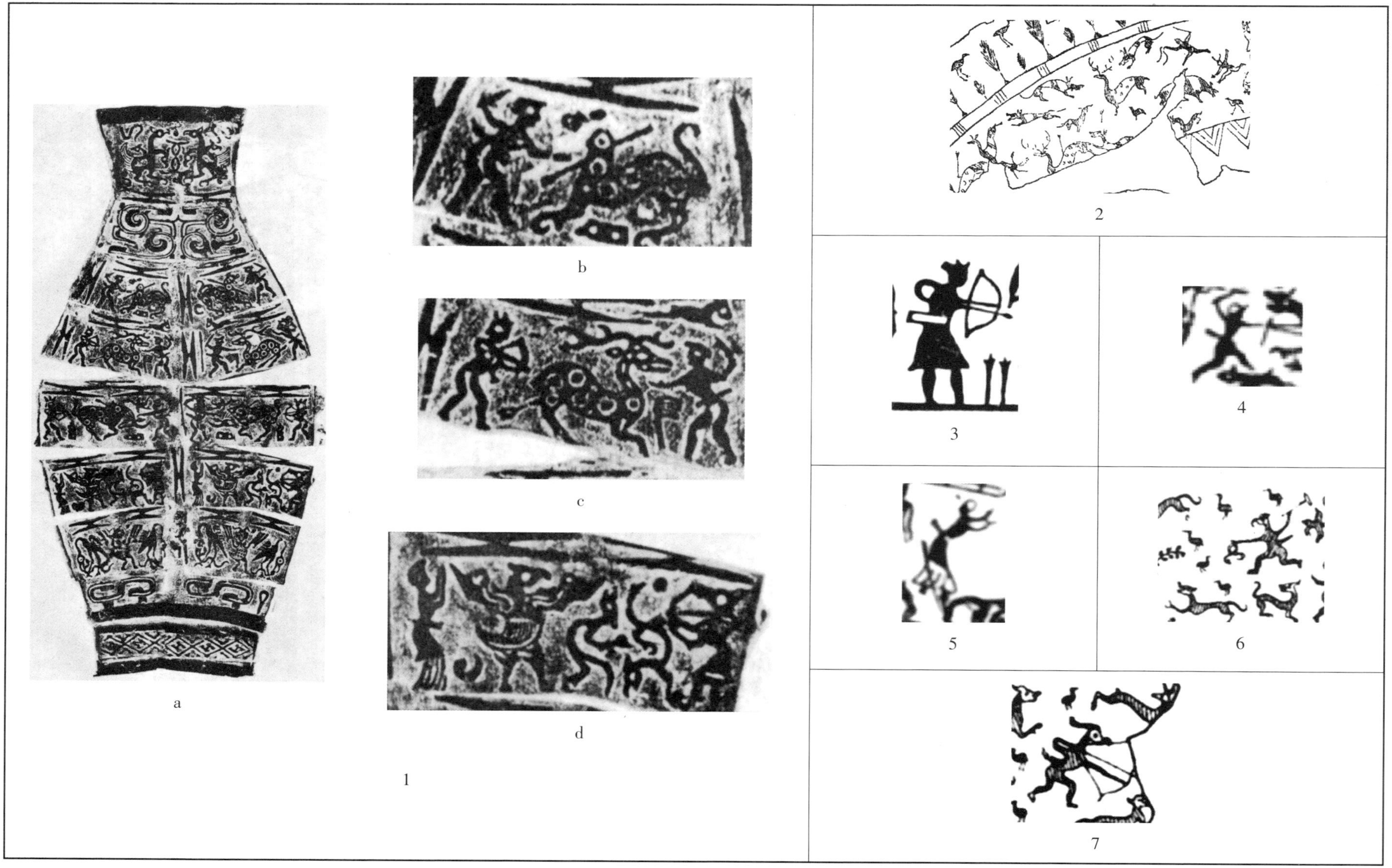

图 18　半浮雕类画像青铜器上的图案组合方式

1. 洛阳西工区 M131 出土铜壶；2. 长岛王沟 M2 出土铜鉴；3. 汲县山彪镇 M1 出土铜鉴；4. 美国弗利尔美术馆藏铜鉴；
5. 成都百花潭中学 M10 出土铜壶；6、7. 淮阴高庄墓葬出土青铜器(1：0128)

不过,西工区铜壶的工匠虽参考了该鹿的形象,但却未考虑图案的真实性,"猎人"持短剑与野兽近距离搏击已为罕见,而梅花鹿身上的矛所刺入的方向也与"猎人"相反,这幅"狩猎图"只有人兽对峙的意味,并非反映着真实的猎兽情景。西工区铜壶的第四层纹饰(图18.1c),二人在左右两侧"围鹿","猎人"仍为水陆攻战图中手持着不同武器的士兵(图18.3、18.4),布局情况与上层纹饰相似。再往下,是两鸟人相搏的情景(图18.1d),但随着腹径增加,左侧鸟人身后仍有空余,工匠便从祭祀图中裁出双手高举的舞人,填补空隙(图18.5)。高庄青铜器上的各种鸟人(图18.6、18.7),其背景都是开阔的户外空间,描绘着它们追逐鸟兽的情景,却未曾见有鸟人互相攻击的情况。

　　这类青铜器最早见于西工区 M131 墓葬,年代属于战国早期偏早,该墓出有 4 件两对饰有相似纹饰的铜壶。其后,这类铜壶曾发现于年代属于战国早期偏晚的涿鹿故城 M2 墓葬,于战国中期偏早时段仍大规模地见于辉县琉璃阁诸墓,而且相关铜壶上的纹饰始终与西工区 M131 所出铜壶相近。显然地,半浮雕类画像纹青铜器的工匠虽未有很好地了解他们所借用的图案,但他们在选取的过程中似是有意识地通过重新设计而布置了一套新的解读方式,或是以此设计强化一些已有的祭祀观念。这些青铜器始终贯彻地表现着人兽或鸟人之间的对抗场面,其设计有着很高的稳定性,反映了青铜器的使用者对之也应是有着较一致的认识的。如此看来,半浮雕画像纹青铜器上的纹饰内容应是异于刻画锻造青铜器和镶嵌类画像纹青铜器上所见的,在纹饰使用的手段上,这类青铜器的原创性也比镶嵌类画像纹青铜器较高。这些青铜器上的鸟人和半人半神的图案(图9.8)清晰而细致,可能反映了这个图像在当地流行的祭祀和宗教传统中扮演着较重要的角色。

结　　语

人物画像纹青铜器是中国古代物质文化中一种特殊的艺术品,兴起于春秋晚期至战国初年,涉及锻造刻画和范铸镶嵌两种工艺,出现了三类不同纹饰风格的青铜器。本书对这三类流行年代相近的青铜器进行了细致的综合分析,考虑它们的出土地点、青铜器形制和纹饰内容,对这些青铜器的年代、起源、流布方式以及纹饰内容等方面提出了一些新的看法。

这三种人物画像纹青铜器有着不同区域文化背景,但它们的纹饰都出现了相互吸收与改造的情况,发展过程比较复杂。这里仔细分析了出有这类青铜器的墓葬或遗址,参考同墓出土器物,尽可能地对其年代进行了系统梳理,建设了这些青铜器所属的时空框架。此外,人物画像纹青铜器的形制以及其纹饰风格也有一定的年代参考价值,尤其是刻画类青铜器中发现有少量早前器物随葬于晚期墓葬的情况,为这些青铜器的区域流布提供了更准确的信息。

刻画类青铜器的发展较早,源于江苏北部至山东南部一带,为东夷诸国活跃地区。这个地区首先引入刻画青铜器工艺和锻造薄胎青铜器的使用传统,曾出现过对纹饰内容进行细化的情况,发展脉络清晰。各地出土的刻画青铜器在纹饰布局和绘画手法上均呈现出很高的一致性,这一点有助于判断这类青铜器的流布,应是固定由几个锻造地点生产,然后输往不同地区的。由于随葬有刻画青铜器的墓葬涉及但并不限于最高级的贵族,其流布的方式除了贸易交流外,也应存在联姻和战利品等零星方式。不过,这类青铜器未曾大量流入并流行于江苏和山东以外地区,与纹饰相关的文化观念亦未于外地得到很好的传播。随着楚国的东进与势力扩张,锻造青铜器即屡见于战国中期的楚墓,但不久之后这种青铜器以及相关刻画工艺基本绝迹,估计除了刻画工艺存在较高的传承难度外,也与其所属的宗教文化背景被吸收或改造的情况有关。

三晋地区的青铜器铸造坊于战国早期偏早的时段内已注意到刻画青铜器的流行,并曾仔细分析并引入相关图案,以丰富传统青铜器的纹饰和风格。不过,这个吸收的过程并不长久,工匠只是借用了部分刻画青铜器上的图案,且固定应用在铜壶、铜鉴和铜盖豆这几种器类之中。这个做法被沿用了一段时间,但后来的工匠并未曾对之持续进行优化。中原和三晋地区并不流行使用人物画像纹饰,但这种青铜器却屡见于巴蜀等周边地区,邻近巴蜀的淅川和尚岭墓地也发现有当地仿造北方纹饰风格的铜壶,反映了饰有这类图案的青铜器的实验性质强,带有一定的新奇效果,也能显出镶嵌工艺的水平,但与此纹饰有关的且流行于刻画青铜器所属地区的文化观念,应未曾被系统吸收。

与此同时,传统的青铜器铸造坊也兴起了布置阳纹纹饰的方法,创造出俗称的人与鸟兽对峙的"狩猎纹"青铜器。这类青铜器突出人物形象,审美独特,其布局和设计虽单一,但其沿用时间长,且较固定地流行于河南北部、中山和燕地,应是与当地的半农半牧文化背景,以及对人兽对峙图像的偏好有关。此外,这类青铜器所反映的另一情况是,工匠分别吸收了刻画青铜器和镶嵌画像纹青铜器中的常见图案,但通过重新的图案组合布置内容,注入了新的解读方式,这是青铜器艺术发展史上比较独特的例子。不过,这类青铜器在战国中期偏早的时段内已显衰落,吸收有采桑、弋射和水陆攻战等与原来纹饰内容不协调的图像开始出现,其布置方式也很粗疏,这些因素也弱化了这类青铜器流行的可能。

图书在版编目（CIP）数据

东周人物画像纹青铜器综合研究 / 黎婉欣著.
上海 : 上海古籍出版社, 2024. 8. -- ISBN 978-7-5732-
1257-3

Ⅰ. K876. 414
中国国家版本馆 CIP 数据核字第 2024HR4598 号

东周人物画像纹青铜器综合研究

黎婉欣　著

上海古籍出版社出版发行

（上海市闵行区号景路 159 弄 1 - 5 号 A 座 5F　邮政编码 201101）

（1）网址：www.guji.com.cn

（2）E-mail：guji1@guji.com.cn

（3）易文网网址：www.ewen.co

上海盛通时代印刷有限公司印刷

开本 787×1092　1/16　印张 14　插页 2　字数 257,000
2024 年 8 月第 1 版　2024 年 8 月第 1 次印刷
印数：1—1,500

ISBN 978 - 7 - 5732 - 1257 - 3

K · 3657　定价：88.00 元

如有质量问题，请与承印公司联系